기록학 용어 사전

한국기록학회 엮음

역사비평사

기록학 용어 사전

1판 1쇄 인쇄 2008년 2월 28일
1판 1쇄 발행 2008년 3월 10일

엮은이 · 한국기록학회
펴낸이 · 김백일
책임편집 · 엄귀영
기획편집 · 조원식 정윤경 임자영
디자인 · 박지선 이파얼
마케팅 · 정순구 황주영

펴낸곳 · (주)역사비평사
출판등록 · 300-2007-139호(2007. 9. 20.)
주소 · 110-260 서울시 종로구 가회동 175-2
전화 · 02-741-6123~5
팩스 · 02-741-6126
홈페이지 · www.yukbi.com
전자우편 · yukbi@chol.com

ⓒ 한국기록학회, 2008
ISBN 978-89-7696-718-3 91020

이 책의 국립중앙도서관 출판시도서목록(CIP)은
e-CIP 홈페이지 (http://www.nl.go.kr/cip.php)에서 이용하실 수 있습니다.
(CIP제어번호: CIP2008000565)

책값은 표지 뒷면에 표시되어 있습니다.
잘못 만들어진 책은 구입하신 서점에서 바꾸어 드립니다.

이 사전은 2003년도 한국학술진흥재단의 지원에 의하여 연구되었음.

기록학 용어 사전

한국기록학회 엮음

발간사

공공 영역, 기업 영역의 투명성 제고가 사회적 화두가 되면서, 업무 활동의 증거로서 기록의 역할에 대한 인식이 높아지고 있습니다. 1999년 공공 기관의 기록물 관리에 관한 법률이 제정되고, 특히 지난 몇 년간 빠른 속도로 공공 기록 관리 혁신이 진행되면서, 우리 사회에서도 기록 관리가 중요한 전문 영역으로 자리 잡아가고 있습니다. 교육 영역에서도 이러한 변화에 발맞추어 기록학 전문 교육의 진전이 이루어지고 있습니다. 이미 18개 대학 대학원과 한국기록관리학교육원에 기록학 교육 과정이 설치되어 수많은 전문 인력을 배출하였고, 정부 부처·지방 자치 단체의 기록관 및 국가기록원으로의 진출이 늘어나고 있습니다.

그러나 아직 현대 기록 관리의 전통이 짧은 우리로서는 대부분의 이론과 실무 경험들을 외국에서 배울 수밖에 없습니다. 따라서 미국, 유럽, 중국 문헌들이 많이 소개되고 있고, 새로운 개념을 표현하기 위한 번역 용어들이 빠른 속도로 증가하고 있습니다. 특히 전자 기록의 등장과 함께 기록 관리의 패러다임이 변화하면서 새로운 개념들이 계속 기록 관리 이론과 실무 영역에 도입되고 있으며, 그에 따라 자연스레 많은 번역 용어들이 생성되고 있습니다. 그러나 문제는 하나의 개념에 대해 제각기 다른 용어들을 사용하고 있다는 것입니다. 동일한 개념이 서로 다른 여러 개의 용어들로 표상될 때 학술 커뮤니케이션은 비효율과 장애를 유발할 수밖에 없습니다. 현대의 기록학은 문헌정보학, 역사학,

행정학, 법학, 전산학, 정보학 등 다양한 학문 분야가 연계된 복합 학문의 성격을 띠고 있습니다. 따라서 각 분야 연구자들이 각개약진 식으로 논문을 발표하다 보니, 용어 사용은 더욱 혼란스러운 양상을 띠고 있습니다.

이러한 상황을 개선하기 위해서는 무엇보다도 용어 표준화가 필요합니다. 용어 표준화는 기록학계 내부 및 학제 간의 생산적인 커뮤니케이션을 위해서뿐만 아니라 기록 관리 현장과의 협력을 위해서도 중요한 의미를 가집니다. 최근 들어 국가 기록 및 대학 기록, 기업 기록, 종교 기록 등의 관리가 더욱 중시되면서 다양한 기관에 기록관이 많이 설치되고 있습니다. 기록 관리 현장에서 학문적 성과를 수용하는 한편, 학계에서 현장의 요구와 문제 인식을 공유하기 위해서도 용어 표준화는 매우 긴요한 과제가 될 것입니다.

이러한 배경 속에서 한국기록학회는 2004년부터 한국학술진흥재단의 지원을 받아 기록학 용어 표준화 및 다국어 사전 편찬 사업을 진행해왔습니다. 중간 결과물은 한국국가기록연구원 홈페이지에 이미 게시되어 많은 연구자 및 학생들이 이용할 수 있도록 하였고, 표제어에 대한 의견도 수렴하였습니다. 이러한 과정을 거쳐 드디어 역사비평사에서 사전을 출간하게 되었습니다.

　　　　　이 사전은 기록학의 핵심 용어를 표준화된 형태로 제시하고, 이에 대한 해설을 담을 뿐만 아니라 영어, 중국어, 일본어 대역어를 함께 제공하는 다국어 사전의 형식을 취하고 있습니다. 기록학의 영역을 기본 용어, 평가, 분류·기술(조직화), 서비스, 경영, 현용 기록 관리, 전자 기록, 보존, 국내 법률 및 제도, 외국 법률 및 제도, 우리나라 전근대 용어 등으로 구분하여 해당 집필자가 핵심 용어를 선정한 후 조정하는 방식을 거쳤습니다.

　　　　　한편, 다국어 대역어를 통해 기록학 연구자들이 구미와 중국, 일본 등의 이론과 관리 기법을 이해하는 데 도움을 주고자 하였습니다. 현대적 의미에서 기록학은 우리에게 아직 신생 학문에 속하며, 변화하는 기록 관리 환경에 맞는 이론과 관리 체제를 갖추어나가려면 외국의 문헌을 정확히 읽고 이를 비판적으로 수용할 필요가 있습니다. 특히 영미권, 중국, 일본의 문헌들을 제대로 파악하려면 용어의 개념에 대한 이해가 바탕이 되어야 하는데, 이때 이 사전의 대역어가 도움을 줄 수 있을 것입니다.

　　　　　이 밖에도 이 사전에서는 전통적인 기록학 용어를 발굴하여 정리하는 데에도 역점을 두었습니다. 이를 통해 『조선왕조실록』의 전통을 비롯하여 기록 사료 생산과 보존의 철학과 전통이 현대의 기록학으로 계승되는 데에도 일조할 수 있으리라 기대해봅니다.

사전 편찬 작업에는 학계와 기록 관리 현장의 다양한 전문가들이 참여하였습니다. 우리나라 전근대 기록 관리는 홍순민 교수(명지대)와 오항녕 박사가 집필하였고, 외국의 기록 관리는 이승휘 교수(명지대)와 김유리 교수(전북대), 기록 평가는 이승억 연구관(국가기록원), 분류·기술(조직화)은 설문원 부장(국가기록원), 전자 기록 관리는 이소연 교수(덕성여대), 현용 기록 관리는 이상민 박사, 우리나라 제도 및 법률 용어는 김형국 연구관과 곽건홍 연구관(국가기록원)이 주로 집필하였습니다. 표제어 및 해설을 조정하기 위한 소위원회에는 설문원 위원장과 이상민, 이소연, 이승억 위원이 참여해주었습니다. 사업 초기에 사전 집필 내용을 수집하고 회의 실무를 진행하는 데에는 국회기록보존소 이승일 박사가 애써주었고, 최종 정리 과정에서는 한국국가기록연구원 심성보 책임연구원이 애써주었습니다. 그 밖에 자료 정리를 도와준 많은 연구자들과 사전 내용에 비판과 관심을 아끼지 않은 분들께도 감사드립니다.

마지막으로 이 사업을 지원해준 한국학술진흥재단에 감사드리고, 흔쾌히 출판을 맡아준 역사비평사의 조원식 실장과 엄귀영 팀장께 고마움을 전합니다. 이 사전이 잘 활용되고 계속 수정 보완되어, 한국의 기록 관리 전문화와 학문의 질적 성장에 밑거름이 되기를 바랍니다.

2008년 2월

김학준(한국기록학회 회장)

C.O.N.T.E.N.T.S

1부; 현대 기록 관리

ㄱ	가변 시점 처분 기록	15
ㄴ	내각 문고	68
ㄷ	다계층 기술 규칙	71
ㄹ	라미네이팅 법	92
ㅁ	마이그레이션	94
ㅂ	바스러짐	113
ㅅ	사명	141
ㅇ	아이템	156
ㅈ	자료관	187
ㅊ	참고 사본	243
ㅋ	캐나다 도서관 기록관	252
ㅌ	탄화칼슘 성분	259
ㅍ	파기	262
ㅎ	하드 카피	274
A~Z	A2A 데이터베이스	285

2부; 전근대 기록 관리

ㄱ	각사수교(各司受敎)	305
ㄴ	내지(內旨)	313
ㄷ~ㅁ	등록(謄錄)	316
ㅂ	백패(白牌)	318
ㅅ	사고(史庫)	322
ㅇ	압(押, 수결手決)	336
ㅈ	자매문기(自賣文記)	342
ㅊ	차자(箚子)	346
ㅌ~ㅍ	토지문기(土地文記, 전답문권田畓文券)	349
ㅎ	행장(行狀)	350

부록

분류 색인 ······ 354

1 기본 용어 354 | **2** 평가 357 | **3** 분류 · 기술 360
4 서비스 363 | **5** 경영 364 | **6** 전자 기록 364
7 보존 367 | **8** 국내 법률 및 제도 369 |
9 외국 법률 및 제도 371 | **10** 전근대 용어 373

영어 색인 ······ 376
참고 문헌 ······ 392

일.러.두.기

- 기록학 용어 사전은 '제1부 현대 기록 관리'와 '제2부 전근대 기록 관리'로 구성하여, 총 745개(채택어 623개, 비채택어 122개)의 표제어를 수록하였습니다.
- 제1부에서는 현재의 우리나라 기록학 전반에서 중요하게 다루어지고 있는 용어와 외국의 기록 관리 제도에서 중요한 용어를 중심으로, 총 665개(채택어 543개, 비채택어 122개)의 표제어를 수록하였습니다.
- 제2부에서는 우리나라의 전근대 기록 관리 제도에서 중요한 용어를 중심으로, 총 80개(채택어)의 표제어를 수록하였습니다.
- 제1부와 제2부의 용어별 구성은 아래와 같습니다.
  - 표제어
  - 보라 : 표제어 옆의 ➡ 표시. 표제어가 비채택어일 경우, 채택어를 지시합니다.
  - 외국어 대역어 : 단, 제2부에서는 생략하였습니다.
    - 영 영어 대역어
    - 중 중국어 대역어
    - 일 일어 대역어
    - 프 프랑스어 대역어
  - 정의 및 해설
    - [북] 북한의 기록학 용어일 경우 문두에 표시
    - [미] 미국의 기록학 용어일 경우 문두에 표시
    - [캐] 캐나다의 기록학 용어일 경우 문두에 표시
    - [영] 영국의 기록학 용어일 경우 문두에 표시
    - [호] 호주의 기록학 용어일 경우 문두에 표시
    - [중] 중국의 기록학 용어일 경우 문두에 표시

- **[일]** 일본의 기록학 용어일 경우 문두에 표시
- **[유]** 유럽연합의 기록학 용어일 경우 문두에 표시
- **[법]** 우리나라 법령의 기록학 용어일 경우 문두에 표시
- **참고 자료** : 정의 및 해설 중의 ( ) 표시
- **도 보라** : 용어별 말미의 ➡ 표시. 관련 표제어를 지시합니다.
● 부록으로 분류 색인, 영어 색인, 참고 문헌을 수록하였습니다.
● 분류 색인에서는 기록학 용어 사전에 수록된 모든 용어(비채택어 포함)를 아래와 같이 분류하여, 영어 대역어와 함께 수록하였습니다.
  - 기본 용어
  - 평가
  - 분류·기술
  - 서비스
  - 경영
  - 전자 기록
  - 보존
  - 국내 법률 및 제도
  - 외국 법률 및 제도
  - 전근대 용어
● 영어 색인에서는 제1부에 수록된 모든 용어(비채택어 포함)의 영어 대역어를 알파벳순으로 배열하여, 표제어와 함께 수록하였습니다.
● 참고 문헌에서는 항목별로 제시되어 있는 참고 자료를 포함하여, 기록학 용어 사전을 편찬하는 데 사용된 주요 참고 문헌을 수록하였습니다.

archives & records

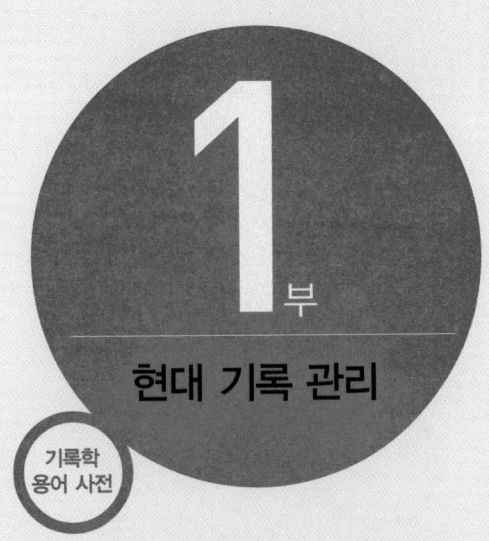

1부

현대 기록 관리

기록학
용어 사전

가변 시점 처분 기록

🅰 contingent records

아직 정해지지 않은 미래의 불확정한 시점에 폐기나 이관이 결정되는 기록을 말한다. 확정된 처리 일정 없이 일정 기간 경과 후에 어떤 요인이 발생하였을 때 처분이 결정된다. 예를 들어 '업무 종료 6개월 후 폐기', '공사 종료 후 3년 보유 후 폐기', '퇴원 후 10년 보유 후 보존 기록관으로 이관' 등과 같이 지침이 정해지는 경우이다. 우리나라에서는 준영구 보존 기록도 일종의 처리 미정 기록이라고 볼 수 있다. 준영구 보존 기록의 경우, 보유 기간을 특정할 수 없어 일정 기간이 도래하면 다시 평가하여 최종 처분을 결정하게 된다. 여기에는 주로 인사 기록이나, 인허가 서류, 설계 도면 등이 포함되며, 영구 보존 가치는 불확실하지만 불확정 기간 동안에는 보존되어야 하는 기록이 이에 해당한다.

가습

🅰 humidification 🅒 增濕 🅙 加濕

공기 중의 습기를 증가시키는 과정. 종이 기록을 가습 공간에 두어 유연성과 평평함을 유지하고 회복하기 위한 처리 공정이다.

가용성

영 usability

기록의 위치를 찾을 수 있고, 검색할 수 있으며, 제시할 수 있고, 해석할 수 있는 상태를 말한다. 기록은 그것을 생산한 업무 활동과 직접 관련된 바대로 계속 제시될 수 있어야 한다. 특히 기록을 해석하기 위해서는 생산하고 사용한 행위를 이해할 수 있는 맥락 정보가 필요하다. 또한 일련의 활동을 문서화한 기록들은 서로 연계되어 있어야 가용성을 확보할 수 있다. (KS X ISO 15489-1, 7.2.5)

가이드

영 guide 중 入門書 일 ガイド, 概要目錄

하나 혹은 다수의 보존 기록관이 소장한 기록의 일부나 전부를 총괄적으로 기술한 검색 도구로서, 대체로 기록군이나 기록 시리즈 정도의 계층으로 분류·기술된다. 특정한 주제나 시기, 지역별로 가이드를 발간하는 경우도 있다.

감사 증적

영 audit trail

적절한 정책이나 표준에 따라 기록 관리가 이루어졌는지를 검사하기 위하여, 기록 관리 과정에서 기록에 대하여 행해진 조치를 처음부터 끝까지 기록하여 기록 자체와 함께 남기는 정보를 말한다. 접근을 포함하여 기록에 대하여 행해진 모든 조치를 취한 시간, 수행한 주체, 그리고 수행된 행위의 유형에 대한 정보를 포함하는 것이 보통이다. 접근을 예로 들면, 기록에 접근한 사람, 이용 시간, 접근 세션 동안의 모든 행위, 그리고 접근 및 검색의 결과 등을 기록하여 이후의 기록 관리 시스템 감사를 위한 증거로서 남기게 된다.

개념 색인 작업

영 concept indexing 중 概念索引

자료나 기록 자체에서는 사용되지 않지만 개념상 관련 있는 용어를 추출하여 이를 색인어로 나열하고, 기록이나 자료의 해당 부분을 안내하는 포인터를 만드는 과정을 말한다. 개념 색인의 경우, 보통 색인이 되는 기록이나 자료에 나타난 용어에서 색인어를 직접 추출하지 않고 통제 어휘집에서 추출하는 경우가 많다.

개인 기록

영 personal papers 중 個人文件 일 個人文書

개인이 개인 업무나 개인사와 관련하여 생산·수집한 기록으로서, 일기나 메모, 편지, 취미 활동과 관련된 문서들이 이에 속한다. 조직의 기록 관리에서는 조직 기록으로 관리해야 할 공식 기록과 개인 기록을 구분하는 기준을 명확히 설정하는 것이 중요하다.

개인 이력

영 biographical history; biographical note 중 個人史

목록이나 검색 도구에 포함되는 요소로서 기록의 생산자나 작성자, 수집자 등에 관한 정보를 제공하는 기능을 한다. 기록의 생산 및 관리 맥락을 이해하는 데 도움을 줄 수 있다. 보존 기록을 위한 국제 표준 기술 규칙인 국제 보존 기록 기술 규칙(ISAD(G))에서는 맥락 영역의 기술 요소 중

하나로 정하여, 기록 생산자가 개인일 경우 간략한 생애사 및 주요 활동과 업적을 요약하도록 하고 있다. 개인에 대한 보다 상세한 정보는 보존 기록 관리를 위한 전거 레코드를 통해 기술할 수 있으며, 체계적이고 일관성 있는 전거 레코드 기술을 위해서 국제 기록 전거 레코드 규칙(ISAAR(CPF))을 준용하는 것이 바람직하다.

개인 정보 보호법
영 Privacy Act

국가나 공공 기관이 수집·관리하고 있는 개인 정보를 보호하기 위한 법을 말한다. 개인 정보라 함은 공공의 조사나 검사로부터 보호되는 정보로서, 법적인 권한에 의해 승인되지 않는 한 공개되지 않는, 개인에 관한 정보를 말한다. 일반적으로 개인의 동의 없이 그 개인에 관한 정보가 포함되어 있는 기록을 제3자나 일반에게 공개할 수 없다. 미국의 경우 개인 정보 보호법은 'Privacy Act of 1974(5 USC §552a)'로 제정되었다. 개인 정보에 대해서는 정보 자유법이 적용되지 않는다.

→ 정보 공개법

거시 평가
영 macro appraisal 중 宏觀鑒定 일 マクロ的評価

기록의 내용, 즉 정보 가치보다 무슨 기능에서 기록이 만들어졌는지, 어떠한 구조를 갖고 있는지, 어떻게 만들어졌는지를 우선으로 하여 기록의 가치를 가늠하는 평가 접근 방식. 거시적 평가 모델은 처음 캐나다의 정부 기록 평가 분야에서 발달하였는데, 국가의 명령이나 나중의 역사 연구 경향에 따르는 것이 아니라 보다 근래 경향으로서 시민과 국가 간의 상호 작용에 관한 기능적 분석을 통해 확인되는 사회의 가치를 투영해 기록 유지 또는 파기 결정의 보존 기록 평가 가치에 관한 법적 관건을 찾으려는 것이다. 쿡(T. Cook)은 쉘렌버그(T. Schellenberg) 가치론이 기록의 개별적 가치 개념을 범주화하는 분류학적(taxonomic) 접근을 취함으로써 사회적 표상으로서의 기록이라는 측면을 담지 못한다는 비판을 전제로 도큐멘테이션 전략의 의의를 인정하지만 도큐멘테이션 전략 수행에 나타난 주관성에 대해서도 일정한 한계를 지적했다. 그에 따르면 거시 평가는 2단계로 진행된다. 우선 첫 번째 단계에서는 실재하는 조직체의 기능이나 구조를 분석하고, 사회적 중요성 차원에서 이를 서열화한다. 정부 기관의 경우 정책 결정권, 예산 규모, 기관 공동 사업 메커니즘 등을 기준으로 할 수 있을 것이다. 그 다음 두 번째 단계는 시민과 국가의 상호 작용이라는 관점에서 조직체의 기능을 실재화하는 과정으로, 정책·조직·시민을 분석 축으로 삼는다. 쿡에 의하면 2단계의 거시 평가를 전제로 한 후, 다음 단계에서 각 기록 시리즈를 대상으로 하는 미시 평가가 진행되는 것이 바람직하다는 것이다. (Cook(1992))

→ 미시 평가, 기능 평가

검색

영 retrieval 중 撿索

(1) 서고에 있는 기록의 위치를 알아내고, 기록을 이용할 수 있도록 찾아주는 과정. (2) 온라인 검색 도구를 이용하여 기록을 찾아내는 과정.

검색 도구

영 finding aid 일 撿索手段

소장 기록을 검색할 수 있도록 해주는 도구로서 이용자가 원하는 기록을 찾아내고 기록을 잘 이해할 수 있도록 지원한다. 한편, 기록관은 검색 도구를 이용하여 기록을 물리적·지적으로 통제할 수 있다. 대표적인 검색 도구로는 가이드, 소장 목록, 캘린더, 리스트, 색인, 인벤토리, 등록부(register) 등이 있다.

검색 효율

🔤 retrieval effectiveness

검색 시스템의 성능을 평가하는 방법의 하나로, 검색 결과가 얼마나 이용자의 요구를 만족시키는지 측정하는 것. 검색 효율을 측정하는 가장 일반적인 척도에는 '재현율(recall ratio)'과 '정확률(precision ratio)'이 있다. 재현율은 시스템에 포함되어 있는 적합 문헌이나 기록의 총수와 비교할 때 실제로 검색된 적합 문헌이나 기록이 어느 정도인지를 표현하는 비율이다. 즉, 해당 시스템이 소장한 적합 문헌이나 기록을 얼마나 많이 찾아낼 수 있는지 능력을 평가하는 방법이다. 정확률은 검색의 정확성을 측정하는 척도로서, 검색된 문헌이나 기록 가운데 적합한 문헌이나 기록이 어느 정도 포함되어 있는지를 측정하는 기준이다. 검색된 문헌의 수가 증가하면 적합한 문헌이 많이 검색되므로 재현율은 증가하지만, 반면 부적합한 문헌이 검색될 가능성도 높아지므로 정확률은 낮아지는 경향이 있다. (사공철 등 편(2001), p. 61)

겸백 당안

🔤 縑帛檔案

[중] 중국 고대에 견직물을 매체로 하여 생산된 기록이다. 춘추 전국 시대에서 진한 시대에 성행하였다. 겸백은 합사로 짠 비단으로 질감이 질기고도 부드러워, 말아서 보관하기에 편리하고 편폭을 마음대로 자를 수 있기 때문에 지도를 그리거나 경전을 베껴 쓰는 데 많이 이용되었다. (『檔案學詞典』, p. 475)

경영

🅔 management of archival institution 🅒 檔案館經營 🅙 文書館マネジメント

주어진 목표(기록 수집, 정리, 보존, 이용 지원 등)를 달성하기 위하여 주어진 자원(인력, 예산, 기록 컬렉션과 설비) 등을 계획·조직·지휘·통제하는 활동이다. 기록관의 사명을 달성하기 위하여 수행하는 모든 활동, 또는 기록관 내·외부(경영 환경)에서 기록관과 관련하여 이루어지는 모든 활동을 경영 활동이라고 할 수 있다.

경영자

🅔 manager 🅒 檔案館經營者 🅙 文書館マネージャー

기록관의 사명을 달성하기 위하여 수행하는 모든 활동을 경영 활동이라고 본다면, 이런 맥락에서 기록관 직원은 모두 어떤 시점에서는 경영자로서 활동하게 된다. 그러나 기록관 조직 도표에서 상위층에 위치하는 인력일수록 일상적 업무 수행 과정에서 기록관의 사명을 구현하고자 하는 의지가 강할 것이다. 한편, 조직의 규모가 커질수록 경영의 책무도 커지게 된다. 하지만 소규모 기관이 압도적인 기록관에서는 조직 도표도, 정교한 계획 문서도, 여러 권에 걸친 내부 규정집도 없는 데다 영유 자원이 없기 때문에 부족한 인력을 효과적으로 경영해야 할 필요성이 더 절실하다고 할 수 있다.

경영 환경

🅔 organizational environment

경영에 영향을 미치는 조직 내·외부의 환경을 말한다. 조직은 따로 떨어져서는 존재할 수도 기능할 수도 없다. 하나 이상의 목적을 성취하기 위해 설립되며, 변화의 속도나 원인은 달라진다 해도 시간에 따라 변화하는 환경 속에서 존재하게 된다. 보통 커다란 도전이 없는 상황에서는 점진적으로 변화하지만 최근 대부분의 조직은 전보다 더 심각한 변화를 겪고 있다. 구조 조정 중인 대규모 대학 시스템이나 새로운 단과 대학이나 학과가 신설 중인 대학의 아키비스트는 더욱 빠른 속도로 진행되는 변화를 겪게 될 것이며, 이와 마찬가지로 기업체에 부설된 기록관은 합병이나 인수 같은 조직 변화를 다루어야만 할 것이다.

경영자가 직면하는 주요 과업의 하나는 조직이 그 목표를 달성할 수 있도록, 그리고 그 존재 환경 내에서 제대로 기능하도록 준비하는 것이다. 모(母)기관이 파산해도 별일 없을 것이라고 생각하는 아키비스트가 대부분이지만 이들도 주변 환경으로부터 무관할 수는 없다.

조직은 자급자족할 수 없다. 끊임없이 외부 환경과 접촉하게 된다. 외부 환경을 정의할 때 공통적으로 고려할 요소로는 기술적 요인, 인구 통계·사회적 요인, 법규 요인, 그리고 경쟁 요인을 들 수 있다. 미래 운용을 준비하는 경영자에게는 이러한 요인을 이해하고, 또한 조직과 전문 직원이 맞이하는 상황에 이러한 요인을 어떻게 적용할 것인가를 이해하는 일은 매우 중요하다. 한편, 외부적 요인보다는 덜 극적이고 덜 분명하게 드러나는 내부 환경 조건도 모든 조직에 영향을 미친다. 인력이 보유한 집합적인 기술과 경험, 경영 스타일, 그리고 고용·승진·내부 커뮤니케이션과 같은 문제들을 총괄하고자 수립해놓은 정책 등이 경영자들이 고려해야 하는 주요 내부 요인에 속한다.

계속 위탁

영 open-ended deposit 중 可擴展寄存

기한을 정하지 않고 기록을 위탁하되, 위탁자와 수탁자인 기록 관리 기관 쌍방 가운데 어느 한쪽이 원할 경우 계약이 파기되는 조건의 위탁 계약.

계속적 가치 → 지속적 가치

고립 기록건

🅔 discrete items

특정 컬렉션이나 기록군에 속해 있지 않고 단독으로 존재하는 기록건을 말한다. 수집형 보존 기록관이나 매뉴스크립트 보존소의 경우 컬렉션이나 기록군에 속해 있지 않고 고립적으로 존재하는 기록들이 있는데, 이를 가리킨다. 캐나다에서는 이러한 기록건을 고립 기록건(discrete item)으로 부르며, 상위의 컬렉션이나 기록군에 속해 있는 기록건인 일반 기록건(single item)과 구분한다.

→ 기록건

공개 재분류

🅔 access re-review

비공개 기록의 공개 여부를 다시 판단하는 행위를 말한다. 전문적인 보존 기록관이 보유하고 있는 비공개 기록을 생산 후 일정 기간(보통 30년) 경과 후에 공개 여부를 다시 판단하는 업무 활동, 혹은 기관에서 비공개로 분류한 기록을 자체적으로 검토하여 공개 여부를 새로 결정하는 업무 활동이다. 공개 재분류는 평가 활동이 아니다. 공개 재분류의 기준은 보통 정보 공개법의 기준과 같다. 공개 재분류가 필요한 이유는, 비공개 기록은 일정한 기간이 지나면 법에서 정한 비공개 사유가 없어지기 때문이다. 또한 비공개 기록은 일단 공개로 재분류되어야 일반에게 열람 공개가 가능하기 때문이다.

→ 비공개 기록

공고 문서 → 공문서

공공 기록
영 public records 중 公共文件 일 公文書

정부 기관에서 공적 업무 수행과 관련하여 생산 또는 접수하여 모은 기록으로서, 개인의 업무나 거래에서 생산·접수된 민간 기록과 구분되는 개념.(Bellardo(1992), p. 28) 특정 조직이 현용·준현용 기록 관리 단계에서 수행해야 할 중요한 기록 관리 업무 가운데 하나가, 해당 조직이 관리해야 할 공공 기록을 식별하는 일이다. 국가의 공공 기록은 대부분 그 범위와 형식 등이 법규에 정의되어 있다. 민간 기록은 일반적으로 공적 조직이나 공공 기관의 수집·관리 대상은 아니지만, 공적으로 중요한 민간 기록은 공공 기록 관리 기관에서 공공 또는 국가 기록으로 지정하거나 수집하여 관리하기도 한다. 영국에서는 국가 기록 등록제(National Register)를 통해서 민간에 소재하는 기록 중 국가적으로 중요한 기록을 등기하여 관리하며, 캐나다에서는 정책적으로 민간 기록을 국립 보존 기록관의 수집 대상으로 정하고 있다. 우리나라도 공공 기록물 관리법에서 국가적으로 보존할 만한 가치가 있는 민간 보유 기록물을 국가 기록원이 수집하거나 국가 기록물로 지정하여 관리하도록 규정하고 있다.(공공 기록물 관리법 제43조~제46조) 하지만 공인이 작성했더라도 사적인 목적의 기록은 공공 기록이라고 할 수 없다. 예를 들어 대통령이라 하더라도 그가 한 가족의 가장으로서 혹은 집권당 총재로서 작성한 기록이라면 국가적으로 관리해야 할 공공 기록에 포함되지 않는다. 반면에 민간 신분의 사람이 한 분야의 전문가로서 대통령의 업무 목적과 관련된 보고서를 만들었다면, 그것은 공공 기록에 속한다. 한편, 공공 기관에서 공무상의 이유로 순수한 사적 기록을 접수한 경우, 그 기록은 공공 기록이 된다. 예를 들어 개인적인 메모나 일기, 혹은 회계 장부가 증거로 법정에 제출될 경우, 이 기록들은 공공 기록에 관한 법규의 적용을 받는 공공 기록이 되는 것이다.

공공 보존 기록관

🅔 public archives 🅒 公共檔案館 🅙 公文書館

공적인 목적과 재원으로 국가 또는 지방 자치 단체 등이 설립한 보존 기록관을 말한다. 공공 보존 기록관은 기록을 잘 관리함으로써 공공 기관이 수행하는 업무의 설명 책임 의무를 달성할 수 있게 지원한다. 공공 보존 기록관은, 공공 기관에서 완전하고 정확한 기록을 생산하고 효과적으로 관리·이용할 수 있도록 기록 관리와 보존에 관한 정책을 수립하고 표준과 지침을 제공하는 책무를 가진다. 특히 공공 기록 중에 역사적으로 보존할 가치가 있는 기록을 평가·선별하여 역사적 기록으로 후대에 길이 보존할 책무를 갖는다. 주로 공공 기록을 수집·관리하지만 민간 분야의 역사 기록 중에 역사적으로 중요한 보존 가치를 갖는 기록을 수집하여 보존하는 경우도 있다.

→ 민간 보존 기록관, 기록관

공문서

🅔 official document

행정 기관 내부 또는 상호 간에 공무상 작성되거나 시행되는 공적 기록으로서, '사무 관리 규정'에 규정된 개념. 사무 관리 규정의 공문서는 도면, 사진, 디스크, 테이프, 필름, 슬라이드, 전자 문서 등의 특수 매체 기록 등이 포함된다. 개념적으로는 공공 기록과 동일하다고 볼 수 있다. 그러나 '전자 정부법'에서는 전자 공문서를 전자 결재를 받은 문서로 제한한다.

공문서는 한편으로 그 성격상 법규 문서, 지시 문서, 공고 문서, 비치 문서, 민원 문서, 일반 문서로 구분한다. 법규 문서는 헌법·법률·대통령령·총리령·부령·조례·규칙 등에 관한 기록을 말하며, 지시 문서는 훈령·지시·예규 및 일일 명령 등 행정 기관이 그 하급 기관 또는 소속 공무원에 대하여 일정한 사항을 지시하는 기록이다. 공고 문서는 고시·공고 등 행정 기관이 일정한 사항을 일반에게 알리기 위한 기록이며, 비치 문서는 비치 대장, 비치 카드 등 행정 기관이 일정한 사항을 기록하여 행정 기관 내부에 비치하면서 업무에 활용하는 기록을 말한다. 민원 문서는 시민이 행정 기관에 대하여 허가·인가·기타 처분 등 특정 행위를 요구하는 기록과 그러한 요구를 처리한 기록을 말한다. 일반 문서에는 어디에도 속하지 않는 기록 모두가 포함된다.〔사무 관리 규정 제3조, 제7조〕

→ 공공 기록

공문서관법
일 公文書館法

[일] 일본 최초의 행정 기관의 보존 기록 관리 기본법. 1987년 12월 10일 제111차 임시 국회에서 통과되어 같은 달 15일 일왕과 내각 총리대신의 서명을 받아 반포하였는데, 이는 오랜 기간 일본 학술계의 요구와 건의의 결과였다. 입법 목적, 기록의 정의, 기록관의 직책, 예산, 정책 등 총 7개조로 구성되어 있다.

공문서 규정(1950)

[법] 1950년 3월 6일 대통령 훈령 제3호로 제정된 우리나라 최초의 공문서 규정. 총 11개조로 구성되어 있으며, 문서의 작성, 시행, 공문서의 종류 등을 간략하게 규정하고 있다. 1961년 '정부 공문서 규정'의 제정과

동시에 폐지되었다.

→ **정부 공문서 규정**(1961)

공문서 보관 · 보존 규정(1963)

[법] 1963년 12월 16일 각령(閣令) 제1759호로 제정된 공문서 관리 규정으로, 문서의 편철, 보관, 보존 방법과 절차를 상세하게 정하기 위해 제정되었다. 총칙, 편철·보관, 인계 및 이관, 보존, 대여, 폐기 등 총 6장으로 구성되어 있으며, 기록물 보존·관리와 관련된 기본 규정으로 사용되었다. 이 규정은 이후 1969년 5월 2일 한 차례 전문 개정(대통령령 제3924호)되었으며, 기록물의 집중 관리, 보존 기간 설정, 폐기 등에 대한 구체적인 개념 정의 및 절차를 규정하고 있다.

→ **정부 공문서 규정**(1961)

공문서 보존 기간 종별 책정 기준 등에 관한 규칙(1979)

[법] 1979년 6월 15일 제정된 총리령 제223호로 '공문서 보존 기간 종별 책정 기준에 관한 건'을 대체한 법령이며, 문서 보존 기간의 종별 책정 기준과 분류 기준을 제시하고 있다. 분류 번호는 같은 날 제정된 '정부 공문서 분류 번호의 지정에 관한 규칙(총리령 제222호)'에 의해 기능별로 부여하였다.

공문서 보존 기간 종별 책정 기준에 관한 건(1964)

[법] 정부 공문서 보관·보존 규정에 따라 1964년 4월 22일 제정된 총리령 제44호로, 문서 보존 기간의 종별 책정 기준을 정하고 있다. 최초의 공문서 분류 체계로 10진 분류 방식에 의한 분류 번호와 보존 기간을 제시하고 있다. 100 총기, 200 인사, 300 경제 기획, 400 국토 건설, 500

조달, 600 원자력, 700 외무, 800 법무, 900 국방, 1000 문교, 1100 농림, 1200 재무, 1300 상공, 1400 보건 사회, 1500 교통, 1600 통신, 1700 공보, 1800 원호, 1900 전매, 2000 공안 등 20개의 기능으로 분류하고 있다. 이러한 기능 분류는 '기능 명칭'으로 2차 분류하고, 이를 '세부 기능'과 '기능 종별(機能種別)'로 다시 나누어 보존 기간을 책정하는 방식이다. 이러한 기능 분류 방식은 1979년 6월 15일 '공문서 보존 기간 종별 책정 기준 등에 관한 규칙(총리령 제223호)', 1984년 12월 31일 '정부 공문서 분류 번호 및 보존 기간 책정 기준 등에 관한 규칙(총리령 제290호)', 1992년 12월 23일 '공문서 분류 및 보존에 관한 규칙(총리령 제416호)'의 근간을 이루었다. 공공 기관 기록물 관리법에 의해 2004년부터 시행된 기록물 분류 기준표 제도 이전까지 기록물 분류 및 보존 기간 책정의 근간을 이루어왔다.

→ 공문서 보존 기간 종별 책정 기준 등에 관한 규칙(1979)

공문서 분류 및 보존에 관한 규칙(1992)

[법] 1992년 12월 31일 제정된 총리령 제416호로 종전 '정부 공문서 분류 번호 및 보존 기간 책정 기준 등에 관한 규칙'을 대체하였다. 공문서 분류 방식에 새로운 변화가 나타났는데, 기능별 10진 분류 방식에 따라 1차 분류부터 5차 분류까지 5단계로 나누어 분류 번호를 정하고 있다. 1차 분류는 문서 분류의 주류 항목으로, 정부의 기능을 분야별로 구분하였으며, 2차 분류는 정부 기능의 하위 기능별 대분류로, 중앙 행정 기관의 관장 사무 수준이고, 3차 분류는 사무의 하위 기능별 중분류로, 중앙 행정 기관의 실·국·부의 분장 사무 수준이고, 4차 분류는 소분류로 중앙 행정 기관의 과의 분장 사무 수준이며, 5차 분류는 세분류로 단위 업무별 분장 사무 수준이다. 또한 문서의 보존 기간을 책정하기 위한 기준

과 문서의 종류별 보존 기간을 정하고, 개별 문서의 보존 기간을 연장 또는 단축하기 위한 사유를 구체화하는 등 공문서의 분류 기준과 그 종류별 보존 기간의 책정 기준을 제시하고 있다.

공식 기록

영 official records 중 公務文件 일 公記錄

직무 권한을 가진 사람이 공식 업무 수행 과정에서 생산·접수한 기록. 비공식적이거나 개인적으로 생산·접수한 '비기록(non-recods)'과 구분된다. 공식 기록은 업무 수행과 관련하여 일정 사실을 확정하며, 법적 인정을 받을 수 있다.(Bellardo(1992), p. 24) 공식 기록은 보통 문서 초안이나 열람용 사본, 개인 기록 등과 구분하기 위해 사용된다.

공정 사용

영 fair use 중 合理使用

미국 저작권법에서 비상업적인 목적인 경우 저작권자의 이익을 부당하게 침해하지 않는 범위 내에서 저작권자의 허락 없이 저작물을 제한적으로 사용할 수 있도록 허용하는 규정. 공정 사용은 저작권자의 배타적인 권리를 제한하는 규정으로서 1976년 미국 저작권법에 의하여 성문화되었다. 공정 사용은 비평, 논평, 시사 보도, 교육, 연구 또는 조사의 목적 등에서 허용된다. 공정 사용인지의 여부는 사용이 영리성을 띠는지의 여부, 저작권 보호를 받는 저작물의 성격, 저작물 전체와 관련하여 사용되는 양과 정도, 저작물이 잠재적 시장에 미치는 영향 등과 같은 요소들을 감안하여 결정된다. 미국의 아키비스트와 사서는 공정 사용 조항에 근거하여 저작권자의 허락을 받지 않고 저작물의 복제를 허용하지만, 이때 ① 도서관이나 기록관의 소장물이 대중에게 공개되고 있으며, ② 상업적 목적을 위한 복사가 아니고, ③ 저작권을 보호해야 한다는 등의 경고문을 복사물에 표시해야 하는 조건을 준수해야 한다.

공조 설비

영 HVAC(Heating, Ventilation, Air Conditioning)

서고 내의 온도, 습도, 유해 기체 농도, 분진 농도 등을 조절하는 설비. 온도 및 습도의 조절을 위해 냉동기와 보일러가 같이 가동되며 유해 기체, 분진 등은 여과 장치를 통하여 제거된다.

공통 기록 보존 기간표 → 공통 기록 처분 지침

공통 기록 처리 일정표 → 공통 기록 처분 지침

공통 기록 처분 지침

영 common records schedule; general records schedule; general disposal schedule; general disposal authority 중 通用文件保管期限表 일 全廳記錄保存年限表

기관의 일반 행정과 유지 관리 사무 등 여러 기관이 공통적으로 수행하는 기능과 관련된 기록에 대해 보유 기간과 처분 방법을 정해놓은 처분 기준. 기관이 다를지라도 같은 기능에 해당하는 기록의 보유 기간을 동일하게 부여함으로써 일관성 있는 처분이 가능해진다. 구미에서는 대개 기록철, 기록 시리즈, 기능별로 보유 기간 및 처리 일정을 명시한다. 미국에서는 공통 처리 일정(GRS), 호주에서는 일반 행정 기능 처분 지침(Administrative Functional Disposal Authority, AFDA)과 일반 처분 지침(GDA), 캐나다에서는 복수 기관 적용 처분 지침(Multi-Institutional Disposition Authorities, MIDA)이라는 용어를 사용한다. 기관의 고유 기능에서 생산되는 기록의 처분 지침을 그 생산 기관에서 조사·결정하여 국립 보존 기록관에 승인을 요청하는 것과는 달리, 공통 기록 처분 지침은 국립 보존 기록관에서 공통적인 행정 관리 업무를 분석하여 결정하는 경우가 많다. 우리나라의 경우, 기관 공통 단위 업무와 처리과 공통 단위 업무에 속한 기록이 공통 기록에 해당한다.

관리 내역 문서 → 관리 통제 기록

관리 연속성
영 chain of custody
기록이 생산된 이래 그것을 보유한 개인 또는 기관들의 연속적 승계. 관리의 단절이 없음을 보여주는 것은 기록의 진본성을 판정하는 중요한 기준 중 하나이다.

관리 통제 기록
영 control records; control documentation
기록 및 기록 관리 시스템을 통제하는 도구로서 분류 체계, 색인, 등록부, 이관 목록, 폐기 목록, 버전별 처분 지침, 기록 관리 시스템 소프트웨어 매뉴얼과 규격 등이 포함된다. 기록이 어떻게 생산·이용·관리되어 왔는지가 담겨 있다는 의미에서 '관리 내역 문서'라고도 한다.

관인
영 official seal
[법] 관인(官印)은 행정 기관의 명의로 발송 또는 교부하는 문서에 사용하는 청인과, 행정 기관의 장 또는 보조 기관의 명의로 발송 또는 교부하는

문서에 사용하는 직인으로 구분한다. (사무 관리 규정 제35조)

구술 기록

영 oral history

면담을 통해 개인의 기억 속에 남아 있는 과거나 역사적 사건을 재구성하는 작업을 통해 만들어지는 기록. 구술 기록은 면담자와 구술자의 공동 작업을 통해 생산되며, 주관성과 개인성을 띠게 된다는 특성을 갖는다. 구술 기록에는 녹음이나 녹화 자료, 녹취록, 면담과 관련하여 입수한 기타 자료 등이 포함된다.

국가 기록 관리 위원회

[법] 국가 기록 관리에 관한 기본 정책과 영구 기록물 관리 기관 간의 협력 사항, 각급 기록물 관리 기관의 이행 준수 사항 등을 심의하고 기록 관리 국가 표준을 제정하는 기능을 수행하는, 국무총리 산하의 위원회이다. 국가 기록 관리 위원회는 "국회 사무총장·법원 행정처장·헌법 재판소 사무처장 및 중앙 선거 관리 위원회 사무총장이 추천하는 소속 공무원, 중앙 기록물 관리 기관의 장, 기록물 관리에 관한 학식과 경험이 풍부한 자" 등 20인 이내의 위원으로 구성한다. 1999년 제정된 공공 기관 기록물 관리법에서는 '국가 기록물 관리 위원회'라는 명칭으로 중앙 기록물 관리 기관에 설치하도록 했던 것을, 공공 기록 관리의 중요성에 대한 인식이 높아짐에 따라 2006년 개정 공공 기록물 관리법에서는 '국가 기록 관리 위원회'로 명칭을 변경하면서 국무총리 산하로 승격되었다. (공공 기록물 관리법 제15조) 외국에서는 감사원장이나 정보 감독원장이 참가하는 독립 기관으로서 공공 기록 관리 정책의 결정, 공공 기록의 공개 이견의 조정, 보존 기록의 선별 및 기록 처분권의 최종 승인 등 강력한 권한

을 행사하기도 한다. '국가 기록 위원회(National Records Commission)' 등의 이름으로 불리며, 국립 보존 기록관 안에서 그 운영에 대해 자문하는 자문 위원회와 구별된다.

국가 기록물 관리 위원회 → 국가 기록 관리 위원회

국가 기록원

영 National Archives & Records Service

대한민국 행정부의 공공 기록을 관리하는 중앙 기록물 관리 기관이다. 1969년 8월 23일 총무처 장관의 소속하에 정부 기록 보존소로 설치되었다가, 2004년 행정자치부 소속 국가 기록원으로 개명하였다. 영구 및 준영구 보존 기간으로 책정된 종이 기록, 간행물, 사진, 마이크로필름, 영사 필름, 녹음 기록, 전자 기록 등의 중요한 국가 기록을 수집하여 전문적인 시설에서 정리, 보존, 열람, 전시, 디지털 전환 업무를 수행한다. 1999년 1월 제정된 공공 기관 기록물 관리법에 의해 중앙 기록물 관리 기관으로서 국가 기록물 관리 정책 및 제도를 수립하고 공공 기관의 기록물 관리를 지도·감독하는 기관으로 발전했다.

→ 국립 보존 기록관

국가 당안 전종

중 國家檔案全宗

[중] 국가 소유로 귀속되어 국가에서 통일적으로 관리하는 당안의 총칭. '국가 전부 당안(國家全部檔案)'이라고도 한다. 중화인민공화국 국가 당안 전종은 각 역사 시기에 각각의 기관과 저명 인물들이 활동 중에 생산한 각종 내용과 형식의 당안을 포괄한다. 중화인민공화국 시기의 당안(즉, 중

화인민공화국 당안) 및 중화인민공화국 이전 시기 당안의 2개 부분으로 구성되며, 후자는 다시 혁명 역사 당안과 구정권 시기의 당안을 포괄한다. (『檔案學詞典』, p. 158)

국가 디지털 데이터세트 아카이브 → (영국) 국가 디지털 데이터세트 아카이브

국가 문헌국 → (북한) 국가 문헌국

국립 공문서관 → (일본) 국립 공문서관

국립 보존 기록관

⑨ national archives ⑨ 國家檔案館 ⑨ 國立公文書館

국가가 설립한 중앙 기록 관리 기관으로서 행정부 등 국가 주요 기관의 공공 기록을 수집하여 역사적으로 영구히 보존할 기록으로 보존하고, 국민에게 열람을 제공하는 기능을 수행한다. 중요 역사 기록의 영구적인 보존을 위한 전문적인 시설과 전문 인력을 구비하고 공공 기관의 기록 관리에 관한 정책, 법규, 표준, 지침, 자문 등을 제공한다. 국립 보존 기록관은 공공 기관이 기록 관리를 효율적으로 수행하고 국민에 대한 설명 책임의 의무를 충실하게 수행하게 하기 위해, 기록 관리 종사자에 대한 교육을 제공하고 공공 기관의 기록 관리를 지도·감독한다. 국립 보존 기록관은 국립 박물관, 국립 도서관 등 국가의 여타 중요한 문화 기관과 같이 역사 기록의 전시와 활용 증진을 통해 국민들에게 자국의 역사와 문화에 대한 역사 의식을 고취하고, 기록 문화를 함양하며, 민주주의 사회에서의 공공 기록의 의미와 중요성에 대한 인식을 강화시킨다.

→ 국가 기록원, (미국) 국립 기록 관리처(NARA), (북한) 국가 문헌국, (영국) 국립 보존

기록관(TNA), (일본) 국립 공문서관, (프랑스) 중앙 정부 기록 관리 기관(La Direction des Archives), 호주 국립 보존 기록관(NAA), (중국) 국가 당안국

국립 사료관 ➜ (일본) 국립 사료관

국제 기록 관리 메타데이터 표준 ➜ ISO 23081

국제 기록 관리 표준 ➜ ISO 15489

국제 기록 기구 회의
🌐 ICA(International Council on Archives)
1948년에 설립되었으며, 180개국 1,700여 기록 관리 기구가 참가하는 비정부 국제 기구로서 인류 기록 유산의 보호와 기록 관리의 발전을 목표로 하고 있다. 국제 기록 기구 회의(ICA)는 국가 기록 관리 기관, 전문가 협회, 기록 관리 전문 기관, 전문가 개인 범주별로 참가하며, 전 회원이 참가하는 일반 연례 회의에서 기구의 정책을 결정한다. 집행 위원회, 국제 기록 원탁 회의(CITRA), 전문 위원회, 분과 위원회, 지역별 지부로 구성되어 있다. 4년마다 총회(Congress)를 개최하고, 총회가 열리지 않는 해에는 CITRA를 개최하여, 기록의 보존과 관리에 관한 최신 정보를 교환하고 국제 협력의 장을 제공한다.

국제 기록 원탁 회의
🌐 CITRA(International Conference of the Roundtable on Archives)
국제 기록 기구 회의(ICA)의 국가 대표자 연례 회의로서, 4년마다 열리는 ICA 총회(Congress)가 열리지 않는 해에 개최된다. 전문 세미나 프로그램

과 더불어 ICA의 내부 운영 회의인 연례 총회(AGM), 집행 이사회(EB), 관리 위원회(MCOM), 프로그램 위원회(PCOM)가 함께 열린다. 매년 각국의 기록 관리 전문가의 연구와 경험이 교류되고, 기록 관리에 관한 국제 결의가 발표된다.

→ 국제 기구 회의(ICA)

국제 기록 전거 레코드 규칙

㊀ ISAAR(CPF)(International Standard Archival Authority Record for Corporate Bodies, Persons and Families) ㊁ 國際標準記錄史料典據記錄

기록을 위한 전거 레코드의 구성 및 요소 기술을 위한 국제 표준 규칙이다. 이 표준 규칙의 1차 목적은 기록 생산자인 단체, 개인, 가문에 관한 기록 전거 레코드를 구축하기 위한 일반 규칙을 제시하는 것이며, 전거 레코드의 기능은 기록 생산자의 이름 형식을 표준화하고, 기록의 생산 배경을 이해하는 데 필요한 생산자 정보를 충분히 설명하는 것이다. 국제 기록 전거 레코드 규칙(ISAAR(CPF))의 제1판은 1993년에서 1995년까지 국제 기록 기구 회의(ICA) 기술 표준 특별 위원회(Ad Hoc Commission on Descriptive Standard, ICA/CDS)에 의해 개발되었고, 1996년 출간되었다. ICA/CDS는 1996년 중국 베이징에서 열린 ICA 국제 회의에서 상설 위원회가 되었다. 이 표준은 5년마다 갱신하도록 규정하고 있으며, 동 위원회(ICA/CDS)의 개정 작업을 거쳐 2004년 제2판이 공표되었다. 1996년의 제1판 표준은 전거 제어 영역(authority control area), 정보 영역(information area) 그리고 주기 영역(note area) 등 3개의 영역을 포함하고 있었다. 제2판은 식별 영역(identity area : 제1판의 전거 제어 영역과 유사), 기술 영역(description area : 제1판의 정보 영역과 유사), 관계 영역(relationships area)과 통제 영역(control area : 제1판의 주기 영역과 유사) 등 4개의 영역을 포함하고 있다. 4개의 영역 안에 포함되는 요소와 기술 규칙은 기록의 배경 정보를 작성하는 데 도움을 줄 수 있도록 설계되었다. 또한 이 표준은 전거 레코드가 국제 보존 기록 기술 규칙(ISAD(G))을 적용한 기록 기술을 포함해 기록 및 다른 자원과 어떻게 연계되는지를 설명하는 부분을 포함하고 있다.

국제 보존 기록 기술 규칙

영 ISAD(G)(General International Standard Archival Description)

일 國際標準記錄史料記述―一般原則

국제 기록 기구 회의(ICA)가 보존 기록을 위해 일관성 있고 체계적인 기술 목록을 생산하고, 이러한 기술 목록의 교환과 통합을 원활히 하기 위해 제정한 표준이다. 5년 주기로 갱신함을 원칙으로 하고 있다. 1994년에 제1판이, 1999년에 제2판이 발행되었다. 국제 보존 기록 기술 규칙(ISAD(G))에서는 다계층 기술 규칙을 강조하고 있으며, 제2판에서는 보존 기록을 위해 26개의 요소를 제안하고 있다. 일반 규칙으로서의 ISAD(G)는 기술 단위의 매체나 유형에 관계없이 모든 보존 기록에 적용되는 원칙과 요소를 제안하고 있다. 각 요소에 기재될 내용과 구조는 국가별 기술 규칙을 따르도록 제안하고 있다.

국제 표준화 기구

영 ISO(International Organization for Standardization)

국제 표준화 기구(ISO)는 국가 표준화 기구의 연합체이며, ISO 기술 위원회(Technical Committees, TC)가 주관하여 ISO 표준 작업을 수행하고 있다. ISO는 약어가 아니며, '동일한(equal)'이라는 의미를 가진 그리스어인 'isos'에서 나온 용어이다. 기록 관리 분야 표준은 주로 '정보 및 도큐멘테이션' 기술 위원회인 ISO/TC 46이 담당하고 있다. ISO/TC 46은 1947년 국제 표준화 연맹(ISA), 국제 도서관 연맹(RFLA), 국제 도큐멘테이션 연맹(FID) 등을 주축으로 하여 설립되었으며, 도서관과 도큐멘테이션 및 정보 센터의 실무 표준화, 색인과 초록, 보존 기록, 정보 과학 및 출판에 관한 표준화를 담당하는 기술 위원회이다. TC 46은 상위에 하나의 조정 위원회가 있고, 3개의 실무 그룹(Working Group), 4개의 분과 위원회(Subcommittee)가 각각 업무를 수행하고 있다. 이 중 기록 관리에 대한 표준은 SC 11 '보존 기록/기록 관리(Archives/Records Management)' 분과 위원회가 주관하고 있다. ISO/TC 46/SC 11은 권위 있고 신뢰성 있는 정보를 확보하고 업무 활동의 증거를 보장하기 위해 모든 조직의 기록 관리와 관련된 실무 표준화를 담당하는 위원회이다. 이 위원회에서는 모든 유형의 기록의 생산·획득·등록·분류·접근·보존·처분 과정을 조직적이고 효과적으로 통제하는 데 필요한 표준을 다루고 있다. ISO/TC 46/SC 11에서 제정한 주요 표준으로는 ISO 15489-1:2001, ISO/TR 15489-2:2001, ISO 23081-1:2006 ISO/TS 23081-2:2007 등이 있다.

권말 색인 → 색인

권한 이전 금지 → 소유권 양도 불가성

귀당

㊇ classifying; transfer; accession ㊄ 歸檔

[중] 생산 부서가 업무 활동 중에 생산한 문서 중에서 처리가 끝나고 보존 가치가 있는 기록을 규정과 제도에 따라 조권(組卷)한 후에 정기적으로 당

안실로 이관하여 집중시키는 과정이다. 이는 생산 부서가 수행하는 문서 처리 업무의 마지막 단계이며, 당안(檔案) 업무의 기점이다. 또한 정상적인 상황하에서 문서가 당안으로 전환하는 합류 지점이자 조건이다.(『檔案學詞典』, p. 149) 중국의 '귀당' 개념은 기록 생산 부서에서 기록 센터나 기록관으로 이관하는 개념을 담고 있으며, 인수나 이관 개념보다 매우 구체적이다.

→ 이관, 인수

규모 → 기록 규모

규칙적 표본 추출

영 systematic sampling 중 系統選樣 일 規則的標本抽出

내용을 고려하지 않고 일정한 형식적 특징을 기준으로 기록을 선택하는 기법을 말한다. 규칙적 표본 추출의 예를 들면, 일정한 문자로 시작하는 성(姓)에 해당하는 파일 전부를 빼내는 것이다. 표본 추출 기법 가운데 상대적으로 실행이 용이하지만, 만족스러운 효과를 거두기는 어렵다.(Pearce-Moses(2005), p. 378)

→ 평가 표본 추출

금문 당안

중 金文檔案

[중] 중국 고대 청동기 위에 기록의 성질을 띤 명문(銘文)을 주조하여 새긴 당안이다. 서주(西周)와 동주(東周) 시기에 많이 만들어졌는데, 각 등급의 귀족들이 대개 중대한 사건이 있을 때마다 청동기를 만들고 글자를 새겨 기념하였으며, 아울러 종묘에 진열하였다. 새기는 글은 간단한 '새긴 자의 이름'에서 점차 발전하여 장편의 역사나 사건을 기록하게 되었다. 내

용은 제사, 정벌, 포상, 책명, 맹서, 소송 등 광범위하며, 당시 사회의 역사를 연구하는 데 중요한 사료적 가치를 가지고 있는 진귀한 역사 당안이다.〔『檔案學詞典』, p. 464〕

금전적 가치

🔵 monetary value

기록을 판매할 경우 얻을 수 있는 돈의 액수로 환산한 가치.

기간 기록(基幹記錄) → 필수 기록

기계 가독형 목록 → MARC

기관 부설 보존 기록관

🔵 in-house archives; institutional archives 🟠 機構內檔案館, 機構檔案館
🟢 機關型資料館

업무상 목적으로 설립되어 업무 활동 중 생산·입수된 기록을 관리하기 위해 기관 조직의 일부로 세워진 기록관.

기관 (조직) 전종

🟠 機關(組織)全宗

[중] (독립) 전종의 일종으로 하나의 독립적인 기관·단체·기업의 사업 단위가 사회 활동 중에 생산한 당안(檔案)의 유기적인 총체(有機整體)이다. 여러 가지 전종 중에 현실적으로 기관 (조직) 전종이 절대 다수를 점하고 있다. 이들 기관이나 조직, 단위는 사회적인 독립성을 갖추고 있어야만 전종을 구성하는 입당 단위(立檔單位, 혹은 전종의 구성자)가 될 수 있다. 독립성

을 확정짓는 요소, 즉 입당 단위의 구성 조건은 ① 독립적으로 직권을 행사하며, 자신의 명의로 외부에 대해서 공문을 발행할 것 ② 하나의 회계 단위이거나 독립 채산 단위로서, 스스로 예산 혹은 재무 계획을 편성할 것 ③ 인사를 관리하는 기구나 혹은 인원을 두고 있으며, 일정한 인사 임명권을 가지고 있어야 할 것 등이다. 입당 단위가 되려면 이처럼 행정상·재무상·조직 인사상의 독립성을 갖추어야 하지만, 실제 상황은 매우 복잡하므로 기관을 대상으로 분석할 때는 행정상의 독립성을 위주로 하여 분석한다. 즉, 하나의 기관이든지 그 내부 기구이든지 자신의 명의로 외부에 대해 공문을 발행할 수 있으면 사회적으로 독립적인 직능을 행사한다고 보며, 사회적으로 독립적인 직능을 행사한다면 독립적인 입당 단위로서 하나의 기관 (조직) 전종을 구성할 수 있다. 〔『檔案分類』, pp. 37~38; 『文件運動規律硏究』, pp. 187~189; 김유리(2003a), pp. 300~301〕

기능

🅖 function 🅒 職能

기관이나 개인이 어떠한 사명이나 존재 목적을 달성하기 위해 수행하는 활동을 말한다. 일반적으로 하나의 기관은 몇 개의 기능을 가진다. 또한 하나의 기능을 수행하기 위한 여러 가지 활동(activity)이 있을 수 있다. 이러한 기능과 활동 분석은 기록 분류와 기록 처분 분류의 기초가 된다. 활동은 다시 주로 동일한 성격을 가진 단위 업무 사안의 수행 활동(transaction)으로 나뉠 수 있다. 전자 기록을 포함한 기록의 처분을 위한 보존 가치의 평가, 즉 기록 처분권의 결정은 기능을 기반으로 한 평가로 수행하는 추세이다.

→ 기능 분류, 처분 지침

기능 모형

🅨 functional model

OAIS 참조 모형이 제시한 디지털 아카이빙의 3가지 모형 중 하나인 기능 모형은 디지털 아카이브의 6가지 하부 시스템을 정의함으로써 보존해야 할 정보, 정보 패키지와 이용을 위한 검색 정보 등의 구성 요소가 아카이브 시스템 안에서 어떻게 변환되고 관리되는지를 개념화하였다. 입수(ingest), 저장(archival storage), 데이터 관리(data management), 경영(administration), 보존 계획(preservation planning)과 접근(access)의 6가지 하위 모듈로 구성되어 있다.

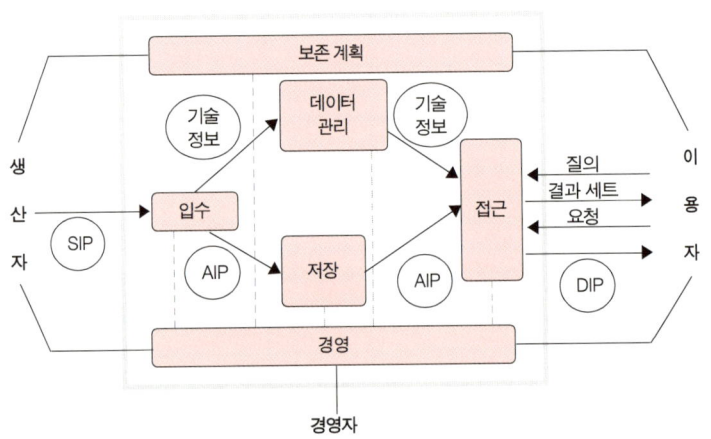

디지털 아카이브 내부에 존재하는 6가지 기능 객체 중, 입수 객체는 생산자로터 SIP(Submission Information Package)를 받아들여 아카이브 내부에서의 저장과 관리를 위하여 그 내용을 준비하는 서비스와 기능을 제공한다. 때로는 경영 기능의 통제를 받는 내부 요소로부터 SIP를 입수하게 되기도 한다. 입수 기능은 SIP를 받아 그 품질을 확인하고, 해당 아카이브의 데이터 포매팅과 도큐멘테이션 표준을 준수하는 AIP(Archival Information Package)를 생성한다. 또 검색을 위한 데이터베이스에 수록할 기술 정보(descriptive information, DI)를 AIP로부터 추출하고, 저장 객체나 데이터 관리 객체가 정보를 갱신하는 과정을 조정한다.

저장 객체는 AIP를 저장 및 유지하고, 검색을 위한 서비스와 기능을 수행한다. 저장 기능은 입수 기능으로부터 AIP를 받아 저장 공간에 추가하고, 저장 계층을 관리하며, 보존 대상 정보에 대한 보존 전략을 실행한다. 이 밖에도 일상적이거나 특수한 에러 체킹, 재난 복구 기능을 수행하고, 이용자의 검색 및 배포 요청에 따라 AIP를 접근 객체에 인계하는 기능을 포함한다.

데이터 관리 객체는 보존한 정보를 확인하고 문서화하는 기술 정보(DI)와 아카이브를 운영하는 데 필요한 관리 정보 모두를 유지하고, 이에 접근할 수 있게 하는 서비스와 기능을 수행한다. 데이터 관리 기능은 검색을 위한 아카이브 데이터베이스 기능을 관리하고, 데이터베이스를 갱신하고, 검색 질의에 따른 결과 세트를 생성하기 위하여 데이터 관리와 관련된 데이터에 질의를 수행하고, 이러한 결과 세트로부터 리포트를 생산하는 기능 등을 포함한다.

경영 객체는 아카이브 시스템의 전반적인 운영을 위한 서비스와 기능을 수행한다. 경영 기능은 생산자와의 기탁 협약(submission agreement)을 유도하고 교섭하며, 입수한 내용이 아카이브 표준에 맞는지를 검사하고, 시스템 하드웨어와 소프트웨어 사양을 관리하는 기능을 포함한다. 아카이브 운영을 감독하고 개선하는 시스템 엔지니어링 기능과, 아카이브 소장 내용을 점검·보고, 그리고 이전·갱신하는 기능도 포함한다. 내부 표준과 정책을 수립·유지하고, 이용자를 지원하며, 저장된 요청을 활성화하기도 한다.

보존 계획 객체는 OAIS 환경을 감독하여 원래의 전산 환경이 노화되는 경우에도 OAIS에 지정 공동체(designated community)에 속한 이용자들이 저장된 정보에 장기간 접근할 수 있도록 보장하는 보존 기술 전략을 실행하도록 통제하는 서비스와 기능을 수행한다. 보존 계획 기능은 아카이브의 내용을 평가하고, 정기적으로 현재 아카이브가 소장하고 있는 정보를 마이그레이션(migration) 하는 등 보존 전략을 수행하여 보존 정보(preservation information)를 갱신하도록 촉발한다. 이외에도 아카이브 표준과 정책에 대한 권고안을 개발하고, 기술 환경, 지정 공동체의 서비스 요구 사항과 지식 기반의 변화를 감시하는 기능을 포함한다. 보존 계획은 또 정보 패키지의 템플릿을 설계하고, 이러한 템플릿이 구체적인 기탁 내용에 대한 SIP와 AIP 요건으로 구체화될 수 있도록 평가한다.

접근 객체는 이용자가 OAIS에 저장된 정보의 존재 · 기술 · 소재 그리고 입수 가능성을 확인하고, 정보 산출물을 요청하고 입수할 수 있도록 지원하는 서비스와 기능을 수행한다. 접근 기능에는 이용자의 요청을 접수하고, 특별히 보호해야 하는 정보에 대한 접근을 제한하고, 요청이 성공적으로 실행되도록 조정하고, DIP · 결과 세트 · 보고서 등을 생성하고, 이러한 결과물을 이용자에게 전달하는 기능을 포함한다.

→ OAIS 참조 모형

기능 분류
functional classification

기능 출처 주의에 의한 기록의 분류를 말한다. 기능과 활동 분석은 기록의 분류와 기록 처분 일정 분류의 기초가 된다. 현대의 기록은 조직의 업무 기능 분석과 기능에 기초한 평가를 통해 영구 기록을 선별하고, 기록 처분 기준을 결정한다. 기록이 생산되기 이전 시점부터 기능의 분석을 통해 기록 처분 기준을 결정하므로, 기록 연속성의 개념에 부합하는 평가 분류 방법이다.

→기능, 기록 연속성, 분류 체계, 처분 지침

기능 분석 →평가

기능 승계

영 functional sovereignty

행정적인 변동에 따라 하나의 기록에 다수의 기관이 연관되는 복수의 출처가 발생하는 것에 대응하기 위한 기록 관리 방침. 기능 승계는 조직이 자주 변경되는 환경에서 확장된 출처 주의를 통하여 기록을 통제하기 위한 개념적 수단이다. 예를 들어 한 기록을 생산한 기관이 폐지되고 그 기능이 다른 기관으로 이전되었을 경우 기능의 이전과 함께 기록도 함께 이전되는데, 기록을 이어받은 기관에서는 이 기록을 업무 참고용으로 단순 보관하거나 새로운 기록을 첨가하기도 할 것이다. 이러한 과정을 여러 차례 거치면서 최종적으로 보존 기록관에 이관되는 기록은 최종 관리한 기관의 명의로 인수되는데, 이 경우 해당 기록은 실제로 복수의 출처를 갖고 있는 것이며 이러한 기록을 관리하는 데 있어 다수의 출처의 계통은 기능 승계 개념에 의해 통제된다. 따라서 복합 출처의 기록 시리즈를 이관하거나 기술할 때에는 기록을 생산한 기관과 관리해온 기관 등 기능 승계 기관이 확인되어야 한다. [Bellardo(1992), p. 16]

기능 시소러스

영 function thesaurus 중 職能詞表

기록을 산출한 기능이나 활동을 표현하는 어구(語句)를 계층적으로 구조화한 시소러스이다. 업무 활동에 대한 분석을 토대로 업무 분류표와 함께 기능 시소러스를 개발할 수 있다. 업무 분류표상의 계층 관계가 기능 시소러스에도 그대로 반영되지만, 기능 시소러스는 업무 및 기능을 표현하는 유사 용어들을 통제해주는 유사어 관계, 관련 용어를 안내해주는 관련어 관계 등을 포함할 수 있다. 기능 시소러스에는 여러 기관이 공통으로 수행하는 기능들을 위한 공통 기능 시소러스와 각 기관이 고유하게 수행하는 기능을 위한 고유 기능 시소러스가 있다. 대표적인 공통 기능 시소러스로는 호주의 'Keyword AAA: 공통 기능어 시소러스'가 있다.

→ 시소러스, Keyword AAA: 공통 기능어 시소러스

기능 요건

영 functional requirements 중 職能要求

기록을 관리하기 위해 반드시 필요한 기록 관리의 기능이나 기록 관리 시스템의 기능을 말한다. ISO 15489는 현용 기록 및 준현용 기록 관리에 반드시 달성해야 할 기록 관리 기능을 제시한다. 미국의 경우, 델라웨어 주 보존 기록관(Delaware Public Archives)에서 선도적으로 기능 요건 모델을 제시했다. 미국 국방부에서 제정한 (미국) 국방부 전자 기록 관리 시스템 설계 표준 DoD 5015.2-STD는 미국 연방 기관을 위한 기록 관리 시스템의 기능 요구 사항 표준이다.

기능적 권한 승계 → 기능 승계

기능 적절성

영 functional pertinence 중 職能事由

특정 기능과 문서 집합 사이의 관계에서 나타나는 특성. 이 개념은 평

가 결정을 내리는 데 하나의 지표로 적용된다. [Bellardo(1992), p. 16]

기능 출처 주의

🅨 functional provenance 🅩 職能來源

기록 생산자나 생산 조직이 아니라 이들의 기능에 의해서 기록의 근원을 정하는 것. 이러한 기능 출처 주의는 조직 및 행정의 변천으로 인해 여러 생산 조직을 출처로 가진 기록 시리즈를 지적으로 통제할 수 있게 해준다. 생산자에 따르는 기존의 출처 주의가 잦은 업무 이동과 변천이 이루어지는 현대 조직 환경에 맞지 않게 됨에 따라 마련된 원칙으로서, 많은 국가에서 기록 분류 체계를 이러한 기능 출처 주의에 근거해 세우고 있다. [Pearce-Moses(2004), p. 125]

기능 평가

🅨 functional appraisal 🅩 職能鑑定

기록의 지속적 가치를 평가하는 데 있어 기록을 생산한 조직의 기능이 적절하게 기록화되었는지의 여부를 중심에 두는 평가 방법이다. 기능 평가는 한 부서나 개인이 기능 수행과 관련하여 어떤 기록을 생산하였는지를 확인하는 한편, 그 기능이 가장 완전하고 간결하게 담긴 기록을 선별하는 과정이다. [IRMT(1999a)]

기대 수명

🅨 life expectancy

기록을 이상적인 환경(온도 섭씨 21도, 상대 습도 50%)에서 보존할 때 그 온전함과 유용성을 유지할 수 있을 것으로 기대되는 기간. 예를 들면, 기록을 이상적인 환경(온도 섭씨 21도, 상대 습도 50%)에서 보존할 때 그 온전함과 유용성을 유지할 수 있을 것이라는 가정하에서 기대되는 문서 유지 가능 기간.

기록

⊙ records ⊙ 文件 ⊙ レコード

개인이나 조직이 활동이나 업무 과정에서 생산하거나 접수한 문서로서, 일정한 내용·구조·맥락을 가진다.

 내용은 기록의 내실을 구성하는 문자 데이터, 기호, 숫자 이미지, 소리, 그림, 기타 다른 정보이다. 기억의 확장으로서 시간이 지난 후에도 다시 불러 반복적으로 재인용할 수 있도록 정보로서 고정될 수 있는 기록의 힘은 기록의 가장 중요한 개념적 요체이다. 기록이 효과적으로 보존되기 위해서는 기록 내용이 시간의 경과에도 변하지 않아야 한다. 전자 기록처럼 변하기 쉬운 매체의 기록은 내용이 변하거나 대체되지 않았다는 것을 보여줄 수 있도록 관리되어야 한다. 기록은 정지 상태 없이 고정될 수 있다. 컴퓨터 프로그램은 이용자가 다양한 방식으로 데이터를 조사하고 분석하게 되는데, 이때 기초 데이터가 고정적이며, 동일 분석과 검토가 남는다면 데이터베이스 자체는 기록으로 간주될 수 있다.

 구조는 기록의 물리적 특성, 내용의 내적 편제를 의미한다. 기록의 구조는 내용을 명백하게 이해할 수 있도록 해주는 형식이다. 기록의 구조는 종이 한 쪽 분량의 텍스트처럼 매우 간단할 수도 있으며, 제목과 개요, 장·절의 구성이 될 수도 있으며, 전문, 본문, 입회자의 서명 등 좀 더 복잡할 수도 있다.

 맥락은 기록의 생산, 입수, 저장 또는 활용을 둘러싼 조직적·기능적 환경과 활동상의 정황을 의미한다. 맥락에는 기록의 일자, 생산처, 편찬, 발간, 다른 기록과의 관계 등이 포함된다.

기록은 문자, 이미지, 소리 등 모든 매체 형식을 취할 수 있지만, 개념적으로 기록은 특정 매체나 용기로부터 독립되어 있다. 경우에 따라서는 문서(document)와 동의어로 사용되기도 하지만, 기록 개념은 매체와 상관없고 분명하게 문서가 아닌 것도 포함되는데, 인간이 기억을 확대하고 설명 책임을 충족시킨다면 박물(artifact)도 기록에 포함된다. 기록은 완성된 최종의 인증된 판본의 공식 기록이라는 의미로도 쓰인다. 이러한 의미에서 처분 지침에 포함되지 않고 인가 없이 처리될 수도 있는 비기록이나 문서와 구별된다.

기록 가치 ➡ 1차 가치, 2차 가치

기록건

영 records item 중 件 일 アイテム

기록건은 일반적으로 기록 관리의 가장 작은 단위를 말한다. 기록 집합체에서 구분되는 하나의 기록건은 여러 개의 컴포넌트로 구성될 수 있지만, 이는 하나의 기록으로 취급해야 한다. 예를 들어 웹 페이지처럼 텍스트와 이미지, 음성 파일 등 여러 개의 컴포넌트로 구성된 기록건이 존재하지만, 이는 하나의 기록건으로 간주해야 한다. 또한 물리적으로 분리되어 있고 여러 쪽으로 나뉜 편지는 내용상 하나의 기록건으로 취급된다. 그러나 기록건의 구분이 애매한 경우도 많으며, 이는 각 기록 관리 기관의 방침에 따라 결정해야 한다. 가령, 사진 앨범이 하나의 기록건으로 취급되는 경우도 있고, 앨범 속의 각각의 사진이 하나의 기록건으로 간주되는 경우도 있다. (Pearce-Moses(2005), p. 220)

➡ **고립 기록건, 복합 문서**

기록관

🅔 records center

[법] 우리나라 공공 기록물 관리법에 의거하여, 공공 기록을 관리하기 위해 공공 기관에 설치하는 기록 관리 기관으로서, 모(母)기관의 기록을 생산 부서로부터 인수하고 일정 기간 보존하며, 시민들에게 제공하고, 나아가 보존 기록관으로 이관하는 등의 기능을 수행한다. 기록관에는 일반 기록관과 통일·외교·안보·수사·정보 등의 업무를 수행하는 기관에 설치되는 특수 기록관이 있다. 기록관은 생산 부서와 보존 기록관의 중간 보존 기관으로서의 역할을 하지만 기록 생산 기관 소속이라는 점에서 미국 등의 기록 센터와는 성격이 다르다. 〔공공 기록물 관리법 제13조, 제14조〕

→ 보존기록관

기록 관리

🅔 records management; records keeping 🅒 文件管理 🅙 レコードマネジメント

기록의 생산·유지·활용·처분의 체계적 통제를 목적으로 하는 관리 분야. 기록 관리는 기록을 적법·적절하게 생산·관리하여 효율적으로 사용하고, 불필요한 기록을 폐기하고 증거적 가치나 영구 보존 가치가 있는 기록을 보존하여 쉽게 검색 활용할 수 있게 하는 일을 말한다. 일반 조직이나 기관에서는 현용 기록의 관리를 기록 관리라고 인식한다. 기록 관리에는 조직의 모든 사람이 수행해야 하는 일반적인 기록 관리와 기록 관리 전문가가 수행하는 전문적인 기록 관리가 있다. 전자는 주로 '일반 기록 관리'라 하고, 후자는 '전문 기록 관리'라고 한다. 호주에서는 보존 기록 관리를 포함하여 '레코드키핑(recordkeeping)'이라고도 한다.

일반 기록 관리는 기록의 생산과 분류·편철·보관·사용 등 업무를 수행하는 모든 사람이 하는 기록 관리를 말한다. 전문 기록 관리는 기록 관리 체제의 수립·운영·평가·기록의 조직·정리·기술·폐기·이관·자동화·보존 등 조직의 기록 관리 전문가가 수행하는 기록 관리 업무를 말한다. 기록 관리 업무는 종이 문서뿐 아니라 모든 기록된 정보를 총괄하므로 전자 기록 관리 등 정보 관리 업무의 기술을 채택한다.

현대의 기록 관리는 다음과 같은 업무를 포함한다. 기관이나 조직의 업무나 거래의 완전하고 정확하고 신뢰할 만한 증거를 법규에 따라 혹은 업무의 필요에 따라 효율적으로 생산하고 유지하는 일, 그렇게 생산·접수된 기록 정보를 효율적으로 분류·정리하여 효과적으로 업무에 이용할 수 있게 하는 일, 생산된 기록의 적절한 보유 기간을 결정하는 일, 생산된 기록을 필요한 기간 동안 기록을 생산한 조직이나 기관에서 적절하게 관리·보존하는 일, 현행 업무에서 더 이상 사용되지 않는 기록을 폐기나 이관 시점까지 보관하며 필요시 업무에 활용할 수 있게 하는 일, 보유 기간에 따라 기록을 폐기하거나 보존 기록관에 이관하는 일, 기록의 항구적인 보존 및 검색 이용을 가능케 하는 일, 효율적인 기록 관리를 위해 기록 관리 시스템을 설계하고 운영하는 일, 기록 관리 업무 시스템을 자동화하는 일, 기록을 적절한 보존 환경에서 잘 보존하는 일, 비상시 기관의 업무를 정상적으로 운영할 수 있게 재난 대비 프로그램과 필수 기록 관리 프로그램을 수립·유지하는 일, 전자 기록의 관리 등.

기록 관리는 행정이나 경영 관리의 한 부분이지만 그 이상을 의미한다. 즉, 기록 관리는 조직의 자산 관리이며, 조직의 핵심 기능을 지원하는 서비스로, 조직의 효율성 증진에 기여한다. 기관이나 조직의 운영상의 필요와 책임 행정을 구현하고, 사회의 기대를 충족시키기 위해서 기록을 관리하는 업무 원칙이자 조직적인 기능이다.

기록 관리 국제 표준 → ISO 15489

기록 관리 기준표

기록 관리 기준표는 공공 기관에서 생산한 기록물의 체계적인 관리 및 업무 처리를 위해 단위 과제별로 처분 기준을 제시한 표인데, 공공 기록물 관리법에서 종전의 공공 기관 기록물 관리법상의 기록물 분류 기준표의 미비점을 보완한 제도이다.

   기록 관리 기준표는 단위 과제별로 업무 설명, 보존 기간 및 보존 기간 책정 사유, 공개 여부 및 접근 권한 등 기록 관리에 필요한 필수 항목을 포함하도록 규정하고 있다. 기록 관리 기준표의 작성·고시는 공공 기관별로 시행하며, 단위 과제별 보존 기간은 중앙 기록물 관리 기관의 장이 정하는 보존 기간 준칙에 따라 공공 기관에서 작성하되, 관할 영구 기록물 관리 기관과의 협의를 거쳐 확정하여야 한다.〔공공 기록물 관리법 제19조, 동 시행령 제25조 내지 제31조〕

→ 기록물 분류 기준표

기록 관리 메타데이터 표준 → ISO 23081

기록 관리 시스템

🅔 records management system

기록관의 기록 관리 업무를 지원하는 전산 시스템을 말한다. 종이 기록을 관리하는 데에도 유용하지만, 특히 전자 기록을 관리하기 위해서는 필수적이라고 할 수 있다. 버전 통제에 초점을 두는 문서 관리 시스템과 달리, 기록 관리 시스템은 문서를 포함하여 다양한 유형의 기록을 관리하는 기능과 함께 보유 기간이나 처분 지침 및 처분과 관련된 기능을 갖추어야 한다. 현재 우리나라에서는 자료관 시스템이 공공 기관의 기록 관리 시스템으로 기능하고 있지만 전자 기록의 관리를 충분히 지원하지는 못하고 있다.

기록 관리 역량 평가 시스템
영 RMCAS(Records Management Capacity Assessment System)
[영] (영국) 국립 보존 기록관(TNA)에서 개발·배포하는, 공공 부문의 기록 관리 및 정보 시스템의 성능을 평가하는 소프트웨어로서 특히 개발도상국의 실정에 맞게 개발되었다.

기록 관리 연락관
영 records liaison officer
기관에서 타부서 및 보존 기록 관리 기관과 연계하여 기록 관리를 담당하는 직원을 말한다.

기록 관리 이력
영 archival history   중 檔案管理史
기록의 현재 구조나 정리 상태에 영향을 미친 정리 내역, 검색 도구의 제작, 기타 목적을 위한 기록의 재사용, 이관, 마이그레이션(migration) 등 기록의 관리와 보존, 소유권, 각종 책임성 등과 관련하여 지금까지 이루어진 활동에 관한 정보를 의미한다. 국제 보존 기록 기술 규칙(ISAD(G))의 기술 요소 중 하나이기도 하다.

기록 관리자
영 records manager   중 文件管理員   일 レコードマネージャー
(1) 기록 생애 주기 전반에 대하여 기록의 효과적이며 경제적인 취급·보호·처분에 관한 정책과 행정에 책임을 지닌 사람. (2) 한 기관이나 조직

의 기록 관리 책임자.

기록 관리자의 활동에는 편철 및 보유 기간 관련 계획 수립, 기록 관리 실무를 증진하기 위한 방법의 확인, 기록을 위한 적절한 매체 검토, 현용·준현용 기록을 위한 보존 설비 설치 계획의 수립, 스캐닝 및 마이크로필름 촬영 감독, 필수 기록(vital record)의 확인 및 관리 체계 수립 등이 포함된다.(Pearce-Moses(2005), p. 335) 기록 관리자는 자기 기관의 일반 정책에 입각한 기록 관리 정책과 업무 절차의 수립, 기록의 지적 통제 및 물리적 통제, 기록의 물리적 관리 환경 구축, 기록 보호, 기록 보유 기간 책정, 잠정적 보존 가치 평가, 기록 폐기 심의 및 집행, 보존 기록관으로의 기록 이관, 기관 내 기록 관리 교육 같은 다양한 업무를 수행한다. 기록 관리자는 업무 수행을 위해 아키비스트와 긴밀하게 협력할 필요가 있다.

기록 관리 체제

영 recordkeeping regime

기록 관리 정책, 법령이나 규칙을 포함하여, 기록 관리를 실제 수행하기 위해 필요한 표준, 지침이나 매뉴얼, 모범 실무 등 기록 관리의 수행을 관장하는 규칙 등으로 구성된 체계를 말한다.

기록 관리 정책은 최고 관리층의 승인을 받은 성문화된 정책 문서로 공표되어야 하며, 조직의 전 구성원에게 교육되고 숙지되어야 한다. 정책과 법규는 조직 전체의 설명 책임과 조직 구성원의 기록 관리의 책임을 명시해야 한다. 정책은 전자 기록의 관리 같은 특정한 이슈에 대해서 방향과 전략을 제시해야 하며, 법규는 표준과 모범 실무가 지향해야 할 책무와 준수 사항을 구체적으로 제시해야 한다. 표준은 가능한 한 의무적이고 측정 가능한 것으로, 그 이행에 대한 감독과 감사가 가능해야 한다. 모범 실무는 강제적인 표준이 아니지만 효과적인 기록 관리를 지원하는 벤치마크이며, 기록 관리의 효율성과 적절성을 가늠케 해주는 기준이 된다. 국제 기록 관리 표준 ISO 15489는 사실상 최선의 실무 기준이다. 기록 관리 체제는 규칙의 집합체로서의 시스템이지, 애플리케이션 시스템을 포함한 정보 시스템을 지칭하는 것이 아니다.

→ 기록 관리, ISO 15489

기록군

영 records group 중 文件全宗 일 レコードグループ

하나의 조직이나 가족, 개인이 생산·수집한 전체 기록을 말한다. 보존기록관에서 관리상 목적을 위해 출처에 기반하여 구성한 기록의 집합체로서, 유럽에서 형성된 '퐁(fonds)'을 미국 환경에 맞게 편의적으로 재구성한 개념이다. 기록군은 독자적으로 기록을 관리하는 조직체 단위로 형성되지만, 규모가 큰 기관의 경우 여러 개의 기록군으로 나누어 관리할 수 있다. 일반 행정 기록군이나 집합적 기록군 등은 정리, 기술, 기록 정보 서비스상의 편의에 따라 기록군이라는 기본 개념을 변용한 경우이다.

〔Bellardo(1992), p. 28; Pearce-Moses(2005), pp. 330~331〕

기록권

영 part; volume

기록철을 분철하면 생성되는 기록 집합체로서 기록철의 하위 계층에 속한다. 전자 기록철의 경우, 기록철 내에 존재하는 여러 기록권 중 가장 최근에 생성된 기록권만이 열려 있어야 하고 그 외의 기록권들은 종결된 상태를 유지해야 한다. 종이 기록에서 하나의 기록철로 편철하기에는 분량이 많을 경우 이를 물리적으로 나누어 철하게 되는데, 나뉜 각각을 '권(券)'이라 부른다. 종이 기록의 경우 보통 한 권이 하나의 기록철을 구성하지만, 이 경우 여러 개의 권이 하나의 기록철을 구성한다.

기록 규모
🅔 extent 🅒 程度

기록의 물리적인 규모로서 수량이나 크기로 표시된다. 비전자 기록은 서가 연장 길이, 상자 수, 쪽수, 개수 등으로 표현될 수 있으며, 전자 기록의 경우 바이트 수 등으로 표현될 수 있다.

기록 매니저 → 기록 관리자

기록물 등록 대장 → 등록부

기록물 분류 기준표
[법] 1999년에 제정된 공공 기관 기록물 관리법을 통해 제도화된 용어로서, 단위 업무별로 기록의 처분 기준을 제시한 표이다. 중앙 기록물 관리 기관 및 특수 기록물 관리 기관의 장이 작성·고시하며, 기능 분류 번호·보존 기간·보존 방법·보존 장소·비치 기록 여부 등의 보존 분류 기준, 검색어 지정 기준 등의 항목으로 구성되어 있었다. 구미의 처분 지침 개념을 도입한 선진적인 제도였으나, '분류 기준표'라는 명칭이 적절치 않고, 일부 구성 요소가 새로운 기록 관리 환경에 맞지 않다는 비판을 받아왔다. 2006년 개정 공공 기록물 관리 법령에서 그 명칭 및 구성 요소가 변경되었다. (공공 기관 기록물 관리법 시행령 제12조)

→ 처분 지침, 기록 관리 기준표

기록물철 등록부 → 등록부

기록 분류 체계 → 파일 플랜

기록 생산 현황 조사 → 기록 조사

기록 생애 주기

영 records lifecycle 중 文件生命周期 일 記錄のライフサイクル

기록이 생산된 때부터 최종 처분될 때까지 기록이 분명하게 실재하는 단계. 같은 생애 주기 개념하에 다양한 모델이 있으며, 그러한 모델들은 각각의 고유한 단계 개념에 의해 확인된다. 모든 모델에는 생산·입수·활용·처분 단계가 포함되는데, 어떤 모델에서는 현용과 비현용으로, 또 어떤 경우는 파기와 보존으로 구분한다. (Pearce-Moses(2004), p. 162)

기록 센터

영 records center

기록이 폐기되거나 보존 기록관으로 이관되기 전에 준현용 기록이나 비현용 기록을 관리하는 시설. 우리나라 기록 관리 체계에서는 이와 유사한 기능을 하는 기록 관리 기관을 '기록관'이라 칭한다. 1999년 공공 기관 기록물 관리법에서는 '자료관'이라는 명칭을 사용하였다. 중국에서는 '당안실'에서 이러한 기능을 수행한다.

→ 기록관, 당안실

기록 시리즈

영 series 중 文件類 일 シリーズ

동일한 활동과 관련하여 생산·접수·활용되어, 하나의 편철 체계로 정리된 기록들의 집합을 말한다. 기록 시리즈는 특정 주제를 가졌거나, 동일한 형식을 가지고 있다는 공통점 때문에 형성된 기록 집합체인 경우도 있다. 하나의 기록 시리즈는 여러 개의 기록철로 구성되거나 여러 개의 하위 기록 시리즈로 나뉠 수 있다. 서양의 보존 기록 관리에 있어서 기록 시리즈는 목록이나 기술의 단위가 되는 경우가 많다.

기록 시장 가치론
명 market value theory
기록의 평가·선별이 아키비스트의 입장이 아닌 이용자나 연구자의 시각에서 본 수요와 유용성에 의해 이루어져야 한다는 입장.

기록 연속성
명 records continuum 일 レコードコンチニュアム
기록의 생산·접수 및 분류 단계, 현재 활용을 위한 보관 단계, 준현용을 위한 중간 보존 단계, 최종 보존 기록관 단계 등 상호 연관된 4단계가 일체화되어 있음을 강조하는 기록학 모델. 이 기록 연속성 모델은 기록 생애 주기 모델처럼 현용 기록 단계와 역사 기록 단계로 확연히 구분되는 단계가 기록에는 존재하지 않는다고 본다. 즉, 기록이 존재하는 전체 범위를 현용 기록 단계와 보존 기록 단계가 통합된 것으로 본다.

기록 연속성 개념은 1990년대 기록 관리에서의 기록 생애 주기 관리 모델에 대한 문제 제기에서 비롯되었다. 즉, 기록을 물리적 존재로서만 간주하는 생애 주기 모델은 불가피하게 기록과 보존 기록의 관리 단계를 단절적으로 구분하는 보관 주의의 관리 정책에 한정하게 되는데, 이 모델은 특정한 시간과 공간에 한정되지 않고 다양하게 연관되어 있는 기록을 관리하기 위한 것으로서는 적절하지 않다는 것이다.

기록 생애 주기 모델에 기반한 기록은 일정한 물리적 단계에 따라 한정되는 '물리적 실체'인 반면, 기록 연속성 모델에서의 기록은 논리적 실재가 물리적 한정의 제한을 받지 않는 '논리적 실체'이다. 기록된 정보로서의 기록은 생애 주기 모델에 따르면 일정한 매체에 담겨 생산되고 포착되고 고정되지만, 논리적·개념적 구성체로서의 기록은 생산되기 이전 시점부터 기록의 폐기나 처분 이후의 시점까지 시·공간이 통합된 복합적인 현실 속에 존재한다. 여기서 복합적 현실이란 하나의 활동이 발생하고, 그 활동의 증거가 기록으로 만들어지고, 그 기록이 하나의 집합적인 기억으로 조직되는 과정에 나타나는 다양한 차원의 현실을 말한다. 기록 연속성은 그러한 기록이 존재하는 다양한 차원이 응집된 전체를 의미하는 것이다.

업워드(F. Upward)의 경우 기록 연속성 개념을 기록의 생산·획득·조직·다원화라는 4개의 차원에 증거·활동·주체·기록 관리라는 4개의 축선을 겹치는 그림으로 표현하였다.[그림 참조] 기록 연속성 개념은 전자 환경에서의 기록 관리에 특히 중요하다.

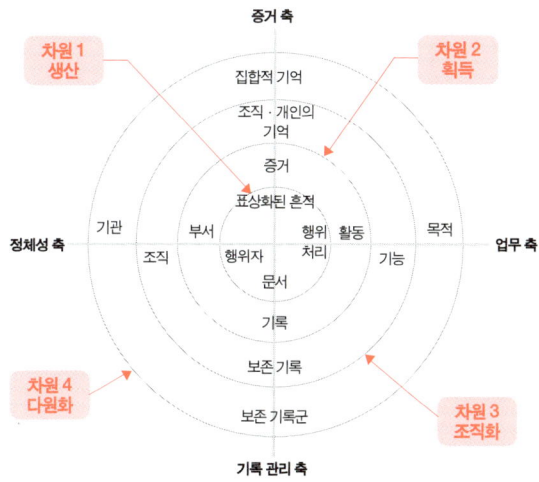

[그림] 기록 연속성 개념도 (Upward(1996))

기록의 결합 관계

📌 archival bond

동일한 활동에서 산출된 기록들 간의 상호 관계를 의미한다. 결합 관계를 통해 특정 업무와 관련된 기록들 간의 관계뿐만 아니라, 선행 처리 업무와 후속 처리 업무에서 산출된 기록들 간의 관계도 파악할 수 있다. 듀란티(L. Duranti)는 기록의 결합 관계가 기록이 생산될 때부터 존재한다는 점에서 근원적(originary)이고, 모든 기록에 존재한다는 점에서 필수적(necessary)이며(결합 관계를 확보하지 못했을 때 문서는 기록으로 간주될 수 없다), 기록이 속한 집합체에서의 기록의 기능에 의해 제약을 받기 때문에 확정적(determined)이라고 언급한 바 있다. 기록의 결합 관계는 전체 기록의 맥락 안에서 해당 기록이 존재하는 위치를 정해주는 분류 코드나 기타 식별 기호로 표현된다. (Duranti(2002))

기록 정보 관리

📌 RIM(records and information management)

기록 관리와 정보 관리가 하나로 통합된 개념으로서, 조직의 기록 및 정보를 생산·관리·보존·폐기·이용 서비스가 포함된다. 기록 정보 관리에서는 기록을 정보 자산으로 인식하며, 특히 정보의 공유나 접근 통제 등 활용과 관련된 원칙과 기술을 중시한다.

전통적으로 정보 관리는 기록 관리에서 다루는 기록 생산 및 도큐멘테이션 업무를 포함하지 않는다. 그러나 민간 영역에서는 이러한 기록 관리와 정보 관리를 통합하여 운영하는 추세이다. 국제 기록 관리자 협회인 ARMA International에서는 이러한 추세를 반영하여 기록 정보 관리(RIM)의 개념을 사용한다. 특히 캐나다에서는 국립 보존 기록관과 국립 도서관이 통합되면서 '기록 관리' 보다 '정보 관리' 라는 용어를 많이 사용하는 경향을 보이고 있다.

→ 기록 관리, 정보 관리

기록 제공처

영 immediate source of acquisition or transfer

기록을 양도하거나 이관해준 기관이나 사람을 의미한다. 국제 보존 기록 기술 규칙(ISAD(G))에 지정된 기술 요소 중 하나이다.

기록 조사

영 records survey 중 文件調査 일 記錄の現狀調査

기록 관리 시스템으로 획득하거나 수집할 기록을 결정하기 위해 자료를 수집하고 분석하는 과정. 통상 기관 부설 보존 기록관에서는 기관 내부의 기록 중 수집 대상을 결정하기 위하여 기록에 관한 정보 일람으로서 인벤토리를 작성하며, 수집형 보존 기록관에서는 수집 대상이 되는 지역, 분야 등을 결정하기 위하여 조사서를 작성한다.

기록 조사는 미국이 뉴딜 정책을 추진하던 시기에 벌였던 조사 사업과 같이 국가적 차원에서 대대적으로 진행되기도 하며, 특정한 지방이나 지역, 주제에 한정하여 수행되기도 한다.〔Ham(1993)〕

기관에서 어떤 기록을 생산하고 편철하여 어디에 보관하고 누가 생산 관리의 책임을 져야 하는지에 관한 기록 관리 정책의 개발을 위해서는 우선 기관에서 생산되는 중요 기록이 무엇인지 조사해야 한다. 기관의 기록 관리 업무 체계를 수립하기 위해서는 가장 기초적이고 많은 시간이 소요되는 기록 조사 작업이 선행되어야 한다.

기록 조사는 개인 기록, 참고 자료, 출판물 같은 비기록(non-records), 기록 등 4가지 범주를 기준으로 진행되는 것이 보통이다. 앞의 3가지 범주는 분량, 소유자, 소장 위치만 조사하는 경우가 많지만 4번째 기록으로 간주되는 자료에 대해서는 세부적으로 책임 부서와 소장 위치는 어디인가, 제목은 무엇인가, 언제부터 언제까지 생산된 기록인가, 무슨 내용인가, 어떻게 정리되어 있는가, 매체는 무엇인가, 총분량(권수 혹은 서가 길이)은 얼마인가, 연간 생산 분량은 얼마인가, 기록철 종결 시점은 언제인가, 의무 적용이 필요한 법규가 있는가, 필수 기록(vital records)인가, 색인 등 검색 도구가 있는가, 이용 제한 정보가 있는가, 관련된 기록 시리즈는 무엇이고 어디에 있는가 등 다양한 항목을 조사한다.

우리나라에서 기록 조사는 우선 매년 정기적으로 시행하도록 법에 규정되어 있는데, 매년 초 전년도 생산 기록을 정리한 후 확정된 생산 기록에 대한 간략한 기본 항목의 목록을 중앙 기록물 관리 기관(국가 기록원)에 현황을 보고하는 방식이다. 이 밖에도 특정한 시기에 정책적으로 이루어지는 기록 조사도 있는데, 2004년 8월 주요 국가 기록의 보존 실태를 파악하기 위해 국가 기관 및 지방 자치 단체를 대상으로 이루어진 실태 조사가 그것이다.

기록철

영 file; records file 중 案卷 일 ファイル

업무나 주제, 용도 등을 기준으로 하나의 폴더에 모아놓은 기록건의 집합. 기록철은 기록 관리에서 가장 기본이 되는 계층이다.

→ 파일

기록철 종결

영 closing records folder; closing records part

기록철에 기록이 추가 편철되지 못하도록 조치하는 행위. 인증받은 사람만이 종결된 기록철에 기록을 추가할 수 있다.

기록학

㉠ archival science; archival studies; archivistics; archivology ㉢ 檔案學

㉡ 記錄史料學, 史料學

기록된 자료의 평가·수집·진본 확인·보존·검색 제공 등의 업무를 하는 데에 필요한 이론을 연구하는 학문으로서, 19세기 유럽의 문서학(diplomatics)에 그 연원을 두고 있다. 기록학의 학문적 정체성을 부각시키기 위해 'archivistics'나 'archivology'와 같은 용어를 사용하자는 의견도 있다.

→ 문서학

기록화 계획

㉠ documentation planning ㉢ 文件編制計劃 ㉡ ドキュメンテーション計畵

조직의 기능, 정책, 활동이 충분히 기록화될 수 있도록 보장하는 사전 행동 기법. 기록화 계획은 범기록관 차원에서 지역이나 주제를 중심으로 접근하기보다는 기록을 생산한 모(母)기관에 초점을 맞추어 수립된다.

[Pearce-Moses(2005), pp. 130~131]

기술

㉠ description ㉢ 著錄 ㉡ 記述

기록을 위한 검색 도구나 기타 접근 도구를 생산하는 과정이나 그 결과물을 의미한다. 기술의 1차적 목적은 현재 및 미래의 모든 이용자가 원하는 기록을 찾고, 그 의미를 이해할 수 있도록 도와주는 것이다. 또한 기록군이나 컬렉션의 구성 기록을 보여줌으로써 무결성을 확인할 수 있도록 하고, 기술을 통해 기록에 대한 상세한 정보를 제공함으로써 원기록을 이용하는 시간을 최소화할 수 있다. 기술은 전통적으로 보존 기록을 대상으로 한 행위이며, 기록 전체가 원래 생산 환경으로부터 이관되어 왔을 때 기록 생산 맥락에 대한 지식을 확보하여 기술에 활용하게 된다. 따라서 현용 및 준현용 단계에서 생산·획득된 메타데이터는 보존 기록 기술의 중요한 부분을 차지한다.

기술 계층

영 level of description 중 著錄級別 일 記述レベル

기술되는 계층이 기록 분류 체계상 어떤 계층인지를 말한다. 기록은 원칙적으로 다계층으로 기술함을 원칙으로 하며, 기술 계층은 분류 계층과 일치해야 한다. 보존 기록의 경우 보통 기록군이나 컬렉션 계층에서 시작되어, 기록 시리즈 계층·기록철·기록건 등의 계층에 따라 위에서 아래로 기술된다. 한편, 호주 연방 정부의 시리즈 시스템에서는 기록 시리즈 계층에서 가장 상위의 기술이 시작된다.

→ 다계층 기술 규칙

기술 규칙

영 descriptive standard 중 著錄標准 일 記述標準

기록을 표준적인 형식으로 기술하기 위해 정한 규칙으로서 국제적·국가적·기관 차원의 규칙이 있을 수 있다. 국제적 차원의 기술 규칙으로는 국제 보존 기록 기술 규칙(ISAD(G))이 있고, 국가 차원의 기술 규칙으로는 (캐나다) 보존 기록 기술 규칙(Rules for Archival Description, RAD), (영국) 보존 기록 기술 규칙(Manual of Archival Description, MAD), (미국) 보존 기록 기술 규칙(Describing Archives: A Content Standard, DACS) 등이 있다. 한편, 기관 차원에서 일관성 있는 기술을 위해 규칙을 정할 수도 있다.
→ 국제 보존 기록 기술 규칙(ISAD(G)), (미국) 보존 기록 기술 규칙(DACS), (영국) 보존 기록 기술 규칙(MAD), (캐나다) 보존 기록 기술 규칙(RAD)

기술 서비스

영 technical services 중 技術工作

기록관 직원이 담당하는 업무 중 이용자와 직접 대면하기보다는 기록을 대상으로 수행하는 업무나 부서를 기술 서비스라고 한다. 기록 수집이나 평가·정리·기술(description) 등이 기술 서비스에 포함되며, 이용자를 직접 대면하여 수행하는 이용자 서비스에 대비되는 용어이다.

기술 수준

영 level of description

기록을 기술할 때 얼마나 상세히 기술하는지 그 정도나 적용한 기술 요소의 수를 의미한다. 가령, 컬렉션 계층의 기술은 생산자와 제목 정보로 제한될 수 있고, 그 하위 계층의 기술은 보다 상세한 수준에서 이루어질 수 있다. 기술의 상세도 수준은 기록 관리 기관의 목적이나 기록의 유형에 따라서도 달라질 수 있다.

기술 요소

영 descriptive element 중 著錄成分

기술에 포함되는 정보 항목들을 의미하며, 기록의 내용·구조·맥락과 기록 관리 이력 등에 관한 정보로 구성된다. 국제 보존 기록 기술 규칙(ISAD(G)) 제2판에서는 제목, 기술 계층, 생산자, 규모와 범위 등 26개의 기술 요소를 7개 영역으로 나누어 제시하고 있다. 7개 영역은 식별 영역,

배경 영역, 내용과 구조 영역, 열람과 이용 조건 영역, 연관 자료 영역, 주기 영역, 기술 통제 영역이다.

기술의 깊이

㊂ depth of description ㊅ 著錄深度

검색 도구가 제공하는 정보의 상세 정도를 말한다. 이는 기술 수준과 유사한 개념이다. 그러나 기술의 깊이는 기술해주는 계층과 관련하여 사용하기도 한다. 즉, 기록군이나 컬렉션을 어떤 하위 계층까지 기술해주느냐를 의미하는 경우도 있다. 기록에 따라 기록 시리즈 계층까지 기술될 수도 있고, 기록철이나 기록건까지 기술될 수도 있다.

기술 일자

㊂ date(s) of descriptions ㊅ 著錄日期

특정 기록을 기술하거나 작성하고 수정한 날짜에 관한 정보.

기술 표준 → 기술 규칙

기업 보존 기록관

㊂ business archives; company archives ㊅ 企業檔案(館) ㊆ 企業アーカイブ

기업에 설립되는 전용 보존 기록관으로서 기업의 업무 활용 및 홍보를 위해 만들어진 보존 기록관. 그 목적에 따라 경영 활동에 관한 정보를 제공하기 위한 목적의 경영 기록관과 사내 기술 문서의 축적 및 그 제공을 목적으로 하는 기술 기록관, 기업 활동의 선전 등을 목적으로 하는 홍보 기록관 등으로 구분할 수 있다.

기증

명 donation 중 贈品 일 寄贈

기록에 대한 법적·물리적 권리를 보상받지 않고 이전하는 것.

기증서

명 deed of gift 중 捐贈契約

기증에 따른 사실 관계와 법적 규정 사항을 담은 문서. 기증서의 우선적인 목적은 기증에 의해 이관되는 기록에 대한 소유권을 기록관으로 이전하는 데 있다. 기증서에는 대체로 ① 기증자 및 수증자 ② 이전되는 자료 ③ 이전되는 권한 ④ 접근 제한 사항 ⑤ 기록관이 원하지 않는 자료에 대한 처리 ⑥ 기증자에게 제공되는 기록 정보 서비스의 양과 방식 또는 기록 처리 방식 등 수집물 처리에 관한 특별 규정 ⑦ 추가로 이관될 자료에 대한 규정 등이 포함되어 있어야 한다. (Ham(1993))

ㄴ

내각 문고
🇯🇵 內閣文庫

[일] 문헌, 도서, 자료 등을 소장하고 있는 일본의 기구. 역사 도서관의 성격을 띠고 있다. 전신은 1884년에 건립된 태정관 문고(太正官文庫)로, 1885년에 개명되었다. 1971년 (일본) 국립 공문서관이 건립된 후, 내각 문고는 그 일부가 되었다. 소장하고 있는 내용은 매우 풍부한데, 메이지(明治) 정부의 지방지(地方志) 자료, 서방 문헌에 대한 번역 원고, 각 관청의 간행물, 그리고 근대 정치 및 행정 구획에 관한 자료, 도쿠가와(德川) 막부 이래의 화한 고적(和漢古籍) 등이다.

내구성
🇬🇧 durability 🇨🇳 耐久性 🇯🇵 耐久性

자료 원래의 특성이 유지되는 동안, 시간의 경과에 따라 약화나 퇴화를 막는 자료적 성능.

내수성

🅔 water-proofing qualities; water-resisting qualities 🅙 耐水性

물이 묻어도 젖거나 배지 않는 성질. 시험용 조각을 상온에서 증류수에 24시간 동안 담가 적신 후 건조하여 필적의 상태를 조사한다.

내열성

🅔 heat-resisting property; thermal resistance 🅙 耐熱性

열을 가해도 상태가 변하지 않는 성질. 필기구로 종이 위에 균일하게 칠한 시험용 조각을 80℃의 항온기에 넣고 25, 50시간 경과마다 꺼내어 필적의 상태를 조사한다.

내절 강도

종이나 필름 따위를 한쪽 방향으로 계속 접었다 폈다를 반복하여 끊어질 때까지의 횟수를 가지고 종이나 필름의 강도를 표시하는 방법. 관련 규격은 KS M 7065(종이 및 판지의 MIT 시험기에 의한 내절 강도 시험 방법)이며, 지류의 내절 강도 시험에 대한 내용을 담고 있다.

내화성 필름

🅔 safety film 🅒 安全軟片 🅙 難燃性フィルム

셀룰로오스 아세테이트를 사용하거나, 폴리에스테르에 기반하여 만들어진 사진 및 동영상 필름이다. 쉽게 연소하는 리크레이트 필름과는 달리 서서히 연소하는 특징을 갖는다.

냉동 건조

🅔 freeze drying 🅒 凍干

물에 젖은 기록을 얼린 다음 진공 상태에서의 순화 과정을 통해 얼음을 제거하는 특수한 보존 처리 과정.

누수 감지기
영 hydrostat

서고 내에 물이 유입되거나 다습한 환경이 되었을 때를 감지하여 경보하는 장치. 서고에 반드시 설치해야 하는 장치 중의 하나이다.

다계층 기술 규칙

🟢 multi-level description rule 🟠 多級著錄規則

출처와 원질서를 존중하여 기록을 계층별로 기술하고 각 계층의 기술을 서로 연결하도록 해야 한다는 원칙. 국제 보존 기록 기술 규칙(ISAD(G))에서는 다계층 기술 규칙을 4가지로 정리하고 있다. 첫째, 가장 포괄적인 상위 계층에서 가장 구체적인 하위 계층으로 내려가면서 기술한다. 둘째, 각 기술 계층에 적합한 정보를 기술한다. 셋째, 상위 계층의 기술과 현재 기술 중인 계층을 연결한다. 넷째, 상위 계층 기술에서 이미 제공한 정보를 하위 계층에서 반복하지 않는다.

다큐멘테이션 → 도큐멘테이션

단기 노화 시험

🟢 accelerated aging test

기록의 기대 수명을 예상할 수 있는 악화율을 산정하는 실험 절차.

단명 자료

🅔 ephemera 🅒 短期保存文件

제한된 목적으로 만들어진 특정 자료로, 통상 사용 직후 버리게 되어 있는 문서. 홍보물, 입장권, 브로슈어, 영수증 등이 이에 속한다. 보존 기록관은 이러한 한정 이용 기록을 하나의 표본이나 견본으로 수집할 수 있으며, 개인 역시 특정 인물 또는 사건과 관련된 기억을 위해 모을 수 있다.

단위 과제

[법] 정부 기능 분류 체계상 최하 단위(정책 분야-정책 영역-대기능-중기능-소기능-단위 과제) 업무 레벨로, 각 부처의 팀 또는 과 수준에서 법령, 직제 등의 근거에 의해 수행해야 하는 기능을 업무 담당자가 영역별·절차별로 세분화한 업무 영역이다. 업무 과정을 반영한 기록물 관리를 수행하기 위해 단위 과제를 기록물의 분류 기준으로 적용하고 있다. (공공 기록물 관리법 시행령 제25조)

→ 단위 업무

단위 업무

[법] 기록물의 기능 분류 기준으로 1인 또는 소수의 인원으로 구성된 팀에게 분장되는 수준의 업무 또는 사업으로서, 직제 개정 등으로 업무가 변경되어도 2개 이상으로 분리하기 어려운 세분화된 업무 또는 사업 단위. 인허가 처리, 징계 처리 등과 같이 동일한 업무가 계속 반복·처리되는 경우의 동종 업무, 카드·대장·일지·장부 등 비치 기록의 종류별 단위에 해당하는 업무, 도면·사진 등의 대상이 되는 행사·시설·주제·사업 단위의 업무를 말한다. 공공 기관 기록물 관리법에서 사용하였던 용어이다. (공공 기관 기록물 관리법 시행령 제12조)

단체 보존 기록관

🔵 corporate archives 🟠 法人團体檔案館

회사나 조직 등을 일상적으로 운영하는 과정에서 생산하거나 접수한 기록 중 지속적 가치가 있는 기록을 보존하는 책임을 지는 기록관을 말한다. 일반적으로 '단체(corporate)'라는 용어는 법에 근거하여 설립된 조직을 지칭하지만, 비공식 집단의 기록이나 그 기록 보존의 책무를 갖는 기록관도 단체 보존 기록관의 범위에 포함된다.

당안

🔵 archives 🟠 檔案

[중] 국가 기구, 사회 조직 및 개인이 정치·군사·경제·과학·기술·문화·종교 등의 활동에 종사하면서 직접 생산한 기록 중 보존할 가치가 있는 문자·도표·음향·영상 등 여러 가지 형식의 역사 기록. 당안은 당안 정보와 당안 정보를 기록한 매체로 구성된다. 당안 실체(檔案實體)라고 한다.

은나라의 갑골 당안이 지금까지 실물로 남아 있는 가장 오래된 당안이다. 그 외에도 금문(金文) 당안, 석각(石刻) 당안, 간독(簡牘) 당안, 겸백(縑帛) 당안, 종이 당안 등이 있다. '당안'이라는 말은, 현존하는 자료에 의하면, 청대 강희 19년(1680)의 『기거주(起居注)』에 "부중(部中)에 당안이 없다"는 말이 처음으로 나타난다. 그 이전에는 여러 명칭이 있었다. 예컨대 서주 시대에는 '중(中)'이라고 불렀으며, 춘추 전국 시대에는 '간독', '간책(簡冊)', '책(冊)', '전(典)'이라고 불렀다. 진한 시대에는 '전적(典籍)', '도적(圖籍)', '문서'라고 불렀고, 당송 시대에는 '안독(案牘)', '간서(簡書)', '문독(文牘)', '문안(文案)'이라고 불렀다. 명말까지는 '안권(案卷)'이라고 불렀으며, 청초에 '당(檔)', '당자(檔子)'라고 불렀다. '당(檔)'이란 '횡목 광당(橫木框

檔'으로 나무 선반으로 칸을 나누어놓았다는 의미이다. '안(案)'이란 작은 탁자의 일종인데, 거기서 발전하여 하나의 사건을 처리하는 데 관련된 문서를 '일안(一案)'이라고 하게 되었다. 사람들이 나중에 찾아 이용하기 위하여 안권을 당가(檔架) 위에 두어 보존한 것이다. '당'과 '안' 두 글자가 함께 쓰여 당안이라는 용어가 만들어져 지금까지 사용되며, 그 의미와 사용 범위가 크게 발전하였다.(『檔案學詞典』, p. 1) 당안은 1949년 중화인민공화국 성립 이전에 생산된 '역사 당안'과, 1949년 이후 현재까지 생산된 '현행 당안'으로 구분되며, 역사 당안은 다시 신민주주의 혁명 시기의 '혁명 역사 당안'과 구정권 시기의 당안('청대 당안', '민국 당안', '왕위(汪僞) 당안'등)으로 세분된다.(『檔案學詞典』, pp. 158~159)

당안관
🔊 檔案館

[중] 당안관은 당안을 수집·보관하는 기구이다. 임무는 당안을 접수·수집하고 과학적으로 관리하여 당안의 이용을 전개하는 것이다. 중국 주대의 천부(天府), 한대의 석거각(石渠閣), 당대의 갑고(甲庫), 송대 및 그 후의 각급 가각고(架閣庫), 명대의 황책고(黃册庫), 명청대의 황사성(皇史宬), 청대의 내각대고(內閣大庫), 민국의 국사관(國史館) 등이 모두 역대 당안을 보관하던 기구이다. 당안관이라고 명명한 것은 1951년 5월부터이다. 당시 정무원은 고궁 박물원 문헌관을 고궁 박물원 당안관(즉, 현재의 중국 제1 역사 당안관)으로 개명하기로 결정하였다. 이후 중앙에서 지방에 이르기까지 모두 당안관을 설립하였고, 각급 각종 당안관을 포괄하는 당안관 망이 형성되었다. 중앙, 성(省: 자치구·직할시), 지구(地區: 시市·맹盟·주州) 및 대다수 현(縣: 구區·기旗·현급 시)에 모두 종합 당안관을 설립하였는데, 그 특징은 행정 구획에 따라 설립하여 동급 인민 정부에 예속되고 각급 당안국의 관리에

귀속된다는 점이다. 중앙, 성 및 기타 대도시의 몇몇 전문 주관 기관은 부문 당안관, 전문 당안관을 설치하고 있으며, 대도시와 중도시 등 대부분 도시에는 도시 건설 당안관을 설립하였다. 몇몇 대형 공업 기업과 과학 연구 사업 단위, 고등학교와 대학교도 기업 당안관이나, 사업 단위 당안관 등을 설립하였다. 1991년 말까지 중국에는 각급 각종 당안관이 3,572개이며, 소장된 당안은 자료가 1억여 권·책, 사진이 438만여 장, 지도가 767만여 장이다. 당안관은 이미 중국 당안 사업의 주체가 되었다. 저명한 당안관으로는 중앙 당안관, 중국 제1 역사 당안관, 중국 제2 역사 당안관 등이 있다.〔『檔案學詞典』, pp. 15~17〕

당안국

🔵 檔案局

[중] 당안국은 당안 사업의 행정 관리 기구이다. 중앙에는 국무원의 직속 기구로 국가 당안국을 설립하여, 중공 중앙과 국무원의 지도하에 전국의 당안 사업을 주관한다. 즉, 전국의 사업에 대하여 통일적인 계획·조직 간의 협조·통일적인 제도·감독·지도를 실행한다. 지방에는 성(省: 자치구·직할시) 인민 정부하에 성 당안국을 설치하는데, 동급 당 위원회와 인민 정부의 지도를 받으며 업무상으로는 국가 당안국의 지도를 받는다. 지구(地區: 시市·주州·맹盟) 인민 정부하에는 지구 당안국을 설치하는데, 동급 당 위원회와 인민 정부의 지도를 받으며 업무상으로는 성 당안국의 지도를 받는다. 현(縣: 시市·구區) 인민 정부하에는 현 당안국을 설치하는데, 동급 당 위원회와 인민 정부의 지도를 받으며 업무상으로는 지구 당안국의 지도를 받는다. 현급 이상 당안국은 본 행정 구역 내의 당안 사업을 주관하며, 아울러 본 행정 구역 내의 기관·단체·기업·사업 단위와 기타 조직의 당안 업무에 대해서도 감독과 지도를 행한다.〔『檔案學詞典』, pp. 15~17〕

당안 보관 기한

🔵 檔案保管期限

[중] 당안관(실)이 당안 평가 기준에 근거하여 각각의 안권(案卷)에 대해 확정한 보존 연한이다. 중국의 현행 규정에 따르면 문서 당안의 보존 기한은 영구 · 장기 · 단기 3종이다. 즉, 본 기관의 주요 직능 활동과 기본적인 역사 면모를 반영하여, 본 기관 및 국가 건설, 그리고 역사 연구에 대해 이용 가치가 크면 영구 보관으로 한다. 또한, 본 기관의 일반 업무 활동을 반영하여 비교적 장시간 본 기관의 업무에 대해 참고할 만한 이용 가치가 있으면 장기 보관(16~50년)으로 한다. 비교적 단시간 내에 본 단위에 대해 참고할 만한 이용 가치가 있으면 단기 보관(15년 이하)으로 한다. 회계 당안의 보관 기한은 영구 · 정기(3년, 5년, 10년, 15년, 25년) 2종으로 한다. (『檔案學詞典』, p. 182)

당안 보관 기한표

🔵 檔案保管期限表

[중] 당안의 출처 · 내용 · 형식을 열거하고, 그 보관 기한을 명확하게 밝힌 지침 문건으로 표책(表冊) 형식을 띠고 있다. 당안의 보존 가치를 평가하고, 보관 기간을 확정하는 근거이자 표준이다. 설명 · 순서 번호 · 항목 · 보관 기간 · 부주(附注) 등으로 구성된다. 다음과 같은 5종의 유형이 있다. ① 표준 당안 보관 기한표 : 국가의 당안 행정 관리 부문이 편제하여 전국의 각 기관 · 단체 · 기업의 사업 단위에 제공하여 당안의 평가에 사용한다. '통용 당안 보관 기한표'라고도 한다. ② 전문 당안 보관 기한표 : 국가의 당안 행정 관리 부문이 관련된 주관 부문과 함께 편제한다. 각 기관 · 단체 · 기업의 사업 단위가 전문 당안을 평가할 때 통용하는 근거와 표준이다. ③ 동계통(同系統) 기관 당안 보관 기한표 : 주관 영도 기관

이 편제하여 동일 계통 내 각 기관·기업의 사업 단위가 당안을 평가할 때 통용하는 근거와 표준이다. ④ 동유형(同類型) 기관 당안 보관 기한표 : 당안 행정 관리 부문이 편제하여 동일 유형(이를테면 학교, 의원 등) 각 단위가 당안을 평가할 때 통용하는 근거와 표준이다. ⑤ 기관 당안 보관 기한표 : 각 기관·단체·기업의 사업 단위가 본 단위 당안의 구체적인 상황에 따라 편제하여 본 단위가 당안을 평가할 때 사용한다.[『檔案學詞典』, pp. 182~183]

당안실

🔵 檔案室

[중] (1) 당안실은 기관·단체·기업의 사업 단위와 기타 조직이 당안을 통일적으로 수집하고 관리하는 내부 조직 기구이다. 일부 당안실은 내부 조직 체계에서 차지하는 지위에 근거하여 당안고(檔案股), 당안과(檔案科), 당안처(檔案處)라고 부르기도 한다. 주요 직무는 다음과 같다. ① 해당 단위의 문건이 당안으로 귀속되는 업무에 대하여 지도와 감독을 진행한다. ② 본 단위 각 부문이 주고받은 당안을 접수하고 보관하여 정리·평가·통계·목록 편제·연구를 진행하며, 이용 업무를 적극 전개한다. 동시에 관련된 내부 서간 등 자료를 모아두고 당안과 함께 이용자에게 제공한다. ③ 장기적으로 보존할 가치가 있는 당안을 정기적으로 당안관에 이관한다. ④ 하부 기구가 있다면 하부 기구의 당안 업무에 대하여 감독과 지도를 실행한다.

당안실은 보존하는 당안의 범위에 따라 종류가 다르지만 대개 연합 당안실, 종합 당안실, 문서 당안실, 과학 기술 당안실, 인사 당안실, 녹음 당안실, 사진 당안실 등 다양한 유형이 있다. (2) 당안실은 기관·단체·기업의 사업 단위 및 기타 조직에서 당안 관리 인원이 작업하는 곳, 혹은 당안을 저장해놓은 곳을 의미하기도 한다.[『檔案學詞典』, pp. 15~17]

당안 회집

🔵 檔案滙集

[중] 당안관에서 소속 전종을 확정하기 어려운 문건들, 즉 분산되고 불완전한 문건들을 그 내용·시간·형식 등의 특징에 따라 모은 당안의 집합체이다. 하나의 전종으로 관리되며, 통일적인 전종 번호를 부여받는다. 이 역시 전종 원칙에 따라 당안을 정리하는 일종의 보충 형식이다. 이를테면 '각 사회 단체 당안 회집'은 일정 기간 동안 각 사회 단체들이 생산한 자질구레한 당안들로 구성되는데, 이들 당안은 입당 단위(立檔單位)를 파악하기가 힘들기 때문에 당안 회집으로 묶은 것이다.(『檔案學詞典』, p. 167; 김유리(2003a), p. 310)

대등 제목

🟢 alternative title

본제목과는 다른 제목으로 해당 기록을 표현하는 또 다른 제목을 의미한다. 본제목과 다른 언어로 표현된 제목도 대등 제목에 해당한다.

→ 제목

대일본 고문서

🟡 大日本古文書

[일] 도쿄 대학(東京大學) 사료 편찬소(史料編纂所)에서 편수국(編修局) 이래 탐방, 수집했던 고문서를 인쇄한 것을 말한다. 편년 문서(編年文書), 가문 문서(家わけ), 막말 외국 관계 문서(幕末外國關係文書) 등 3종류가 있다. 1901년부터 현재까지 순차적으로 간행되어오고 있다. 편년 문서는 쇼소인(正倉院) 문서이며, 가문 문서는 고야산(高野山), 도지(東寺), 이와시미즈(石淸水), 아사노 가문(淺野家), 모리 가문(毛利家), 깃카와 가문(吉川家), 고바야카와 가

문(小早川家), 간신지(觀心寺), 곤고지(金剛寺), 다테 가문(伊達家), 우에스기 가문(上杉家), 아소 가문(阿蘇家) 등의 문서이며, 막말 외국 관계 문서는 1853년부터 20여 책이 간행되어오고 있다. 일본사 연구에 필수적인 사료이다.

대일본 사료
[일] 大日本史料

[일] 도쿄 대학(東京大學) 사료 편찬소(史料編纂所)에서 편찬했던 '육국사(六國史)'의 뒤를 이은 편년체 일본사로서 정치·경제 등을 비롯하여 사회 일반에 걸친 일본 역사상 사건을 연월일순으로 기재한 것이다. 이에 관계되는 재료는 일기, 고문서에서부터 수필 잡기에 이르기까지 세세하고 많다. 원문을 그대로 수록한 바, 현재 887년부터 1620년까지의 기간을 12편으로 나누어 170여 책으로 나누어 간행했다. 대일본 고문서(大日本古文書)와 함께 일본사 연구의 중요한 사료이다. 색인에 해당하는 사료 편람(史料便覽) 15책이 도쿄 대학 사료 편찬소에서 간행되었다.

대체 보존
[영] alternative storage

원본의 훼손을 방지하고 수명을 연장하기 위해 대체 활용할 수 있는 사본을 함께 보존하는 것을 의미한다. 기록의 실물 가치가 낮으며, 원본이 아니라 내용만 활용할 수 있도록 한다면 보존 목적을 달성할 수 있다고 인정되는 경우, 기록 원본을 폐기하고 매체 수록본만을 보존하는 경우도 있다.

→ 분산 보존

대출

영 loan 중 外借, 出借 일 貸出, 借用

한곳에서 다른 곳으로 기록을 일시적으로 옮기는 것. 보존 기록관은 전시·참조·복제 등을 위해 개인이나 다른 기관으로부터 기록을 빌려오거나 빌려줄 수 있다. 이때 기록관은 기증서와 유사한 정보 항목을 갖춘 상세한 대출 내역서를 작성해야 한다.

대출 처리

영 chargeout 중 借出

기록을 이용하기 위해 보관 장소로부터 기록을 반출하는 과정. 'chargeout'은 대출 대장을 뜻하기도 한다. 대출 대장을 통해 기록을 가져간 사람, 기록이 옮겨진 곳을 추적할 수 있다. 기록은 관외 대출을 허가하지 않는 것이 일반적이지만, 보존 처리·사본 제작·전시 등을 위해 반출이 이루어질 수 있다.

대통령 기록

영 presidential records

대통령을 보좌·자문하는 기관이 헌법이 부여한 대통령의 직무 수행과 관련하여 생산 또는 접수한 모든 기록물. 대통령 기록물에는 대통령이 사적으로 작성했거나 다른 신분으로 생산한 기록은 포함되지 않는다. 대통령 중심제하에서 대통령 기록은 정부 기록 중 특별한 중요성을 갖는다. 그에 따라 관리 체계도 구별하는데, 미국의 대통령 기록 관리 제도가 그 예이다. 미국에서 대통령 기록은 국립 보존 기록관과 별개로 '대통령 도서관'이라고 부르는 대통령별 보존 기록관에 이관되어 보존 관리된다. 정보 공개에 있어서도 임기 후 일정 기간(12년) 동안 비공개 상태에서 보호된다. 우리나라의 기록물 관리 제도에서도 대통령 기록물을 관리하기 위한 전문적인 관리 시설로서 중앙 기록물 관리 기관에 대통령 기록관을 두도록 되어 있으며, 대통령 기록 관리에 관한 정책 심의를 위하여 국가 기록 관리 위원회 산하에 대통령 기록 관리 위원회를 둘 수 있게 되어 있다.〔공공 기록물 관리법 제3조, 제15조, 대통령 기록물 관리법 제2조, 제5조〕

대통령 기록 관리 위원회

[법] 대통령 기록물 관리에 관한 기본 정책, 이관 시기 연장의 승인, 비밀 기록물 및 비공개 기록물의 재분류, 대통령 지정 기록물의 보호 조치 해제 등을 심의하기 위해 국가 기록 관리 위원회 산하에 설치하는 위원회이다. 대통령 기록 관리 위원회의 구성은 국가 기록 관리 위원회 위원, 대통령 기록관의 장, 대통령 기록물 관리에 관한 학식과 경험이 풍부한 자 중 국가 기록 관리 위원회 위원장이 임명 또는 위촉하고, 공무원이 아닌 위원의 임기는 3년이다. 대통령 기록물 관리의 중요성을 감안하여 위원에게는 정치적 중립성, 업무의 독립성 및 객관성 의무를 부여하고 있다.〔대통령 기록물 관리법 제5조, 동 시행령 제2조〕

→ 국가 기록 관리 위원회, 대통령 기록물 관리에 관한 법률

대통령 기록물 관리에 관한 법률

[법] 대통령 기록물의 보호·보존 및 활용 등 기록물의 효율적 관리와 대통령 기록관의 설치·운영에 필요한 사항을 정하기 위해 법률 제8395호로 제정되어, 2007년 4월 27일 공포되었다. 이 법 제정 이전에는 '공공 기관의 기록물 관리에 관한 법률(현행 '공공 기록물 관리에 관한 법률')'에 대통령 기록물 관리에 필요한 사항이 규정되어 있었으나, 국가 주요 기록물인 대통령 기록물의 체계적이고 전문적인 관리를 위해 별도로 입법되었

다. 대통령 기록물 관리법은 총칙, 대통령 기록 관리 위원회, 대통령 기록물의 관리, 대통령 기록물의 공개·열람, 대통령 기록관의 설치·운영 등에 관한 사항을 규정하고 있다.

　대통령 기록물 관리법은 대통령 기록물의 관리 및 보존에 필요한 제반 사항을 규정하고 있을 뿐만 아니라, 대통령 기록물을 국가 소유로 규정하고 있어, 그동안 사각 지대에 속해 있던 대통령 기록물을 체계적으로 보존·활용할 수 있는 제도적 기반이 마련되었다.

→ **대통령 기록 관리 위원회**

대통령 지정 기록물

[법] 대통령 기록물의 안전한 보존을 위해 중앙 기록물 관리 기관으로 이관 시 대통령이 지정한 기록물은 국회 재적 의원 3분의 2 이상의 찬성 의결이 이루어지거나, 관할 고등 법원장이 중요한 증거에 해당한다고 판단하여 영장을 발부한 경우를 제외하고는, 일반 지정 기록물은 15년, 개인의 사생활 관련 기록물은 30년의 범위 내에서 열람·사본 제작을 허용하지 않거나, 자료 제출에 응하지 않고 보호할 수 있는 제도이다. 대통령 지정 기록물 지정 대상은 국가 안전 보장과 대내외 경제 정책 관련 기록, 정무직 공무원의 인사 관련 기록, 대통령과 그 보좌 기관·자문 기관 간의 의사 소통 기록으로서, 이를 공개할 경우 국익에 중대한 위해, 사생활 침해, 정치적 혼란 등을 불러일으킬 우려가 있는 기록물로 한정된다.〔대통령 기록물 관리법 제17조, 제19조, 동 시행령 제9조〕

데이터세트

[영] dataset

컴퓨터가 처리하거나 분석할 수 있는 형태로 존재하는 관련 정보의 집합체를 말한다. 데이터 파일이나 데이터베이스와 동의어로 사용되기도 한다. 데이터는 반복적으로 발생하는 사건이나 조건에 대한 정보가 일련의 순서를 갖게 될 때 서로 관련을 맺게 된다. 한 지역 내의 상이한 지점에서 오랜 기간에 걸쳐 일정한 시간적 간격을 두고 관측한 습도나 온도 수치의 집합이 그 예이다. 학생 기록과 같은 데이터는 기록의 대상이 되는 객체의 특성을 공유하기 때문에 관련을 맺을 수도 있다. 데이터세트라는 용어는 정보가 컴퓨터로 처리하거나 분석할 수 있도록 구조화되었음을 의미한다.

데이터세트 아카이빙

영 dataset archiving

지속적 가치를 갖는 데이터세트를 장기적으로 보존하는 활동을 지칭한다. 인구 통계, 항공 우주 과학, 천문 기상, 유전자 공학 등 다양한 과학 기술 및 사회 과학 분야에서는 오랜 동안 관찰 및 실험 데이터를 구축해 왔다. 과학 데이터의 생산과 유지에는 많은 비용이 소요되기 때문에 최근 다양한 유형의 디지털 정보 아카이빙 중에서 가장 큰 주목을 받고 있는 분야이기도 하다.

도면

영 map 일 図面類記錄

지리, 시설 장치 등의 공간적 객체나 개념적 대상을 평면에 표현한 기록. 낱장 또는 여러 장의 도형이나 그림으로 된 특수 규격의 기록으로 일반 문서와 분리하여 도면함 또는 도면 봉투 등에 넣어서 관리해야 하며, 최근에는 전자 형태의 도면이 많이 생산된다. 도면에는 설계도, 지적도, 도시 계획도 등이 있다. (공공 기관 기록물 관리법 시행령 제2조)

도상 기록
영 iconographic records

그림, 사진, 도해(圖解), 판화 등의 형식을 가진 기록.

도쿄 대학 사료 편찬소
일 東京大學史料編纂所

[일] 전신은 편사관(編史館)으로, 1869년에 설립되었다. 메이지 유신(明治維新) 후 수사(修史) 사업은 육국사(六國史) 이래 끊어진 국사 편찬을 진흥시키라는 일왕의 지시 아래 사료 편집 국사 교정국(史料編輯國史校正局)이 설립되었다. 1977년 1월 제도를 고쳐 태정관(太政官)에 수사관(修史館)을 설치하였다. 1878년 3월 기후현(岐阜縣), 이어 도지기현(後櫪木縣)이 각각의 현에서 수집한 고문서를 수사관에 제출하였다. 또 1880년에는 『살번구기(薩藩舊記)』 68책을 제출받았다. 이어 1885년부터 1889년에 걸쳐 수사관 편집부장(編輯副長) 시게노 야스쓰구(重野安繹) 박사의 발의로 전국에 걸쳐 정확한 사료가 될 수 있는 모든 기록과 고문서에 대한 조사를 행했다. 조사한 고문서는 모두 영인본으로 보존하기에 이르렀다. 이 사이 1886년에 수사관은 폐지되고 다시 내각에 임시 편사국(臨時編史局)이 설치되었으며, 1888년에는 수사국을 폐제하고 도쿄 제국 대학(東京帝國大學)에 편년사 편사괘(編年史編史掛)가 창설되었다. 1929년 오늘의 사료 편찬소(史料編纂所)로 개칭되었다. 이 편찬소에서 출판한 사료집으로는 『대일본 사료(大日本史料)』, 『대일본 고문서(大日本古文書)』가 있고, 그 밖에 『사료 총람(史料總攬)』, 『제2차 대전 후 대일본 고기록(第二次大戰後大日本古記錄)』, 『대일본 근세 사료(大日本近世史料)』를 간행하고 있다.

도큐멘테이션

영 documentation 중 文件擬制 일 ドキュメンテーション

(1) 활동, 사건 등을 입증하기 위해 모아놓거나 생산된 매체와 형식에 상관없는 자료 일체. (2) 활동, 사건 등을 입증하기 위한 자료의 수집 또는 생산. (3) 저자의 원천을 표시하는 각주, 후주, 참고 문헌 등의 인용문. (4) 소프트웨어나 하드웨어의 설치와 사용에 관한 설명서.

도큐멘테이션 계획 →기록화 계획

도큐멘테이션 전략

영 documentation strategy 중 文件編制戰略 일 ドキュメンテーション戰略

특정한 지역, 주제, 사건 등에 관한 적절한 정보를 기록 생산자, 보존 기록관, 기록 이용자의 상호 협력을 통해 선별하여 수집하는 평가·선별 방법론. 도큐멘테이션 전략의 핵심 요소는 기록화할 영역을 도출하고 진행 중인 사안에 관한 실재하는 기록을 대상으로 도큐멘테이션 상태를 분석하여 생산을 포함한 적절한 기록 확보 계획을 진행하는 것이며, 그러한 계획을 복수의 주체가 협동하는 다기관 수행 방식(multi-institutional approach)으로 접근하는 것이다.〔Pearce-Moses(2005), p. 131〕 도큐멘테이션 전략이라는 용어는 1984년 미국 아키비스트 협회(SAA)의 연차 회의에서 사무엘스(H. Samuels), 헤크만(L. Hackman) 등에 의해 제시되었는데, 그 개념적 기원은 1970년대 중반 사회 운동, 계급·계층적 소수자들에 관한 문제, 대중적 관심 등 다양한 사회적 주제들에 대한 폭넓은 기록화를 주장한 것에서 비롯되었다. 그렇지만 미국에서 도큐멘테이션 전략은 그 의의와 필요성에도 불구하고 실제로 수행하기에는 많은 어려움이 있었다. 우선 도큐멘테이션 전략을 집행하기 위한 다수의 기관이나 아키비스트들의 협력이 필요한데, 이러한 협력을 이끌어낼 만한 정책 수단과 재원을 확보하기 어려웠다. 한편으로는 도큐멘테이션 전략에서 기록화해야 할 인간 활동의 영역을 도출하는 데 있어 주관성을 완전히 배제하기가 어렵다는 점 또한 방법론 차원에서의 단점으로 지적되기도 하였다. 그렇지만 도큐멘테이션 전략 모델은 기록의 평가·선별에 관한 논의와 연구에 있어 다음과 같은 중요한 기여를 했다. 첫째, 현명한 선별을 위해서는 기관, 기관의 기능 및 활동, 그리고 기관이 생산한 기록들 간의 상호 연관성에 대한 이해가 필요하다는 점. 둘째, 이 때문에 수집 계획의 실행에서 기관과 개인을 넘는 폭넓은 협력적 접근이 필요하다는 점. 셋째, 최선의 기록을 남기기 위해 어떤 기록이 있는가보다 어떤 것이 기록화되어야 하는가라는 문제 의식 아래 방대한 정보 영역에서 최상의 기록을 선별할 필요가 있다는 점이다. (Ham(1993))

등록

영 declaration; registration 중 登記 일 登錄

기록이 생산되고 시스템으로 획득되었다는 사실에 대한 증거를 마련하는 기록 관리 과정이다. 원래 서구 기록학 이론에서는 등록이라는 뜻으로 'register' 라는 단어를 사용하여 왔지만 영국의 전자 기록 관리 시스템 설계 표준 등에서는 'register' 대신 'declare' 라는 단어를 쓰고 있는 것을 관찰할 수 있다. 'register' 는 손으로 등록 대장에 기입한다는 의미가 있는 반면, 'declare' 는 기록이 시스템에 획득되었음을 선언한다는 의미를 갖는다. 등록이 되기 전에는 기록 처리 과정을 시작할 수 없으므로 기록을 획득한 직후에 바로 등록해야 한다. 이와 같이 획득과 등록이 거의 동시에 일어나기 때문에 등록을 획득 과정의 일부로 보고, 이 두 과정을 하나로 합치기도 한다. 등록에 대한 ISO 15489의 원칙은 다음과 같이 4가지로 요약할 수 있다. 첫째, 등록 시 메타데이터를 기록하고 고유 식별자, 즉 참조 코드를 부여하여 기록을 계층 구조 속에 포함시켜야 한다. 둘째, 반드시 등록해야 할 최소한의 필수 메타데이터 요소는 참조 코드·등록 일시·표제·생산자 4가지이다. 셋째, 일단 등록한 내용은 일반적으로 변경할 수 없으며, 만약 꼭 변경해야 할 필요가 있다면 변경한 내용에 대한 정보를 유지해야 한다. 넷째, 자동적인 과정을 통해 등록되도록 설계할 수 있다.

등록부

영 register 중 登記簿 일 登錄台帳

검색 도구의 일종으로서 기록에 대한 간략한 서지 정보가 일람표 형태로 기재된다. 서양에서 등록부는 등록실(소)을 통해 오고가는 모든 공문서의 배포 및 이관 단계를 통제하기 위한 것이었으며, 등록부에는 보통 문서 번호, 작성 일자나 접수 일자, 전송자명 및 직함, 전송자 코드, 문서의 성격, 첨부물 및 첨부물 형태에 관한 사항, 다시 부여한 분류 번호, 담당 부서 등이 포함되었다. 우리나라 기록물 관리법에서는 기록건이나 기록철에 대한 목록을 '기록물 등록 대장', '기록물철 등록부'로 칭한다.

디스크립터

영 descriptor

기록이나 문헌의 내용을 표현하는 색인어로서 일반적으로 통제 어휘집에서 추출된다. 디스크립터는 보통 후조합 색인에서 사용되는 주제어를 일컫는 경우가 많은데, 이는 전조합 색인에서 사용되는 주제명 표목과 대비되는 개념이다.

→ 색인, 색인 작성

디지털

🔵 digital 🟠 ディジタル

2진수 기호를 사용하여 정보를 일련의 서로 구분할 수 있는 단위로 나누어 표현하는 방식을 말한다. 연속적 신호 형태의 정보를 지칭하는 아날로그에 대비되는 용어로서 전산화, 자동화나 전자 등과 동의어로 사용된다. 특히 전자와 디지털은 동의어로 사용되는 경우가 많다. 디지털 형태로 존재하여 전자적으로 처리할 수 있는 기록이 전자 기록이다.

디지털 보존 → 디지털 아카이빙

디지털 시간 인증

🔵 digital time-stamping

전자 문서의 도착 시간을 확인하여 진본성을 확인하는 기법. 문서의 전체 내용을 수학적으로 처리하는 기법이다. 문서 작성 일자를 수립함과 동시에 이후의 변화 내용을 확인하는 도구이기도 하다.

디지털 아카이빙

🔵 digital archiving 🟠 ディジタルアーカイビン

지속적으로 보존할 가치를 가진 디지털 객체를 장기간 관리하여 이후의 이용을 보장하는 활동을 말한다. 기록 관리 분야에서는 아카이빙이라는 용어를 공적인 기록의 보존을 처리하는 과정이라는 의미로 사용하는 데 비하여 컴퓨터 분야에서는 컴퓨터 파일의 일시적인 백업 컬렉션을 의미하기도 한다. 그러한 혼동을 피하기 위하여 아카이빙 대신 '디지털 보존(digital preservation)'이라는 용어를 사용하기도 한다. 그러나 디지털 보존이 마이그레이션(migration)이나 에뮬레이션(emulation) 등 구체적인 보존 기술이나 전략을 지칭하는 경우가 많은 데 비하여, 아카이빙은 보존 행위의 주체가 되는 아카이브의 구축 및 운영까지에 이르는 더 넓은 의미로 사용되는 경향이 있다. 장기 보존(long-term preservation)과 지속적 가치(enduring/ongoing values)가 디지털 아카이빙의 핵심 개념이다. 지속적 가치는 기록 관리의 평가 이론을 디지털 정보에 어떻게 적용할 것인가에 따라 정의할 수 있을 것이다. 장기간은 가능한 긴 기간이며 무한의 미래로까지 그 의미를 확장할 수 있다. 디지털 아카이빙을 '만 년의 약속'이라고 부르기도 한다. 적어도 인류가 현재와 유사한 언어와 문자 커뮤니케이션 시스템을 사용하는 한 보존의 대상이 되는 디지털 객체를 읽고 이해할 수 있는 상태로 관리하는 것이 디지털 아카이빙의 목표이다.

다양한 디지털 객체는 각자의 속성에 따라 서로 다른 기술적 문제를 야기한다. 가장 단순한 유형은 한 번 생산되면 형태가 고정되는 단일한 객체인 경우이다. 더 이상 수정되지 않을 텍스트 문서가 그 예이다. 대용량으로 처리하기 위한 해결책은 아직 미완성이지만 상대적으로 보존이 용이하다. 두 번째 유형은 하나의 객체 안에 텍스트, 동영상, 그래픽이 혼재되어 있는 경우이다. 음악이 첨부된 이메일을 예로 들 수 있다. 더 복잡한 유형은 실시간으로 내용이 갱신되는 동적인 디지털 객체인 경우이다. 은행이나 학술 연구 센터에서 사용하는 데이터베이스를 예로 들 수 있다. 가장 복잡한 유형은 다른 디지털 객체로의 하이퍼링크를 포함한 다수의 디지털 객체로 이루어진 집합체인 경우이다. 다양한 기능을 포함하는 웹 사이트가 대표적이다. 이렇듯 보존의 대상이 되는 디지털 유산이 어떤 유형이냐에 따라 수집과 보존 기술이 달라지게 된다. 웹, 이메일, 전자 저널, 전자 기록, 데이터세트 등 유형별로 아카이빙 실험이 진행되는 이유가 여기에 있다. (이소연(2004); 이소연(2002))

디지털 워터마크

🌐 digital watermark 🀄 數字水印

디지털 워터마크란 어떤 파일에 관한 저작권 정보(저자 및 권리 등)를 식별할 수 있도록 디지털 이미지나 오디오 및 비디오 파일에 삽입한 비트 패턴을 말한다. 이 용어는 편지지의 제작 회사를 나타내기 위해 종이의 표면에 압력을 가하여 새긴 투명한 무늬를 '워터마크'라고 부르던 데서 유래되었다. 디지털 워터마크는 디지털 형식으로 되어 있는 지적 재산에 대한 저작권을 보호하기 위한 목적으로 삽입한다. 의도적으로 어느 정도까지는 볼 수 있도록 만든 프린트 워터마크와는 달리, 디지털 워터마크는 완전히 안 보이게(저작물이 오디오인 경우에는 안 들리게) 설계된다. 게다가 워터마크를 나타내는 실제 비트들은 그것들이 식별되거나 조작되지 않도록 파일 전체에 퍼져 있어야만 한다. 그리고 마지막으로, 디지털 워터마크는 그 파일에 대한 일반적인 변경에 견딜 수 있도록 충분히 견고해야만 한다. 이러한 요건을 모두 만족시키는 것이 결코 쉽지는 않지만, 이 기술에 관해 경쟁력을 갖추고 있는 몇몇 회사들이 있다. 그 모든 회사들이 워터마크를 마치 노이즈, 즉 대부분의 디지털 파일들에 존재하는 랜덤 데이터처럼 보이도록 만들고 있다. 워터마크를 보기 위해서는, 워터마크 데이터를 추출하는 방법을 알고 있는 특수한 프로그램이 필요하다.

디지털 유산

🌐 digital heritage 🇯🇵 ディジタル遺産

미래 세대를 위하여 보존해야 할 지속적인 가치를 갖는 컴퓨터 기반 자료(UNESCO, 2003b, p. 28)를 말한다. 인류의 지식과 표현의 고유 자원을 디지털 형태로 생산하거나 기존 아날로그 자료로부터 디지털화한 것이 디지털 유산이며, 문화·교육·기술 등 모든 영역에 존재한다. 영속적인 가치와 중요성을 지니고 있어 현재와 미래 세대를 위하여 보호하고 보존해야 하는 디지털 정보라고 할 수 있다. 〔이소연(2004)〕

디지털 자원

영 digital resources 중 數字資源 일 ディジタル資源

디지털 형태로 존재하는 정보나 표현물을 말한다. 디지털 객체(object)나 자료(material), 또는 정보라고도 한다.

ㄹ

라미네이팅 법
🔵 lamination

종이 기록을 화학적으로 보존하는 방법으로, 열과 압력을 이용하여 셀룰로오스 아세테이트 포일 또는 배면에 접착제 처리가 된 종이 2장 사이에 문서를 넣고 봉합(封合)하는 기술이다.

래그 페이퍼
🔵 rag paper 🔴 優質紙 🟢 ぼろ原料紙

펄프 대신 면 섬유로 만든 고급 종이.

레코드 레이아웃
🔵 record layout

데이터베이스나 데이터 파일 내의 레코드 설계에서 각 필드의 이름, 길이, 데이터의 배치, 순서 등을 결정하는 것.

레코드 매니저 ➡ 기록 관리자

레코드 센터 → 기록 센터

레코드키핑(recordkeeping) → 기록 관리

레코드키핑 시스템(recordkeeping system) → 기록 관리 시스템

리그닌

영 lignin 중 木質素 일 リグニン

종이의 구성 성분으로 산에 의해서 가수 분해가 잘되지 않는 고분자의 무정형(無晶型) 물질이다. 자외선을 받아 광화학(photochemical) 반응을 일으키면 노란색으로 변한다.

리드

영 lead 중 內容提要

잠재적 수집물의 소장자, 내용, 위치 등에 관한 정보. 수집형 보존 기록관의 경우 리드 파일은 기관 부설 보존 기록관의 처리 일정표와 같은 목적으로 사용된다. 리드 개발에는 생산 기록 조사, 최근 문헌 조사, 선행 기증자 · 연구자 · 기록관 소장물 등으로부터의 정보 조사 등의 방법이 있다. 리드 기록은 서식에 따라 관리되거나 데이터베이스로 관리된다.

리프캐스팅

영 leaf-casting 중 頁面送壓加膜 일 漉き嵌め法

종이 기록의 물리적 복원 방법 중 하나로, 벌레 먹거나 구멍 난 결손 부분에 원지의 종이 섬유와 비슷한 섬유를 흘려 메움으로써 다시 1장의 종이로 만드는 기술이다.

마이그레이션

◉ migration ◉ マイグレーション

한 세대의 컴퓨터 기술로부터 다음 세대로, 또는 한 가지 조합의 하드웨어·소프트웨어 설정으로부터 다른 것으로 정기적으로 디지털 자료를 옮기는 것을 말한다. OAIS 참조 모형(Reference Model for an Open Archival Infor-mation System)은 4가지 유형의 마이그레이션(migration)을 구분하고 있으나, 그중 첫 번째인 매체 재수록(refreshing)은 마이그레이션과 구분되기도 한다. 매체의 노화로 발생되는 문제를 방지하기 위하여 디지털 파일을 동일한 유형의 저장 매체로 복제하여 재수록하는 것이 매체 재수록이다. 마이그레이션은 현재로서는 가장 선호되는 디지털 데이터의 보존 전략이지만 대용량 자동 처리 등의 문제를 해결하기 위한 실험이 아직 진행 중이다. 인구 통계 데이터와 같은 대용량 데이터베이스의 마이그레이션 전략은 완성되었지만 멀티미디어 자료와 같은 더 복잡한 디지털 자료에 대한 전략은 미완성으로 남아 있다. (Lazinger(2002))

마케팅

🔵 marketing

이미 생산된 제품의 판매를 촉진하기 위한 홍보에서 벗어나 시장의 요구를 파악하여 이에 부응하는 제품이나 서비스를 설계하거나, 더 나아가 시장이 수요를 창출하는 경영 기법이다. 마케팅의 핵심 개념의 하나는 시장 조사(market research)이며, 이를 비영리 기관 경영에 대입한 것이 지역 사회 조사(community analysis)와 서비스 수요자 조사(consumer research)이다. 지역 사회와 수요자를 조사할 때는 현재의 이용자뿐 아니라 미래 이용자, 또는 잠재적 이용자도 대상으로 하여야 한다. 현재 기록관을 이용하지 않는 사람들에 대한 조사에서 '왜 오지 않는가' 라는 질문보다 더 중요한 질문은 '어떻게 하면 이들을 오게 할 것인가' 라는 질문이다.

매뉴스크립트

🔵 manuscripts 🔵 手稿本 🔵 手稿, 手稿資料

(1) 손으로 쓰였으며, 역사적이거나 문학적 가치를 지닌 기록 정보. 타자기로 작성된 것도 보통 매뉴스크립트라고 불리나 엄밀히 말하면 '타자본(typescript)' 이다. (2) 미출간 문헌. (3) 저자가 단행본이나 논문, 기타 저작물 출판을 위해 제출한 원고. (4) 어떤 기준이나 의도에 따라 다양한 원천으로부터 모은 인위적인 기록 집합체. 생산 출처별로 이관되거나 입수되는 '보존 기록(archives)' 과 대비되는 개념이다. 매뉴스크립트 컬렉션과 동일한 의미로 사용되기도 한다.

→ 매뉴스크립트 컬렉션

매뉴스크립트 그룹(manuscript group) → 매뉴스크립트 컬렉션

매뉴스크립트 보존소

🅔 manuscript repository; collecting archives 🅒 手稿庫 🅙 資料館, 史料館

모(母)기관이 아닌, 다른 정보원으로부터 조직·가문·개인의 기록을 수집하는 기관을 지칭한다. 이렇게 수집된 기록을 매뉴스크립트 컬렉션이라고 부른다.

→ 수집형 보존 기록관

매뉴스크립트 컬렉션

🅔 manuscript collection 🅒 手稿匯集 🅙 手稿資料コレクション

(1) 동일한 출처를 가진 기록의 집합으로서 개인이나 가문의 기록을 지칭할 때 사용하는 용어. 동일한 출처를 가졌다는 점에서 '기록군(records group)'과 유사한 개념이지만, 기록군은 주로 기관이나 조직 기록을 의미한다는 점에서 차이가 있다. (2) 어떤 기준이나 의도에 따라 다양한 원천으로부터 모은 인위적인 기록 컬렉션. 생산 출처별로 이관되거나 입수되는 '보존 기록(archives)'과 구분되는 개념이다.

→ 컬렉션, 인위적 컬렉션

매뉴스크립트 큐레이터

🅔 manuscript curator 🅒 手稿保管員

기록의 평가·수집·정리·기술·보존·검색 서비스 등의 책임을 맡은 사람. 아키비스트와 같은 의미로 사용되는 경우도 많으나, 보통은 다양한 원천으로부터 인위적으로 수집한 매뉴스크립트를 관리하는 사람을 일컫는다. 때때로 매뉴스크립트 큐레이터는 사진이나 미술 작품을 다루는 큐레이터와 대비하여, 문자 기록을 다루는 큐레이터라는 의미로 사용되기도 한다. 매뉴스크립트 큐레이터는 역사 매뉴스크립트 전통과 관련하여 사용되기도 하는데, 역사 매뉴스크립트 전통에서는 컬렉션 계층보다는 기록건 계층을 강조하는 도서관의 업무 기법에 기반한다. (Pearce-Moses(2005), pp. 240~241)

매체

영 medium 중 載体 일 記錄媒體

정보가 기록되어 있는 물리적 물질이나 저장 용기 또는 운반 매체를 뜻한다. 예를 들면, 점토판, 파피루스 문서, 종이, 양피지, 필름, 마그네틱 테이프 등.

매체 전환

영 reformatting

보존성이 취약한 기록을 좀 더 보존성이 높고, 활용이 용이한 수록 매체로 변환하는 것을 말한다. 복사(photocopying), 사진 필름 복사(photographic film copies), 디지털화(digital imaging)의 방법이 있다.

→ 마이그레이션

메타데이터

영 metadata 중 元數據 일 メータデータ

정보를 지적으로 통제하고 구조적으로 접근할 수 있도록 하기 위해서 정보 유형을 정리한 2차적인 정보를 말한다. 즉, 사물을 표현하는 특성의 정보 유형이 메타데이터이며, 데이터의 유형을 정한 데이터라는 의미에서 '데이터에 대한 데이터'라고 정의하기도 한다. 예를 들면, 인간이라는 입체적인 대상을 설명할 때 신장, 피부색 등의 신체적 특징을 사용할 수도 있고, 국적, 사용 언어, 직업 등 사회·문화적 특징을 사용할 수도 있다. 혹은 어떤 사람의 건강을 유지하기 위하여 병력 등의 특징을 따로 염두에 두어야 할 경우도 있다. 이와 마찬가지로 기록을 설명, 즉 기술하는 데 있어서도 검색을 염두에 두고 데이터 요소를 정할 수도 있고(기술·자원 발견 메타데이터), 기록 관리(기록 관리 메타데이터)나 보존(보존 메타데이터)을 지원하는 데 필요한 대표적인 특징을 메타데이터 요소 세트로 정할 수도 있다. 기술(descriptive) 메타데이터는 기록의 지적 내용에 관한 특징을 포함함으로써 기술 대상 기록을 검색할 수 있도록 해준다. 한편, 구조(structural) 메타데이터는 개별 기록 단위에서 전체를 구성하는 각각의 부분 간의 관계를 보여준다.

모범 실무

영 best practice

소정의 목표를 달성하는 데 적절하고도 효과적인 수단이라는 점이 경험과 연구를 통해 입증되어 널리 인정받는 절차나 지침. 국제 기록 관리 표준 ISO 15489, 국제 보존 기록 기술 규칙(ISAD(G)) 등은 모두 모범 실무를 지향하는 표준이다. 공식적인 표준은 아니지만 사실상의 표준으로 인정받는 경우에도 모범 실무라고 칭할 수 있다.

무결성

영 integrity 중 完整性

망실·훼손·손상·변조 등에 의하여 기록이 변경되지 않고 완전한 상태를 유지하고 있음을 지칭한다. 그러나 기록이 생산된 후 기록의 물리적 요소가 손상되었다고 해서 무조건 무결성이 손상된 것으로 간주하지는 않는다. 즉 종이 기록의 경우, 잉크가 흐려졌거나 모서리가 떨어져 나갔다고 하더라도 무결성이 손상되지 않았다고 간주할 수 있다. 그러나 몇 면이 없어졌거나 없어진 면이 공증 서명 부분이라면, 무결성에 중대한 영향을 미치는 손실에 해당한다. 이러한 점에서 무결성은 생산 시점에서의 모든 물리적·지적 요소의 유지를 전제로 하는 완전성(completeness)과 구분되는 개념이다.(Pearce-Moses(2005), p. 210)

한편, 전자 기록의 무결성은 상대적인 개념으로, 기록의 본질적인 성격이 변하지 않았음을 판단하는 기준이라고 할 수 있다. 디지털 정보의 무결성을 유지하기 위해서는 어느 정도의 변형은 불가피하다는 모순이 존재하기 때문이다.(Thibodeau(2002)) 즉 전자 기록은 그 기록이 담고 있는 의미가 변하지 않는 한, 완전하고 변조되지 않은 것으로 간주할 수 있다. 따라서 그 내용과 형태의 요건이 동일하다면 디지털 정보를 구성하는 비트스트림 등의 물리적 무결성은 변경할 수 있다.(InterPARES Project)

전자 기록 관리 시스템에서는 허가받지 않은 사람이 기록에 접근하거나 변경하는 것을 방지하는 접근 제어 기능과, 허가받은 사람이라고 할지라도 기록을 이용하거나 수정한 기록을 남기는 메타데이터를 통하여 기록의 무결성을 보호할 수 있다. 또 전자 기록 관리 시스템은 시스템의 오작동, 업그레이드나 정기적인 유지 보수 등으로 인하여 기록의 무결성에 영향을 미치는 일을 방지할 수 있어야 한다.

문건 → 기록건

문서

영 document 중 文書 일 ドキュメント

(1) 손으로 쓰거나 인쇄된 모든 것. (2) 일정 매체에 고정된 정보나 데이터. (3) 공식 기록의 일부가 아닌 비기록(non-records)으로서 일정 매체에 고정된 정보나 데이터. (4) 증거의 입증에 사용되는 법적·공식적 성격의

자료.

문서는 전통적으로 종이에 고정된 것이지만, 매체와 상관없이 고정된 정보나 데이터를 의미하기도 한다. 종래에는 문서를 기록과 같이 고정된 내용(content), 맥락(context), 구조(structure)를 갖춘 것으로 이해했지만, 전자 문서의 등장으로 달라지게 되었다. 전자 형식에서는 한층 복잡한 층위에서 정보가 표현될 수 있게 되었다. 지속적으로 변경되는 데이터베이스 같은 경우, 고정되는 문서와 구별하여 동적(dynamic) 문서로 설명하기도 한다.

또한, 문서는 기록에 편입되지 않은 초안이나 사본, 또는 업무 활동과 직접 관련되지 않은 자료라는 의미로 사용되기도 하는데, 이 경우 문서는 그 자체로는 공식 처분 일정에 의한 처리 대상으로 취급되지 않는다. 한편, 문서는 기록과 동의어로 사용되기도 하는데, 이 경우는 기록이 공식적인 문서라는 의미를 강조한 것이다. 특정한 용례도 있다. 미국에서는 소송 과정에서 특정 기관이 보유한 전체 문서 가운데 '연방 증거법'의 정의에 따른 업무 기록에 해당되는 문서를 일반 문서와 구별하여 '증거로서의 문서'로 받아들이는데, 이때의 문서는 법적 측면에 한정된 의미를 갖는다.

문서의 내용에는 만든 사람의 정치적 · 사회적 경험과 전문적인 일 처리 문화가 투영된 표현 방식, 문체 그리고 특정화된 언어를 포함하는 형식과 관행이 반영되어 있다. 문서의 물리적 특성 또한 매체, 내적인 요소의 편제, 정보의 표현과 관련된 관행에 따른다는 점을 알 수 있다.(Pearce-Moses(2005), pp. 126~127)

우리나라에서는 '사무 관리 규정'에 따라 공공 기관에서 작성되는 문서의 범주를 크게 기안문과 시행문으로 구분하고 있다. 기안문과 시행문은 공공 기관 간 문서의 유통이라는 관점이 반영된 것인데, 기안문은 기관의 의사를 결정하기 위하여 작성된 문서이며, 시행문은 결정된 기관의 의사를 기관 외부에 시행하기 위해 작성되는 문서를 말한다. 기안문과 시행문은 원래 별도의 서식을 가지고 있었으나, 전자 문서 시스템의 본격적인 사용과 함께 동일 서식으로 통합되었다.〔사무 관리 규정 제73조〕

문서과
행정 기관 내의 공문서의 분류·배부·수발 업무 지원 및 보존 등 문서에 관한 사무를 주관하는 과·담당관 또는 팀, 계를 말한다.

문서 관리 카드
[법] 우리나라 공공 기관에서 전자 문서가 생산되어 결재에 이르기까지의 업무 과정과 기록의 관리 속성을 전자적으로 포착하도록 설계한 전자 문서의 한 부분을 말한다. 공공 기록 관리 혁신 분야 중에서 기록 관리 프로세스 및 시스템 혁신의 핵심 내용이다. 전자 문서 시스템을 통해 생산되는 전자 기록의 메타데이터이자 업무 맥락 및 과정에 관한 메타데이터 카드라고 볼 수 있다. 표제부, 경로부, 관리 속성부로 구성되어 있다.

문서 당안
중 文書檔案

[중] 기관·단체·부대·기업의 사업 단위 등이 지도 활동이나 행정 관리 활동 중에 형성한 당안으로써, '당정(党政) 당안', '정무(政務) 당안', '행정 당안'이라고도 한다. 흔히 '보통(普通) 당안'이라고 한다. 중국 초기의 당안은 대부분이 문서 당안이었지만, 사회가 발전하고 과학 기술과 문화가 진보함에 따라 점차 파생되고 분리되어 과기(과학 기술) 당안과 기타 각종 전문 당안이 형성되었다.〔『檔案學詞典』, p. 151〕

문서학

🅔 diplomatics 🅒 古文書學

보존 기록으로서의 특성을 지닌 문서의 생성, 내적 구성 및 유통 그리고 해당 문서 및 생산자와 관련하여 나타난 사실들 사이의 관련성을 연구하는 학문이다.(InterPARES Project) 문서학의 어원은 희랍어의 '접다(fold)'라는 뜻의 '디플루(diploo (διπωω))'에서 연유한 '디플로마(diploma (διπωω))'이다. 그리스 시대에 디플로마는 경첩이 달린 2개의 명판에 쓰인 문서를 의미했고, 로마 시대에는 판결문이나 증빙서로서 황제나 원로원이 발행한 특정 형식의 문서로 통했다. 이렇게 통치 권력이 발행한 증서를 의미하던 것이, 다시 종교적인 장엄한 형식으로 작성된 문서 일반으로 의미가 확대되었다. 문서학은 라틴어 'res diplomatia'에서 유래한 것으로, 바로 이러한 디플로마의 형식을 비판적으로 분석하는 학문이라는 것이다. 문서학과 고문서학(paleography)은 모두 오래된 문서를 대상으로 하는 학문이지만 그 학문적 연원은 구별된다. 문서학이 주로 문서 자체의 형식 전반을 다루는 것임에 비해, 고문서학은 서체나 문체를 분석 대상으로 하는 것에서 출발했다. 이러한 문서학의 학문적 연원은 근래 전자 환경에서 문서의 형식적 상태에서 비롯된 특성을 통해 기록의 진실성을 추론하는 데 중요한 개념적 실마리를 제공한다는 주장이 제기되고 있다.(Duranti(1998), pp. 35~40)

문자 기록

🅔 textual records 🅒 文字文件 🅙 文字記錄, 文書類記錄

육안 또는 기계의 매개를 통해 해독되는 낱말과 숫자로 표현된 정보를 담은 기록. 시청각 기록이나 사진 기록 등과 대비되는 개념이다.

문헌법

[북] 북한의 공공 기록 관리를 지도하는 기본법이다. 북한에서는 '기록' 이라는 용어 대신 '문헌'이라는 용어를 쓴다. 국가 문헌국이 초안을 만들어 상정하였으며, 1995년 1월 최고 인민 회의 상무 위원회의 비준을 얻어 현재 전국적으로 실시되고 있다. 문헌법은 3장 16조로 구성되어, 문헌 업무의 대상·목적·정리·이용·공포(대외적 공개) 및 위법 사항에 대한 처벌 등의 내용을 포괄하고 있다. 법령 세칙에는 문헌고에서 접수하는 기록의 목록이 포괄되어 있다. 문헌법은 또한 문헌이 생산된 날로부터 30년이 되면 일반에게 개방하도록 규정하고 있다. [이상민(2002)]

문화 기관

영 cultural organizations 중 文化組織 일 文化機關

기록 보존소, 도서관, 박물관 등 인류를 위한 '집단적 기억의 수호자(custodians of the collective memory)' 역할을 수행해온 기관들을 통칭하는 용어. 기억 기관(memory organizations)이나 유산 기관(heritage organizations)과 동의어로 사용된다. 각국의 디지털 보존 활동은 도서관, 보존 기록관 등 유산 기관이 주도하며, 이들의 끊임없는 문제 제기와 실험의 결과로 국가적 정책이 수립되고, 축적됨으로써 국제적 발전이 이루어지고 있다.

물리적 보관권

영 physical custody

특히 보안과 보존을 위해 기록을 보유·관리·통제하는 것, 혹은 그러한 권한을 말한다. 물리적 보관권을 갖는 조직이나 사람이 반드시 법적 보관권을 갖는 것은 아니다. [Pearce-Moses(2005), p. 297]

→ 보관권, 법적 보관권

물리적 통제

🅔 physical control 🅒 實体控制 🅙 物理的制御

기록의 보관 및 저장 위치를 관리하고, 추적하는 기능. 지적 통제가 이용자가 원하는 기록을 찾아내는 검색 도구를 제공하는 것이라면, 물리적 통제는 검색 도구에 표시된 위치에 기록이 제대로 있는지를 확인하는 작업이다.(Pearce-Moses(2005), pp. 296~297) 서고 관리나 기록의 수량을 주기적으로 점검하는 정수 점검도 물리적 통제에 해당한다. 물리적 통제는 기록을 보존하고 이용하는 데 반드시 필요하다.

➜ 지적 통제, 행정적 통제, 정수 점검, 보유 기록 조사

물리적 특성과 기술적 요구 사항

🅔 physical characteristics and technical requirements 🅒 實体特徵和技術要求

국제 보존 기록 기술 규칙(ISAD(G))이 지정한 접근 및 이용 조건 영역에 있어서의 기술 요소의 하나로, 한 단위의 기술을 이용하는 데 영향을 미치는 중요한 물리적인 특징이나 기술적인 요구 사항들에 관한 정보를 제공한다.(ISAD(G), 3.4.4)

(미국) 국립 기록 관리처

🅔 NARA(National Archives & Records Administration)

[미] 미국의 연방 정부 중앙 기록 관리 기관. 국립 기록 관리처(NARA)의 전신인 '국립 보존 기록관(National Archives)'은 1936년에 미국 역사 학회의 건의에 따라 연방 정부 기록을 수집·보존하기 위해 설립되었다. 국립 보존 기록관은 1985년 총무처(General Service Administration)로부터 독립하여 의회에 직접 보고하는 독립 기관이 되었다. NARA는 연방 정부의 기록을 관리한다. 관련 법령으로는 총무처와 NARA에 의한 기록 관리

법, 국립 기록 관리처법, 대통령 기록법, 연방 기록 관리법, 기록 폐기법, 정보 자유법이 있다. 기관장인 국립 기록 관리처장(Archivist)은 의회에 직접 보고하며, 정무직 차관급의 보수를 받는다. 국립 기록 관리처장의 임기는 종신직이며, 상원 청문회를 거쳐 임명된다. 대통령이 국립 기록 관리처장을 해임하고자 할 때에는 상원에 그 이유를 설명해야 한다. NARA는 워싱턴 D.C. 시내에 위치하면서 독립 선언서와 헌법 원문을 보존·전시하고 있는 아카이브즈 I 건물, 메릴랜드 주 컬리지 파크에 위치하고 있는 본관 건물인 아카이브즈 II, 그리고 미국 각지에 산재한 대통령 기록관과 지역 기록 보존소로 구성되어 있다. 아카이브즈 II에는 NARA의 사무 조직과 서고, 열람실이 있다. NARA는 주(State)의 기록 등 지방 기록은 관리하지 않는다. 지방 기록 관리 기관은 NARA로부터 독립적으로 운영되며, 50개의 주 기록관(State Archives)과 기타 시·군 기록관이 존재한다. 민간 기록은 주로 지방의 역사 연구회(Historical Society)나 민간 기관이 수집·관리한다. NARA는 연방 기관의 기록 관리 정책을 수립하고, 그 실행을 감독한다. 역사적으로 보존할 가치가 있는 연방 정부의 영구 기록을 보존하고 활용하도록 제공하며, 기록 이용 가이드를 편찬한다. NARA가 수집·관리하고 있는 연방 기록은 CIA, FBI 등 정보 기관을 포함한 연방 기관 기록, 군사 기록, 입법부 기록, 사법부 기록, 대통령 기록이다. NARA 산하 조직에는 13개의 대통령 기록관, 17개의 연방 기록 센터 겸 지역 기록 센터, 입법 기록관, 국립 역사 출판 위원회, ERA(전자 기록 아카이브즈)가 있다. NARA의 본부 조직은 처장실, 행정국, 인사 정보 자원국, 기록 서비스국, 지역 기록 보존소국, 대통령 기록국, 연방 관보국으로 구성되어 있다. 25년 이상된 기록은 일반에게 공개하며, 비공개 연방 기록은 정보 자유법의 조항에 따라 정보 자유 신청을 통해 공개 열람할 수 있다. 대통령 기록은 기록을 생산한 대통령이 최대 12

년간 비공개로 보호 지정할 수 있다. 1995년 제정된 대통령 명령 EO 12958호에 의해 비밀 기록은 30년이 지나면 비밀을 해제하여 국민에게 공개하여야 한다. 일괄 해제 시에는 생산된 지 25년이 지난 기록은 공개될 수 있다. NARA는 연방 기관의 위임을 받아 비밀 기록을 해제·공개한다.

→ 정보 공개법

(미국) 국방부 전자 기록 관리 시스템 설계 표준

영 Design Criteria Standard for Electronic Records Management Software Applications

[미] 정식 명칭은 '전자 기록 관리 소프트웨어 애플리케이션을 위한 설계 기준 표준(Design Criteria Standard for Electronic Records Management Software Applications)'이지만 'DoD 5015.2-STD'라고 더 잘 알려져 있다. DoD 5015.2는 국방부 훈령(Directives) 5015.2호임을 의미한다. 이 훈령은 미국 연방법에 의거하여 국방부 및 산하 기관의 기록 관리 프로그램에 대한 책임을 정하고, 기록 생애 주기 내내 기록을 지속적으로 관리하기 위한 정책을 수립하며, 기록 관리를 위한 지침을 출판하기 위하여 제정되었다. 그리고 DoD 표준은 이 훈령에서 제시된 기본 사항을 실제 전자 기록 관리 시스템으로 구현하기 위한 시스템 표준이다. 국방부와 그 산하 기관이 확실하고 안정적으로 전자 기록을 관리하기 위하여 전자 기록 관리 시스템이 갖춰야 할 최소한의 기능 요건을 정의하는 것을 목적으로 한다.

DoD 표준을 유지하고 소프트웨어 인증 시험을 관리하는 책임은 국방부와 함께 표준을 개발한 호환성 시험 본부가 진다. 인증 유효 기간은 2년이고, 인증받은 제품은 호환성 시험 본부 홈페이지에 게시되는데, 여

기서 인증을 받은 제품의 목록과 인증 만료 일자, 그리고 인증 사실에 대한 간략한 보고서를 함께 내려받아 볼 수 있다. 2004년 2월 16일 현재 유효한 인증을 보유한 제품의 수는 2002년판으로 인증받은 제품 53개, 1997년판으로 인증받은 제품 6개로, 총 59개이다.

DoD 표준은 국방부가 개발하여 제정한 표준이지만, 사실상의 미국 정부 표준이기도 하다. 미국 연방 정부의 기록 관리를 관장하는 (미국) 국립 기록 관리처(NARA)에서 이 표준을 전 연방 기관이 사용할 수 있다고 승인하였기 때문이다. NARA는 DoD 표준이 기록 관리에 관한 연방 정부 법률을 준수하고 있음을 확인하고, 각급 정부 기관에서 기록 관리 시스템을 선정할 때에 이 표준의 인증 여부를 기준으로 할 것을 권고하였다. 그리고 이에 따라 민간 영역에서도 이 표준은 기록 관리 시스템의 구매 여부를 결정하는 데 활용할 수 있는 중요한 기준이 되어 있다. ISO 15489의 기반이 된 기록 관리 호주 표준 AS 4390이 세계 최초의 기록 관리 과정 전체를 포괄하는 일반적인 표준이라면, DoD 표준은 세계 최초로 전자 기록 관리 시스템을 위한 기능 요건을 정의한 표준이라는 의의를 가진다. 이 표준은 전 세계적으로 전자 기록 관리에 대한 인식을 높이는 계기가 되었으며, 이후에 (영국) 전자 기록 관리 시스템 표준과 (유럽연합) 전자 기록 관리 기능 요건 모형 등 전자 기록 관리 시스템 표준에 큰 영향을 주었다.

(미국) 보존 기록 기술 규칙

영 DACS(Describing Archives: A Component Standard)

[미] 보존 기록을 일관성 있고 표준화된 형식으로 기술하기 위한 미국의 표준 기술 규칙이다. 2004년 '보존 기록 기술에 관한 북미 프로젝트 (CUSTARD)'의 결과로 개발되었고, 미국 아키비스트 협회(SAA)의 승인을

받았다. 제1부에서는 보존 기록을 일관성 있고 적절하며 명료하게 기술하기 위한 규칙을 제공하고 있다. 이 규칙들은 기록 매체나 형식에 상관없이 모든 보존 기록 및 매뉴스크립트를 기술하는 데에 적용할 수 있으며, 또한 모든 계층 기술에 사용할 수 있다. 제2부에서는 보존 기록의 생산 · 수집 · 관리 · 유지 등과 관련된 개인 · 가문 · 조직을 설명하기 위해 필요한 정보를 기술하는 원칙을 제시하고 있으며, 제3부에서는 개인명, 가문명, 조직명을 표현하는 표준 형식을 제시하고 있다. 이 표준 규칙은 기존의 미국 보존 기록 기술 규칙 APPM을 대체한다.

→ 보존 기록 기술에 관한 북미 프로젝트(CUSTARD), APPM

미국 아키비스트 협회

영 SAA(Society of American Archivists)

[미] 1936년 발족한 북미의 아키비스트 협회이다. 1938년부터 학술 기관지 *American Archivists*를 발행하고 있고, 소식지 *Archival Outlook*을 발행하고 있다. 20명의 상근 직원과 연간 120만 달러의 예산을 집행한다. 아키비스트의 전문성 향상과 보존 기록 관리 교육 기회의 제공, 보존 기록 관리 표준 · 지식 · 기술의 개발을 위해 활동한다. 1950년대부터 각종 기록 관리 표준과 가이드라인을 개발하기 시작했다. 그 결과로 미국 아키비스트 협회(SAA)는 보존 기록 관리 기본 시리즈(Archival Fundamentals Series) 등 많은 전문 출판물을 발간했다. 1970년 초에는 보존 기록 관리 대학원 과목 표준 가이드라인을 개발했다. 협회의 정책, 전략, 활동을 심의하고 결정하는 기관은 평의회(Council)이며, 표준 위원회, 교육 위원회, 윤리 위원회, 프로그램 위원회, 인사 위원회, 포상 위원회 등 여러 위원회가 활동한다. 매년 개최되는 연례 회의에서는 80개에 달하는 전문 세미나 세션을 제공한다.

미네소타 평가 방법

🅔 Minnesota method

컬렉션 분석, 도큐멘테이션 전략, 기능 분석, 개별 평가·선별 등의 관점을 조합한 평가 전략. 미네소타 평가 방법은, 모든 보존 기록에 대한 평가는 국지적(local)이며 주관적임에도 불구하고 아키비스트가 기록 생산자나 기록 그 자체에 대한 분석을 통해 특정 기록관의 목적과 재원에 맞는 이성적이면서도 효과적인 평가·선별 기준을 수립할 수 있다는 전제에 기초한 것이다. 미네소타 평가 방법에 의한 평가 실행에는 수집 영역에 대한 규정, 현존 수집물에 대한 분석, 정부 기록·출판물·기타 다른 정보원을 포함하는 기록 영역의 결정, 찾고자 하는 기록과 관련된 산업 영역, 업무 활동, 지역, 기간을 대상으로 하는 우선순위의 결정, 주요 기능을 문서화하는 데 필요한 수집 단위의 규정, 기록화의 레벨 및 우선순위의 연결, 이러한 과정의 정기적 갱신 등이 포함된다. (Pearce-Moses(2004), p. 174)

미생물

🅔 microorganism 🅙 微生物

현미경 등을 사용해야만 볼 수 있는 작은 생물. 기록을 보존하는 서고에서 종이(셀룰로오스)나 필름(감광 유제)을 영양원으로 하여 서식하는 미생물이 현재까지 알려진 것만도 약 40여 종이나 된다. 나라나 지역마다 서고에 서식하는 미생물은 종과 수가 다르지만 일반적으로 많이 발견되는 미생물의 종류로는 곰팡이(푸른곰팡이, 흰곰팡이, 누룩곰팡이 등)와 세균 등이 있다.

미세 환경

🅔 micro environment; micro climate

제한된 공간 안에서의 물리적 조건. 봉투나 보석함, 합성수지 재킷 등 기록을 넣어두는 용기 속의 제한된 공간 안에서의 물리적 환경. 이러한 봉투의 내부는 외부와 차단되어 있는 동안 바람직하지 않은 화학 물질에 의해 열화(劣化)가 가속화될 수 있다.

미시 평가

영 micro appraisal 일 ミクロ的評価

특정 기록을 대상으로 하는 개별적 가치에 근거하는 평가·선별 방식. 거시적인 관점의 평가·선별이 기록이 생산된 기능 또는 기록에 담겨 있는 사회적 표상(表象)을 중시한다면, 미시적 접근은 개별적인 기록의 가치와 그 평가 과정의 일관적인 합리적 해명에 주목한다. 이런 점에서 보면 미시적 평가를 단순히 거시적 평가에 대한 양적 차이로만 설명할 수 없다. 쿡(T. Cook)은 거시적 기능 평가는 하향식 과정에서 잠정적으로 도출된 거시적 평가 가설이 개별 기록을 통해서 구체적으로 확인되는 미시적 과정을 통해서 완성된다고 하였다.(Cook(1992)) 볼스(F. Boles)에 의하면 미시적 평가·선별 도구가 제대로 사용되기 위해서는 정책 같은 거시적 차원의 사항들과 연결되어야 하지만, 정책과 미시적 도구가 일방적인 위계 관계를 가지는 것은 아니며, 오히려 미시적 선별 도구의 가능성에 따라 정책적 결정을 실행하는 것이 영향을 받는다. 그는 개별 아키비스트의 기록 평가·선별 결정에 영향을 미치는 가치 개념의 메커니즘으로서 '정보 가치 모듈', '보존 비용 모듈', '예외적 요인 모듈' 등을 제시하였다. 우선, 정보 가치 모듈은 특정 기록에 담겨진 정보의 성격·질·유용성·유일성을 가늠하는 데 동원되는 개념으로 이루어지는데, 기록 생산 기능의 특성, 기록의 내용, 타 기록과의 연관성, 기록의 유용성 등이 여기에 포함된다. 보존 비용 모듈은 획득·가공·보존·제공 등 기록의 보존 및 활용 전반에 소요되는 비용의 경제적 타당성을 판단하는 개념 체계로 구성된다. 예외적 요인 모듈은 정보나 비용 같은 보편적 요인과 구별되는 것으로서, 특정한 보존 기록관에만 통용되는 예외적 관행 또는 특별한 의사 결정이 해당 보존 기록관의 기록 전반에 미치는 영향을 고려한 것이다. 이러한 예외적 요인에 속하는 요소들은 크게 외부 관련 사항과 내부 관련 사항으로 구분된다. 다시 말해 예외적 요인 모듈 개념은 보존 기록관 내부 또는 보존 기록관의 모(母)기관에서 이루어지는 다양한 의사 결정이 기록 평가·선별 결정에 일정한 영향을 미칠 경우 적용된다. 〔Boles(1991)〕

민간 기록

영 private records 중 私人文件 일 民間記錄

비(非)정부 기관의 출처로부터 비롯된 기록. 〔Bellardo(1992), p. 27〕

민간 보존 기록관

영 private archives 일 私文書館

민간이 설치·운영하는 보존 기록관을 말한다. 공공 보존 기록관과는 달리 민간 부문의 기록을 수집하고 보존한다. 기록이 일반에게 이용될 수 있게 기록을 정리하고 목록을 작성하고 열람을 제공하지만, 기록 기증자와의 이용 협약으로 인해 공공 보존 기록관보다 기록에 대한 이용 제한이 많을 수 있다. 대표적인 형태로는 기업 보존 기록관, 대학 보존 기록관, 종교 단체 보존 기록관, 병원·정당·노동조합·스포츠 단체 등의 사회 단체 보존 기록관이 있으며, 동성애자 보존 기록관, 나병 보존 기록관 등과 같이 특수한 집단의 기록을 보존하는 경우도 있다.

→ 공공 보존 기록관

민국 당안 분류표

🔶 民國檔案分類表

[중] 중화민국 시기(1911~1949년)에 형성된 당안 기술 조목에 대한 분류 표준이다. 민국 시기에는 남경 임시 정부, 광주 및 무한 국민 정부, 북양 정부, 남경 국민 정부, 만주국 정부, 왕정위 괴뢰 정부(汪僞政府) 등이 존재하였다. 민국 당안 분류표의 분류 체계 구조를 만들 때에는 주로 연속 기간이 가장 길었던 국민당 정권 시기에 형성된 당안을 기초로 하고, 북양 정권과 왕위 정부가 생산한 당안의 특징을 적당히 고려하였으며, 민국 시기 각 기관의 조직 법규에 규정된 직무와 당안 분류 방법을 참고하였다. 민국 당안의 특징과 민국 시기 각 기구의 직능 영역 및 당시의 개념 범주에 의거하여 분류 체계를 확립하고, 상응하는 유목(類目)을 설치하고 서열의 선후를 안배하였다. 주표(主表)는 현존하는 민국 당안을 그 내용과 형식에 의거하고 직능 분류 원칙과 결합하여 가장 개괄적인 구분을 한 것으로, 중국 국민당 당무, 정무 총류, 내정 등 16개의 기본 대류를 설치하였다. 주표의 후면에는 종합 복분표(復分表), 세계 각국과 지구(地區)표, 민국 시기 행정 구획표의 3개 보조표를 두고 있다.〔『中國檔案分類法使用手冊』, pp. 161~166; 김유리(2003b), pp. 130~132〕

민원 문서 → 공문서

ㅂ

바스러짐

몡 brittleness 중 脆度

종이 기록의 산화 또는 건조화로 그 성질이 물러져 부스러지는 현상.

→ **열화**(劣化)

방임 선별 주의

몡 archival darwinism

기록 평가·선별에서 모든 기록을 대상으로 한 의식적인 평가와 선별의 비효율성을 지적하고, 개별 가치와 효용에 따라 기록이 의도 없이 자연스럽게 남게 됨을 인정하는 평가·선별 원칙. 베어만(D. Bearman)은 적극적인 평가·선별을 통해 기록을 남기는 방식은 전체 중 극히 일부만 해당된다는 점을 고려할 때 많은 비용이 소요되는 비효율적인 방식일 뿐만 아니라, 한편으로는 장기 보존 기록의 분량을 감소시키는 데에도 실패하였다고 지적하였다. 나아가 기록은 개별적인 가치나 효용성에 따라 생산기관이나 이용자의 이해에 의해 자연적으로 도태되거나 남는다고 하면서, 이러한 임의적인 선별 과정에서는 가치 있는 기록이 남지 않는다는 분명한 이유가 존재하는 경우로 한정하여 의식적 선별을 위한 노력을 기울여야 한다고 주장하였다. 방임 선별 주의는 기록 대량 생산 시대에 전체 생산 기록을 대상으로 하면서도 결과적으로는 그중 극히 일부 기록만 남기는 전통적인 평가 · 선별 패러다임에 대한 문제 제기라고 할 수 있다.(Ham(1993))

범위와 내용 주기

🅔 scope and content note 🅒 範圍和內容注釋

기록을 위한 목록 기술을 작성할 때 기록의 내용 · 특징 · 범위와 관련된 정보를 기재하는 요소로서 보통 서술체로 작성된다. 해당 기록을 생산하게 한 업무나 활동, 기록의 유형과 형식 등을 설명하는 경우도 있다. 국제 보존 기록 기술 규칙(ISAD(G)) 제2판에서는 내용과 구조 영역에 포함되는 요소이다.

범위 주기

🅔 scope note

시소러스나 전거 레코드, 분류표 등에서 해당 표제의 의미나 그 표제가 포괄하는 범위를 설명해주는 요소. 이용자가 가장 적절한 표제를 선택할 수 있도록 유사한 표제, 범위가 일부 중복되는 표제 등을 안내하는 정보를 담기도 한다.

→ 주기

법규

🅔 mandate

(1) 조직이 특정한 기능을 수행할 수 있도록 법이 부여한 권한. (2) 권한을

가진 기구가 발행한 공식 명령. (3) 하위 법원이 구체적 조치를 취하도록 상급 법원이 발행한 명령. (4) 공무원이 법원 명령을 집행하도록 지시하기 위해 법원이 발행한 명령.(Pearce-Moses(2005), p. 139) 기록 관리에서 '법규(mandate)'는 기록의 생산 및 관리는 물론 업무나 활동을 규제하는 모든 법률·규정·지침·표준 등을 포함하는 포괄적인 개념이며, ISO 23081에서는 법규에 관한 정보 요소를 기록 관리 메타데이터에 포함하도록 제안하고 있다.

법규 문서 → 공문서

법무 가치

영 legal value 중 法律價値 일 法務價値

기록의 1차 가치에 포함되는 것으로서 개인이나 조직의 권한과 이해 관계의 보호, 소송 수행, 법규 준수 등 법무 수행에 필요한 기록의 유용함과 중요함. 법무 가치는 특정 기록이 가진 정보가 현행의 법무 관계에 도움이 되는지의 여부를 확인하는 것이다.

→ 1차 가치

법적 가치 → 법무 가치

법적 보관권

영 legal custody

기록의 관리 및 이용 정책을 세울 책임과 권한을 말하며, 법적 보관권은 기록의 물리적 위치와는 관계가 없다.

별서명 → 대등 제목

보관권

㉂ custody ㊥ 保管

보안과 보존 측면에서 기록을 통제하고 보호하는 권한을 의미한다. 보관권은 물리적 보관권과 법적 보관권으로 나눌 수 있다.

→ 물리적 보관권, 법적 보관권

보수

㉂ conservation ㊥ 保護 ㊣ 保存修復

화학적·물리적 조치를 하여 가급적 오랫동안 원래의 형태를 유지할 수 있도록 기록을 보수하거나 안정화시키는 작업.(Pearce-Moses(2005), p. 87) 보수는 보통 사후적인 보존 조치에 속하며, 이는 보존에 적합한 환경을 조성함으로써 기록의 훼손이나 손상을 최소화하는 사전적 조치와 대비되는 개념이기도 하다.

보수실

㉂ conservation laboratory ㊣ 保存修復室

화학적·물리적 방법으로 기록을 보수할 수 있도록 전문 장비를 갖춘 시설.

보안

㉂ security ㊥ 安全

인가를 받지 않은 접근, 변경 또는 파괴 등으로부터 자료를 보호하기 위해 취해진 조치를 뜻한다.(Pearce-Moses(2004), p. 237)

보안 분류

🆎 security classification 🀄 密級

국가 보안 등의 이유로 특정 사람들의 기록 접근을 제한하거나 특정 기록의 접근을 제한하는 과정. (Pearce-Moses(2004), p. 61)

보유 기간

🆎 retention period 🀄 保存期限 🇯🇵 保存期間

행정적·법적·재정적·역사적·기타 다른 필요에 따라 기록이 유지되어야 하는 기간. 보유 기간은 업무 활용에 필요한 기간을 최대한 포괄하도록 보장해야 한다. 그렇지만 기록을 유지·관리하는 비용과 직접 관계되는 사항이므로 기록에 담긴 정보의 가치와 해당 기록을 보존하는 데 들어가는 비용의 타당성을 균형 있게 고려하여야 한다. 또한 기록이 반드시 존재해야 하는 기간을 규정한 법적 규정을 준수하여야 한다. 따라서 기록 관리자는 보유 기간을 기록의 생산과 관련된 업무 수행이나 재정적 필요 기간과 기타 법률 준수를 위한 필요 기간 등 다양한 보유 기간 결정 요인을 감안하여 산정한다. 다만, 잠정적인 영구 보존 대상인 경우에는 처분을 위한 평가·선별이 확정되기 이전까지는 유지한다. 영구 보존을 위한 평가·선별은 존재 여부가 관건이므로, 아키비스트에게 보유 기간은 기록 관리자의 경우와는 다른 의미를 갖는다. 보유 기간을 결정하는 단위는 통상 기록 시리즈로 하는 경우가 많으며, 특정한 기능별로 보유 기간을 정하기도 한다. 경우에 따라서는 특정한 기록 종류에 보유 기간이 붙기도 한다. 우리나라 기록물 관리법에서는 '보존 기간' 이라는 용어를 사용한다.

보유 기록 조사

🇬🇧 inventory; inventorying 🇯🇵 收藏目錄作成

현재 보관하고 있는 기록을 조사하는 과정을 의미하며, 보통 기록 시리즈 계층을 중심으로 조사가 이루어진다. '재고 목록 작성'이라고도 한다. 도서관에서는 '장서 점검(藏書點檢)'이나 '인벤토리'라는 용어를 주로 사용한다.

보유 기록 조사 목록

🇬🇧 inventory 🇯🇵 收藏目錄

개인 서가, 기록 보관 캐비닛, 서고에 있는 기록을 조사하여 작성한 목록을 의미한다.

보유 일정표 → 처분 지침, 보유 기간

보존

🇬🇧 preservation 🇨🇳 保管 🇯🇵 保存

열화(劣化)나 손상으로부터 자료를 보호하는 과정. 정보를 담고 있는 기록이나 도서류를 보관하기 위한 시설·인원·기술 등 관리적인 측면과 재정적인 측면을 모두 포함하는 포괄적인 개념이다.

보존 기간 → 보유 기간

보존 기록

🇬🇧 archives 🇨🇳 檔案 🇯🇵 アーカイブズ

개인이나 집단이 자신의 존재 또는 행위와 관련하여 공적 또는 사적으로 생산·입수한 기록으로서, 생산·입수된 직접적인 목적 이상으로 지속적 가치가 있거나 생산자의 기능이나 책임을 입증해주는 데 있어 의미를 지닌 자료. 통상 출처와 원질서를 존중하고, 집합적 통제에 입각하여 유지된다. 보존 기록은 오래되었거나 역사적인 문서라는 의미로 사용되기도 하는데, 이런 점에서는 일반적인 영구 보존 기록과 구별되지 않는다. 그렇지만 보존 기록에는 출처에 해당하는 개인이나 집단의 일상적 활동을 담은 기록이 축적되는 과정에서 비롯된 유기적 특성이 추가되며, 업무 과정에서 자연적으로 쌓인다는 점에서 인위적 컬렉션과도 구별되는 의미를 담고 있다. 보존 기록의 가치에 관한 논의에서는 생산 목적을 넘어서는 별개의 추가적 가치를 상정한 쉘렌버그(T. Schellenberg)와 생산 목적에 근거한 가치를 존중한 젠킨슨(H. Jenkinson)의 입장이 대표적이다. 쉘렌버그의 경우, 기록 평가·선별은 2차적 가치, 다시 말해 생산 목적과 별개인 연구자에게 필요한 가치에 근거하여 보존 기록관에 이전될 기록을 골라내는 일이다. 이와 달리 젠킨슨의 경우, 보존 기록이란 공식 활동의 일부로서 형성된 문서이므로, 우선적으로 직무상 활용을 위해 보존되는 것이며, 이러한 직무상 활용성이 궁극적으로는 연구를 위한 기록 활용에 있어서도 근거가 되는 것이기도 하다. 젠킨슨은 궁극적으로 보존 기록을 선택하는 것이 미래 연구자들을 위한 것이라기보다는 생산자 또는 생산의 취지를 충실히 대변하는 기록 정보를 남기는 것이라고 간주하였다. (Pearce-Moses(2005), pp. 30~32)

보존 기록 가치

영 archival value; permanent value; enduring value

기록에 담긴 행정적·법적·경제적·증거적·역사적 정보를 평가한 결과, 영구 보존할 가치가 있다고 판단할 정도의 유용성과 중요성. 이러한 가치를 갖는 기록을 '보존 기록'이라고 한다. 유럽과 북미에서는 보통 조직의 기록 중 3~5% 정도가 보존 기록 가치를 가진다고 추산하며, 이러한 가치 평가는 아키비스트가 한다. (Pearce-Moses(2005), p. 29)

→ 1차 가치, 2차 가치

보존 기록관

영 archives 중 檔案館 일 公文書記錄管理局, 文書館

개인이나 조직이 사적으로 또는 공적으로 생산하거나 접수한 기록 중에서 역사적으로 보존할 가치가 있거나 증거로서 보존할 필요가 있다고 평가·선별된 영구 보존 기록을 전문적으로 보존하는 조직 혹은 이를 위한 시설 및 장소를 말한다. 보존 기록관에서 아키비스트 등 보존 기록 관리 전문 인력은 영구 보존 기록을 원질서와 출처 주의에 의해 정리·기술하여 편리하게 검색하고 이용할 수 있도록 하며, 기록을 장기 보존할 수 있는 조치를 취한다.

보존 기록관은 특성에 따라, 모(母)기관에 부설되어 모기관이 생산한 기록을 일정한 규정에 따라 이관받는 기관 부설 보존 기록관과 다양한 정보원으로부터 조직·가문·개인에 관한 역사적 가치를 지닌 기록을 수집하는 수집형 보존 기록관으로 나눌 수 있다. 보존 기록관은 설립 배경에 따라, 공적인 목적과 재원으로 국가나 지방 정부 등이 설립하는 공공 보존 기록관과 사설 보존 기록관으로 나누기도 한다. 사설 보존 기록관에는 기업이 자신의 경영 및 기술 정보를 보관하거나 홍보하기 위하여 설립하는 기업 보존 기록관과 기타 단체 보존 기록관, 학교 보존 기록관 등이 있다.

→ 기록관, 기관 부설 보존 기록관, 수집형 보존 기록관, 기업 보존 기록관, 공공 보존 기록관, 단체 보존 기록관

보존 기록 관리

ⓔ archival management ⓒ 檔案管理 ⓙ アーカイバルマネジメント

기록의 평가·수집·정리·기술(記述)·보존·정보 서비스·확장 서비스·기타 이용자 서비스 등 보존 기록과 관련된 기능들이 포함되는 보존 기록관 또는 매뉴스크립트 보존소 정책의 관리 및 감독.〔Bellardo(1992), pp. 2~3〕 보존 기록을 관리·보존하는 기록 관리 전문 기관의 기본 책무는 ① 증빙 기록과 역사 기록을 항구적으로 보존하며, ② 보존 기록을 정리하여, 목록을 작성하고 열람·활용할 수 있게 준비하여 국민에게 필요한 정보를 제공하고, ③ 보존 기록 관리 기술 및 기법을 연구하고 표준화하여 이를 보급하는 것이다. 국가의 중앙 기록 관리 전문 기관은 책임 행정과 투명한 정부를 실현하기 위해 기록의 생산과 관리에 관한 기본 정책을 결정하고 제도를 확립하는 역할을 수행한다. 보존 기록 관리 전문 기관은 일선 조직이나 기관에서 영구적으로 보존할 기록을 수집하거나 이관받아 정리하여 보존한다. 이관된 비현용 영구 기록을 보존하는 보존 기록 관리 전문 기관(archives)은 아키비스트, 보존 처리 전문가(conservator), 행정직, 정보 기술직(IT), 기능 기술직 등으로 구성되어 있다.

보존 기록관 후원회

ⓔ Friends of the Archives

보존 기록관이 커뮤니케이션이나 조언보다는 홍보와 재정 지원을 필요로 한다면 보존 기록관 경영자는 보존 기록관 후원회 구성을 고려해볼 수 있다. 후원자 그룹은 더 좁은 범위의 책무를 가지며, 우선적으로 재정 지원과 확장 서비스에 초점을 두게 된다. 후원자 그룹이나 기부자는 자발적으로 구성되는 조직이다. 대체로 설립 규약과 내규를 근거로 설립되며, 투표로 선출된 위원과 간사가 운영을 맡는다.

보존 기록 기술에 관한 북미 프로젝트

🔵 CUSTARD(Canadian-United States Task Force on Archival Description)

[미][캐] 보존 기록에 대한 내용 기술 요소를 표준화하기 위해 미국과 캐나다의 아키비스트들이 모여 수행한 프로젝트를 말한다. 2001년에 미국 아키비스트 협회(SAA)는 미국 국립 인문학 재단(National Endowment for the Humanities)과 글래디스 크리벨 델마스 재단(The Gladys Kriebel Delmas Foundation)의 재정 지원을 받아 보존 기록 기술에 관한 캐나다-미국 전담반(Canadian-United States Task Force on Archival Description), 일명 CUSTARD를 발족하였다. CUSTARD는 미국 보존 기록 기술 규칙인 APPM(Archives, Personal Papers, and Manuscripts)과 (캐나다) 보존 기록 기술 규칙인 RAD(Rules for Archival Description)를 조정하여 국제 보존 기록 기술 규칙(ISAD(G))과 국제 기록 전거 레코드 규칙(ISAAR(CPF))의 모든 데이터 요소를 포괄하고, 모든 유형의 보존 기록 기술에 적용할 수 있는 내용 기술 표준을 만드는 것을 목적으로 하였다. 그러나 2년여에 걸친 작업 결과, 미국과 캐나다의 기술 업무는 상당히 달라서 공통의 내용 표준을 만드는 것이 불가능하다는 결론에 도달하였다. 결국 2003년 봄, 캐나다에서는 프로젝트 결과물인 규칙 초안을 RAD의 새로운 버전(RAD 제2판)에 적용하였고, 미국에서는 이 초안을 기초로 (미국) 보존 기록 기술 규칙 DACS(Describing Archives: A Content Standard)를 개발하였다.

보존 기록 속성

🔵 archival nature 🔴 檔案的本質 🟡 アーカイバルネーチャ

생산 또는 입수된 환경에 기인한 보존 기록 본래의 특성. 젠킨슨(H. Jenkinson)은 보존 기록 특유의 속성으로서 진본성(authenticity)·불편 부당성(impartiality)·자연성(naturalness)·상호 연관성(interrelationship)·유일성(uniquensss) 등을 제시했다. 듀란티(L. Duranti)는 이러한 보존 기록의 속성을 기록학 이론(archival theory)의 중요한 근거로 간주했다. 이러한 보존 기록 속성론은 보존 기록을 절대적인 특유의 성격을 지닌 자료로 인식하는 것으로, 기록과 보존 기록을 상대적으로 구분하는 쉘렌버그(T. Schellenberg)의 접근 방식에 대해서 보존 기록을 관리의 목적에 치중하여 편의적으로 구분한 것이라며 비판적 입장을 보였다. 전자 기록 환경에서 보존 기록의 속성에 관한 논의는 또 다른 맥락에서 주목되고 있는데, 종이 기록에 비해 특징적 속성이 안정적이지 않고 유동적인 전자 기록의 정체성 규정이 중요해졌기 때문이다. 보존 기록 속성 중 우선 진본성은 물리적 특성, 구조·내용·맥락(context)을 포함하는 내·외적 증거에 기초하여, 기록이 일정한 기준에서 참이라는 결론에 이르도록 판단할 수 있게 하는 성격을 말한다. 불편 부당성은 보존 기록의 내용이 어떤 사실에 부합하여 상대적 당파에 치우치지 않는 공평한 특성을 갖는다는 것을 말한다. 자연성은 인위적인 작용이 아니라 발생한 대로 형성되는 특성을 말한다. 상호 연관성은 기록이 개별적으로 존재하는 것이 아니라 전체의 상호 연관된 관계를 갖게 되는 성질을 말한다. 유일성은 각각의 기록이 다른 기록과 중복되지 않는 유일한 것이라는 점을 의미하는 것으로, 유일성은 상호 연관성 속에서 발현된다.(Pearce-Moses(2005), p. 27; Duranti(1994))

보존 메타데이터

영 preservation metadata 중 保管元數據 일 保存メタデータ

기록을 장기적으로 보존하는 데 필요한 특성을 정한 메타데이터. 보존 메타데이터의 유형은 다음과 같다. 보존에 관한 결정과 조치를 지원하는 기술적 정보, 마이그레이션(migration)과 에뮬레이션(emulation) 등 이미 취한 보존 조치에 대한 문서화, 보존 전략의 효과에 대한 기록, 장기간에 걸친 전자 기록 진본성 보장에 관한 정보, 기록 컬렉션 관리와 보존 권한에 관한 정보 등. 이와 같이 다양한 보존 메타데이터는 2가지 기능적 목적을 갖는다. 우선 보존 관리자가 장기간에 걸쳐 전자 기록의 비트스트림의 유지를 위한 적절한 조치를 취하는 데 충분한 지식을 제공한다. 그리고 접근 기술이 지속적으로 변화하더라도 보존 중인 기록의 내용을 계속 읽고 이해할 수 있도록 보장한다. (Pearce-Moses(2005), p. 306)

보존 문서 정리 사업

우리나라에서 1962년과 1968년 두 차례에 걸쳐 진행된 보존 문서 정리 사업을 일컫는다. 1962년의 보존 문서 일제 정비 사업은 국가 재건 최고 회의 지시에 따라 실시하였다. 정부 수립 이후 한국 전쟁과 4·19 의거, 5·16 군사 쿠데타 등으로 정리되지 못한 채 누적되어 있던 각종 보존 문서를 정리하고, 보존 방법과 관리를 통일성 있게 규정하여 보존 문서의 활용성을 높이고자 함이 그 목적이었다. 정리된 문서 중 보존 기간이 1년 내지 3년인 문서는 각 기관에서 보존하고, 10년 이상인 문서는 '중앙 문서 창고'에 이관하여 보존하도록 하였다. 내각 사무처 총무국은 중앙 문서 창고의 보존 문서 정리를 담당하고, 각급 행정 기관에서는 보존하던 문서를 각 기관장 책임하에 문서 담당 주무 국·과에서 담당하도록 하였다. 1962년 1월 22일부터 4월 7일까지 76일간 시행되었다.

1968년의 보존 문서 정리 사업은 3월 28일 국무총리 지시 제2호 '보존 문서 정리 작업 계획'으로, 국방부, 중앙정보부, 선거 관리 위원회를 제외한 중앙 행정 기관 및 산하 기관, 지방 자치 단체 등에서 수행하였다. 1968년 4월 1일을 기준으로 각급 행정 기관 및 지방 자치 단체에서 보유하고 있는 보존 문서를 일제 재정리함으로써, 전시·화재 등 기타 비상시에 대비하고자 하였다. 4월 1일부터 5월 31일까지로 정리 기간을 설정하였으며, 영구 보존 문서 보존 계획과 소개 분류 계획 수립이 중점 사항이었다.

보존 봉투

기록 보존 용품의 한 종류이다. 카드류, 사진·필름류 등 주로 편철하기가 곤란한 기록을 보존하기 위한 것으로, 철 단위로 보존 봉투에 넣어 관리한다.

보존 상자

영 archives box

여러 건의 자료를 혼합 정리하여 보관하는 제품으로, 기록의 특성이나 형태에 따라 통합 보관할 수 있도록 적당한 크기로 만들어야 하며, 외부 환경에 의한 열화(劣化) 요인이나 취급에 따르는 파손으로부터 자료를 보호할 수 있어야 한다. 또한 상자 안에 보관된 자료에서 발생하는 산성 기체를 화학적으로 중화할 수 있도록 탄산칼슘의 함량이 3% 이상이고, 리그닌(lignin)을 함유하지 않은 재질의 중성 판지(약알칼리성)로 만들어야 한다.

보존 용기

영 container 중 集裝箱 일 容器

자료를 담는 꾸러미나 통을 말한다. 보존 용기라는 용어에는 자료의 내용은 분리될 수 있다는, 특히 사용 중에는 더욱 그렇다는 함의를 담고 있다. 따라서 책이나 기타 문서류를 넣어두는 상자는 보존 용기라고 할 수 있지만, 비디오 테이프에서 테이프가 장착된 플라스틱 커버는 보존 용기에 해당되지 않는다.

보존 용기 목록

영 container list 중 集裝箱目彔, 卷盒目錄 일 容器リスト

상자나 기타 용기에 담긴 기록의 범위를 표시한 목록으로서, 검색 도구의 일종. 보존 용기 목록에는 기록 시리즈명이나 기록철명, 용기에 담긴 첫 번째 기록건과 마지막 기록건에 대한 설명이 포함되는 경우도 있고, 간략하게 기록 시리즈 리스트만 포함되는 경우도 있다. (Pearce-Moses(2005), p. 89)

보존용 마이크로필름화

영 preservation microfilming 중 保護性縮微撮影 일 保存マイクロ化

보존 기록의 장기 보존을 위해 마이크로필름을 제작하는 것.

보존용 복사

영 preservation photocopying 중 保護性照相復制 일 保存寫眞化

보존 기록을 반복하여 다루는 과정에서 원본을 보호하거나 악화된 자료에 계속적으로 접근하기 위해 만들어지는 사진 복사 사본. 대개 지속적 가치를 지닌 장기적 보존 기록에 적용한다.

보존용 사본

영 preservation transfer copy

열화(劣化)의 진행으로 보존되기 어려운 기록에 대한 지속적인 접근을 위해서 만든 사본.

보존 용지

영 permanent paper

시간의 경과에 따라 악화되는 본래의 결점을 최소화하여 제작된 종이를 말한다. pH(수소 이온 농도) 7.5 이상, 탄산 칼슘 함량 2% 이상, 백색도 75% 이상 등의 기준이 있다. 보존 용지의 규격으로는, 미국에서는 미국 재료 시험 협회(American Society for Testing Materials, ASTM) 규격과 미국 표준 협회(American National Standards Institute, ANSI) 보존 용지 규격 ANSI Z39.48:1984, 캐나다에서는 미국과 같은 ANSI Z39.48:1984, 프랑스에서는 ISO 9706:1994, 영국에서는 ISO 9706:1994와 영국 표준 협회(British Standards Institution, BSI) 규격, 독일에서는 ISO 9706:1994를 기본으로 채택하고 있다.

→ 중성지

보존 전략

영 preservation strategies

기술의 노화에 따라 전자 기록 등 디지털 정보를 육안이나 컴퓨터로 인식하지 못하게 되는 문제를 해결하기 위한 기술적 해결책을 통칭하는 용어이다. 현재로서는 마이그레이션(migration)과 에뮬레이션(emulation), 그리고 XML과 메타데이터 등의 선택이 논의되고 있다. 특히 한동안 마이그레이션과 에뮬레이션 등 2가지 기법의 장단점에 대한 논의가 치열하였는데, OAIS 참조 모형은 이 2가지 선택 모두 나름의 장점과 단점을 안고 있으므로, 지속적인 실험과 논의가 필요하다고 정리하였다.

보존 처리

영 conservation 중 保護 일 保存修復

기록이 물리적으로 더 훼손되지 않도록 기록에서 오염 물질이나 해충, 곰팡이를 제거하고, 수침 · 화재 · 곰팡이 · 해충이나 과도한 사용 등으로 훼손된 기록을 물리적으로 수리하거나 안정시키고, 산성으로 열화(劣化)

되거나 열화될 가능성이 있는 기록을 탈산 처리하여 기록을 원형대로 유지한 채 최대한 수명을 연장시키는 일을 말한다.

→ 보존, 보존 처리 전문가

보존 처리 전문가

영 conservator 중 檔案與文件的保護者 일 コンサベーター

물체를 보존하는 이론과 실무에 관한 기술이나 학문을 교육받고 훈련한 전문가를 말한다. 기록의 물리적인 훼손을 검사하고, 더 훼손되지 않도록 기록에서 오염 물질이나 해충, 곰팡이를 제거하고, 훼손된 기록을 물리적으로 수리하고, 산성으로 열화(劣化)되거나 열화될 가능성이 있는 기록을 탈산 처리하여 기록의 수명을 연장시키는 일을 수행한다. 그러나 보존 기록관에서 기록 보존 장소의 온도 및 습도를 항상적으로 유지하는 것을 보장하는 보존 환경 전문가와는 구별된다. 보존(preservation)은 기록의 훼손을 최소화하려는 예방적인 노력과 조치를 주로 의미한다.

→ 보존 처리, 보존

보존 환경 모니터

영 PEM(preservation environment monitor) 중 保管环境監檢

온도, 상대 습도 등을 기록하고 점검하여 이러한 요인의 변화가 유기물 자료의 수명에 미치는 영향을 예측하는 장치.

복원

영 restoration 중 修復 일 保存修復

훼손된 기록의 외관을 원래대로 회복시키기 위한 화학적·물리적 조치. 결실된 부분이 있는 경우에는 원재료와 유사한 재질을 사용해 원래 상태에 가깝도록 복구하는 작업이 포함된다. 복원은 보수 작업의 일종이다.

→ 보수, 보존, 수선

복합 문서

⑲ compound document

각각 다르게 처리되는 다양한 포맷의 정보가 포함된 전자 문서를 의미한다. 복합 문서는 텍스트, 그래픽, 음성 파일, 스프레드시트 등을 포함하기도 한다. 웹 페이지는 텍스트와 이미지가 포함된 복합 문서인 경우가 많다. 또한 복합 문서는 고정적인 경우도 있고, 동적인 경우도 있다.

복합 색인어

⑲ complex entry

2개 이상의 키워드로 구성된 색인어 구를 의미한다. 복합 색인어의 경우 도치 형식을 띠는 경우가 많다. 보통 명사나 넓은 범주의 단어가 붙은 검색 항목이 나오고, 다음에 보다 좁은 범주의 검색어가 나오는 방식으로 구성된다. 예를 들어 '한국 전쟁'은 '전쟁-한국'으로, '태평양 전쟁'은 '전쟁-태평양'으로, '베트남 전쟁'은 '전쟁-베트남'으로 표현할 수 있다.

봉입 용기

⑲ enclosures ㊥ 封入

기록이나 보존 기록을 넣어두고, 위험 요소로부터 보호하기 위하여 사용하는 중성지 봉투, 폴더 혹은 상자 등과 같은 기록관용 용기를 말한다.

(IRMT(1999b), p. 68)

→ 보존 용기

부울 논리 → 불 연산

(북한) 국가 문헌국

[북] 북한의 공공 기록 관리 업무를 총괄하는 중앙 기록 관리 기관으로, 우리나라의 '국가 기록원'에 해당한다. 북한은 1947년 중앙 인민 위원회 소속으로 문헌과를 설치해 공공 기록의 수집 업무를 시작하였으며, 1962년 '문헌 사업을 중시하라'는 김일성 주석의 지시로 국가 문헌국을 설치하였다. 국가 문헌국은 그 후 폐지되었다가 다시 설립되는 등 기복을 겪다가, 1980년대에 와서 김정일의 직접적인 지도로 크게 발전하기 시작하였다. 국가 문헌국은 북한 최고 인민 회의 상임 위원회(1998년까지는 중앙 인민 위원회)에 소속되어 있다. 인력은 110여 명으로, 국가 기관 문헌 지도과, 문헌관 지도과, 과학 기술 문헌 지도과, 대외 문헌과, 총무 행정과 등으로 구성되어 있고, 중앙 문헌고(서고)가 설치되어 있다. [이상민(2002)]

분류

영 classification 중 分類 일 分類

기록을 조직화하고 내적인 질서를 부여하여 기록들 간의 유기적인 관계를 표현하는 과정을 말한다. 기록 분류와 관련하여 ISO 15489는 다음 3가지 원칙을 강조하고 있다. 첫째, 업무 활동에 기반한 분류 체계를 사용하여 기록 관리를 위한 틀을 제공해야 한다. 둘째, 분류 체계는 기록 처분 지침 결정이나 접근 권한 확인과 같은 다양한 기록 관리 과정을 지원해야 한다. 셋째, 적합한 어휘 통제를 사용해 제목 작성과 기술(description)을 지원해야 한다. 비현용 기록의 분류는 보통 '정리(arrangement)'라고 부르는데, 현대의 기록 분류가 기록이 실제 생산되기 이전에 이루어지는 사전적이며 선험적인 과정이라 한다면, 정리는 생산된 기록을 대상으로 하는 사후적이며 경험적인 과정이라고 말할 수 있다.

분류 색인

영 classified index 중 分類索引

알파벳순이 아닌 다른 기준이나 체계에 따라 색인어를 배열한 리스트로서, 색인어 간의 계층 관계나 연관 관계 등을 표현해주는 특징이 있다.

분류 체계

영 classification plan; classification scheme 중 分類方案

유사한 특징을 가진 자료는 모으고, 다른 특징을 가진 자료는 구분하기 위한 기준을 제시한 체계나 표를 말한다. 기록 분류 체계는 기능 및 업무를 기준으로 하는 분류 체계, 기록을 생산·접수한 조직을 중심으로 하는 분류 체계, 기록 내용에 포함된 주제를 기준으로 하는 분류 체계 등으로 나눌 수 있다. 전통적인 환경에서는 '출처(provenance)'의 개념을 기록을 생산·접수한 조직(office of origin)으로 이해하여 조직 분류의 원칙을 고수해왔으나, 현대 기록 관리 환경에서는 출처 개념의 중심이 '기능 및 업무'로 변화되고 있다. 따라서 국제 기록 관리 표준인 ISO 15489에서도 업무 및 기능에 입각한 기록 분류 체계를 개발하도록 제안하고 있다.

분류표 → 분류 체계

분산 보존

영 dispersal 중 疏散保存 일 副本別置

다른 장소에 사본을 둠으로써 기록을 보호하는 기법. 분산 보존을 위해서는 사본 제작 비용이 소요되므로 주로 필수 기록을 대상으로 하게 된다. 전자 기록의 분산 보존은 보통 애플리케이션 및 시스템 소프트웨어를 포함하여 백업 매체에 별도 저장하는 방식이다.

→ **필수 기록, 대체 보존**

분진(粉塵)

🅖 dust

먼지 중에 흙, 모래, 암석, 금속, 식물 등 고형물이 파쇄되어 생긴 지름 0.1㎛~수십㎛의 고형 미립자(微粒子). 분진은 미생물이 쉽게 착근하는 매개체이며, 기계적 장비의 고장을 유발한다. 특히 영화 필름을 영사할 때 필름이나 렌즈의 손상을 유발하기도 한다. 일반적으로 공조기를 가동하여 여과·제거한다.

분철

🅖 cutoff; file break 🅒 破卷

처분을 위해 하나의 기록철 내의 기록을 일정한 기준으로 나누어 종결하는 것. 분철은 처분 지침을 적용하기 전에 이루어져야 한다. 일반적으로 보유 기간은 생산이나 접수 시점이 아니라 분철된 시점부터 산정하게 된다. 분철의 결과로 만들어지는 기록 묶음은 '파트(part)' 혹은 '권(volume)'이라 불린다. 분철은 주로 연말이나 회계 연도 말을 기준으로 이루어지는 경우가 대부분이다. 그러나 전자 기록 관리 시스템에서는 연도별 분철 외에, 특정 사건 발생 이후의 분철(마지막 전자 기록이 파트에 추가된 행위가 일어난 이후), 파트에 포함된 전자 기록의 숫자에 의한 분철(파트 내에 일정 기록이 모이게 되면 자연스럽게 하나의 파트를 종결하고 새로운 파트를 개시)을 지원하는 기능을 포함하기도 한다.

→ **기록철 종결**

분특

🔖 芬特

[중] 프랑스어 '퐁(fonds)'에 해당하는 러시아어가 '폰트(фонд)'인데, 이 '폰트'를 중국에서 음역하여 '분특(芬特)'이라고 하였다. 이후 중국식 개념으로 '전종(全宗)'이 생겼다.

→ 전종, 퐁

불 연산

🔖 Boolean logic

논리합 · 논리곱 · 부정 · 배타적 논리합 등의 논리적 연산을 사용하는 검색 방법으로서, 예를 들어 A와 B의 양쪽이 모두 참일 때 결과가 참이 되거나(A AND B=true) 또는 A나 B 중의 어느 한쪽이라도 참이 되면 결과가 참이 된다(A OR B=true)는 논리를 사용한다. 데이터베이스 검색 시 불 연산 기호를 사용하여 설정된 조건(기준)에 맞는 항목을 찾을 수 있다. 이러한 연산 기호에는 OR(논리합), AND(논리곱), XOR(배타적 논리합), NOT(부정) 등이 있다. 불 연산 기능을 통해 검색의 정확률과 재현율을 높일 수 있다.

불편 부당성

🔖 impartiality

보존 기록의 내용이 어떤 사실에 부합하여 상대적 당파에 치우치지 않는 공평한 특성. 여기에서의 불편 부당성이란 절대적인 것이 아니라 생산자의 의도가 가감 없이 투영되어 있다는 상대적인 중립성이다. 듀란티(L. Duranti)에 의하면 불편 부당성은 보존 기록의 가치를 가늠하는 관념이다. 그러나 이러한 기록의 중립성은 생산자의 입장이 충분히 반영되는 것을 의미하는 상대적인 중립성이며 절대적인 것은 아니다. 또한 그 상대적 중립성도 역사적 조건에 따라 달라질 수 있는데, 예컨대 19세기 후반 대영 제국과 20세기 미국의 기록 생산자는 기록이라는 행위와 그 결과가 의미하는 역사적 함의에 대한 의식이 다를 수 있으며, 그러한 차이가 결국 기록의 내용에 반영될 수 있다는 점에서 젠킨슨(H. Jenkinson)의 중립성 개념은 일정한 한계를 가진다고 할 수 있을 것이다. (Duranti(1994); Boles & Greene(1996))

→ 보존 기록 속성

비공개 기록

영 closed records; restricted records

공개가 제한된 기록을 말한다. 민간 기록은 기록 기증자의 뜻에 따라 혹은 기록에 담긴 개인 정보의 성격으로 인해 공개가 일정 기간, 일정한 사람들에게 제한될 수 있다. 공공 기록은 국익·공익·공공의 안전, 국방·외교상의 비밀 보호, 개인 정보의 보호, 특수 업무의 수행을 보장하기 위해 기록의 공개가 제한될 수 있다. 그중에서도 법령에 의해 비밀로 지정된 기록은 비밀 기록으로서, 비밀 지정과 해제의 법적 절차에 따라 생산·보호·해제·폐기 혹은 보존된다. 모든 공공 기록은 법령에 의하지 않고는 그 비공개 제한을 부과할 수 없다. 영원한 비공개 기록은 존재할 수 없으며, 보통 25~30년 이상 된 기록은 일반에게 공개된다.

→ 정보 공개법, 비밀 기록, 비밀 해제, 공개 재분류

비공개 기록철

영 closed files

비공개 기록이 포함되어 있는 기록철을 말한다. 기록철 안에 일부 문서

가 비공개일 때 기록철 전체를 비공개하거나 해당 문서만을 비공개할 수 있다. 한편 'closed file'은 종결 기록철이라는 의미도 있다.
→ 비공개 기록

비기록

영 non-records materials 중 非文件材料 일 非記錄物

개인이 참고하기 위해 가지고 있는 추가 사본이나, 참고나 전시 목적으로 소장하고 있는 서적·팸플릿·박물 등이 비기록이다. 도서관이나 박물관에서 소장하고 있는 참고 서적이나 전시 목적의 자료도 비기록에 해당된다.

비기록 폐기

영 culling 중 甄別 일 資料の間引き

정리되지 않은 여러 기록 중에서 비기록, 사기록, 보존의 필요성이 없는 기록 사본, 여분의 기록 사본, 보존할 필요가 없는 초안, 관행적으로 폐기할 수 있는 중요하지 않은 메모나 작업 사본 등을 제거하는 작업을 말한다.
→ 비기록

비문자 기록

영 nontextual records

지도나 사진, 동영상, 시청각 기록, 모형 등과 같이 문자가 아니라 소리나 영상의 형식을 가진 기록.
→ 시청각 기록

비밀 기록

🅔 secret records; confidential records; classified records 🅒 機密文件 🅙 機密記錄

공개나 누설로부터 보호함으로써 얻게 되는 공공의 이익이 공개에 의한 이익에 비해 크다는 이유로 일반적인 접근을 강제로 차단하는 기록. 비밀 기록은 넓게는 공식적 비밀 기록과 비공개 기록으로 구분할 수도 있지만, 통상적으로 일반 기록과 별도의 기준과 관리 절차를 적용하는 공식적 비밀 기록으로 한정한다. 우리나라에서의 비밀 기록은 '보안 업무 규정'에 따라 1급 비밀, 2급 비밀, 3급 비밀과 비밀에 준하는 대외비로 나뉘어 있다. 미국의 경우에는 1급 비밀 기록(top secret records), 2급 비밀 기록(secret records), 3급 비밀 기록(confidential records) 등 3개 등급으로 분류한다. 공공 기록의 경우 보호되어야 할 국가 안보 정보를 철저하게 보호하기 위해서는 비밀 지정권자와 비밀 지정 절차가 법규에 정해져 있어야 하며, 국가 기관 간에 비밀을 적시에 적절하게 활용할 수 있도록 접근 권자와 이용 절차가 명확하게 규정되어 있어야 한다. 의당 보호해야 할 비밀 정보만을 비밀로 지정하기 위해서는 비밀 분류의 구체적이고 객관적인 기준이 수립되어 있어야 하며, 비밀을 지정하는 권한을 가진 직원에 대한 기준 적용 교육이 선행되어야 한다.

비밀 재지정

🅔 re-classification

한번 비밀이 해제된 기록을 상황이 변하였거나, 기록이 포함하고 있는 정보의 추가적인 이용이 공공의 안전이나 공익에 위험을 끼칠 가능성이 있을 때 다시 비밀로 지정하는 것을 말한다. 미국에서 9·11 테러 이후 비밀주의가 강화되면서 과거에 해제되었던 많은 비밀 해제 기록이 다시 비밀로 재지정되었다.

비밀 해제

영 declassification 중 解密 일 機密解除

국가 보안의 이유로 접근에 제한을 두었던 자료에 대해 열람을 허가하는 절차 또는 보안 허가(security clearance) 없이 개인이 접근할 수 있게 하는 과정. 보호할 필요가 없어진 비밀 기록을 공개가 가능한 일반 기록으로 전환시키는 조치이다. 비밀의 보호 기간이 종료되어 비밀 해제된 기록은 당연히 일반 기록으로 일반 국민에게 공개되어야 한다. 비밀 해제에도 비밀 해제의 시기와 해제 기준, 해제 절차에 관한 구체적인 규정이 필요하다. 국가적으로 비밀 관리 제도를 통일적으로 주관하고, 25~30년 이상 된 비밀 기록의 해제를 확대하여 정부의 비밀주의를 완화시키고, 국민의 공공 정보 이용을 확대하는 제도와 감독 기구가 설치되는 추세이다. 비밀은 보통 비밀 생산 기관에서 비밀 해제를 주도하지만, 영구 보존 기록 전문 관리 기관으로 이관된 비밀 기록은 비밀 생산 기관의 지침을 받아 전문 관리 기관에서 수행하기도 한다. 미국에서는 25년 이상 된 비밀 기록의 비밀 해제와 정보 이용을 촉진하기 위해 비밀 해제 '의무적 검토' 제도와 '일정 기간 경과 후 자동 해제 제도'를 도입하였다. (Pearce-Moses(2004), p. 82)

비상 계획

영 emergency plan

비상사태나 재난이 발생할 경우, 기관·사람·자원에 미치는 피해를 최소화하거나 원천적으로 방지하기 위하여 기관 차원에서 준비하는 정책이나 절차. 비상 계획에는 재난 대비 계획과 필수 기록 관리 업무가 포함된다.

→ 재난 대비 계획, 필수 기록, 필수 기록 관리

비용 타당성 분석

영 cost-benefit analysis 중 費用效益分析

지속적 가치를 지닌 기록을 평가·선별·수집하기 위한 도구로 사용되는 분석 사항의 하나로서, 정보 가치 대비 보존 비용의 타당성 여부를 판단하는 제반 기법. 비용 타당성 분석에는 ① 기록을 확인하고 평가하여 이관하는 비용 ② 정리 및 기술 등의 처리 비용 ③ 보존 처리 비용 ④ 보관 및 매체 수록, 재평가 비용 등에 대한 분석이 이루어진다. (Ham(1993))

비치 기록

현업 부서에서 업무에 활용하기 위해 계속 비치해야 하며, 비치 사유가 사라지기 전까지는 기록 관리 기관으로 이관되지 않는 기록을 말한다. 이는 1999년 제정된 공공 기관 기록물 관리법에 도입된 개념이다. 여러 다른 나라에서는 특정 기록 유형을 '비치 기록'으로 지정하는 대신 그 기관의 모든 기록에 대한 보유 일정표(retention schedule 혹은 disposal authority)를 작성하여, 기록 유형별로 현업 부서에서 기록 관리 기관으로 이관하는 시점과 근거를 적시하도록 하고 있다.

비치 문서 → 공문서

비현용 기록

영 non-current records; non-active records 중 非現行文件

일 非現用文書, 不活性文書

당해 기록과 관련된 업무가 종결되어 더 이상 기록 생산 부서(일선 조직의 처리과)에서 업무상 활용되지는 않지만 기관 부설 보존 기록관이나 기록 관리 기관에서 활용될 가능성이 있거나 활용되는 기록을 말한다. 모든 가치를 상실하여 활용도가 없어졌을 때 파기되거나 영구 보존을 위해 보존 기록관으로 이관된다.

→ 보존 기록

비현용 기록 관리

영 non-current records management   중 非現行文件管理

비현용 기록의 관리에서 무엇보다도 중요한 것은 기록의 참고 활용과 궁극적인 처리를 위해 기록이 체계적으로 정리되어 있어야 하고, 쉽게 검색될 수 있어야 한다는 것이다. 그리고 폐기 대상 기록을 적시에 적법하게 폐기하여 업무 효율성을 높이고, 기록 관리 전문 기관으로의 이관 대상인 영구 기록을 이관 시점까지 적절한 보존 환경에서 안전하게 보존해야 한다.

→ 보존 기록 관리

빅토리아 주 전자 기록 관리 전략

영 VERS(Victorian Electronic Records Strategy)

[호] 호주 빅토리아 주 보존 기록관(Public Record Office Victoria, PROV)이 전자 기록을 획득·관리·보존하기 위해 수립한 전략으로서, 표준, 지침, 훈련, 자문, 실행 프로젝트를 포함하는 구조로 구성되어 있다. 전자 기록의 신뢰성과 진본성을 유지하는 아카이빙이 전략의 중심 목표이다. 보존 기록 단계뿐만 아니라 기록의 생산 및 현용 활용 단계에서부터 이관과 보존을 염두에 두고 관리하는 접근 방식을 취하는 것이 특징이다.

빅토리아 주 전자 기록 관리 전략(VERS) 표준에는 전자 기록의 보존을 위한 시스템 요건, VERS 메타데이터 스킴, VERS 표준 전자 기록 포맷, VERS 장기 보존 포맷, 빅토리아 주립 보존 기록관으로의 전자 기록 이관 표준 등이 포함된다. VERS의 메타데이터 스킴을 준수하고 XML을 사용하여 인캡슐레이션 되는 객체인 VEO(VERS Encapsulated Object)는 우리나라는 물론 세계 각국에서 진본 전자 기록의 장기 보존 전략에 응용되고 있다.

빛

영 light 중 光 일 ライト(光)

기록 보존에 악영향을 주는 빛은 파장 180~350nm 영역의 단파장 자외선(Ultra-Violet, UV)이다. 자외선은 종이 속에 들어 있는 리그닌(lignin) 성분과 광화학 반응을 일으켜 종이를 노랗게 변색시킨다. 또한 필름, 자성 매체 등에도 작용하여 유기성 물질에 대하여 강한 광화학 반응을 유발하여 기록 재료를 열화(劣化)시킨다.

사명

🅔 mission 🅙 文書館の使命

'우리는 왜 이 땅에 존재하는가' 라는 질문에 대한 대답, 즉 존재 의의가 사명이다. 기록관의 사명은 '왜 현대 사회에 기록관이 존재하는가' 라는 질문에 대한 대답이다. 미래의 필요에 대비하여 장기적으로 보존할 가치를 지닌 기록을 유지하는 것이 보존 기록관의 사명이라면, 현재 생산 기관의 업무상의 필요에 부응함과 동시에 장기적 보존을 위하여 현재 취해야 할 조치들을 책임지는 것이 기록 센터의 사명이다. 대학이나 공공 기관, 기업체 등 모(母)기관의 성격에 따라 개별 기록관의 사명을 더 구체적으로 정의할 수 있을 것이다. 한편, 모기관의 사명은 그 기관의 존재 의의가 되는 서비스 대상 집단에 따라 결정된다. 예를 들어 정부 기관의 사명은 국민의 필요에 부응하는 데 있으므로, 정부 기관에 부설된 기록관의 사명은 모기관이 존재하는 궁극의 목표가 되는 대상 집단의 성격과 요구에 따라서 정의하게 된다. 기록관의 사명을 정하는 일은, 이를 통해 기록관 활동의 원칙과 목적을 확인하게 되는, 근본적이면서도 중요한 경영 활동이다. 국가나 주 정부 기록관의 사명을 정의하기 위한 기본 자료는 정부의 법령이나 규정에서 찾을 수 있고, 다른 유형의 기록관이라면 기록관 정책 문서, 조직 정관, 기관 정책, 혹은 이사회 의사록에서 발견할 수 있다. 만약 이 중 어떤 것도 도움이 되지 않는다면, 아키비스트가 모기관 경영진이나 자문 위원회의 도움을 받아, 그 조직 내에서 기록관의 역할과 책임에 대하여 스스로가 이해하는 바를 바탕으로 사명을 정의해야 한다.

사명문
🅔 archival mission statement 🅙 文書館の使命文

기록관의 사명을 성문화한 것을 사명문이라고 한다. 사명문은 보통 길이가 짧아 1문단을 넘지 않으며, 특정 기록관의 모든 측면의 활동을 포괄하기 위해서는 일반적일 수밖에 없다. 전형적인 사명문은 다음과 같다. "○○대학 기록관의 사명은 ○○○○년 이후 경영자, 교수, 학생, 직원 등에 의해 생산되어, 지속적 가치를 지니고 있다고 판단되는 개인 문서와 대학 기록을 확인·수집·보존하여, 직원, 학생, 연구자, 일반 대중이 이용할 수 있게 함으로써 ○○대학의 목적을 지원하는 것이다."

사무 관리 규정

[법] 행정 기관의 사무 관리에 관한 사항을 규정함으로써 사무의 간소화·표준화 및 과학화를 기하여 행정의 능률을 높이려는 목적으로 1991년 6월 19일 대통령령 제13390호로 제정되었다. 1999년 공공 기관 기록물 관리법 제정 이전까지 기록물 관리의 기본 규정 역할을 수행하였다.

→ **정부 처무 규정**(1949)

사베인즈 옥슬리 법

영 Sarbanes-Oxley Act

[미] 미국에서 공공 기업의 재무 보고에 대한 투자자의 신뢰를 회복하기 위해 2002년에 제정된 법으로서, 기업 회계 개혁 및 투자 보호법으로 알려져 있기도 하다. 이 법은 엔론(Enron)사와 월드콤(WorldCom)사의 회계 부정 사건 이후 재무 조작과 회계 스캔들을 방지하기 위해 제정되었다. 이 법의 명칭은 법안을 처음 발의한 메릴랜드 주 민주당 상원 의원 폴 사베인즈와 오하이오 주 공화당 하원 의원 마이클 옥슬리, 두 사람의 이름에서 따왔으며, 'SOX', '사브옥스', 'SOA' 라고도 불린다.

사본

영 copy 일 コピ-

원본을 가지고 만든 모사본이나 복제본. 또는 어떤 방법으로든 기록의 완전한 내용을 재생한 것(원본의 재생)을 뜻하기도 한다. 전자 기록 관리에서는 소스 데이터는 그대로 두고 소스와 다른 매체에 같은 데이터를 써넣는 행위 혹은 그 결과물을 뜻한다. [Pearce-Moses(2004), p. 73; FHWA Manual]

사안 철

영 case file; subject file; transaction file; project file; dossier 중 事例卷

특정한 사건, 인물, 장소, 프로젝트별로 관련 사항이나 전후 경과를 하나의 철로 묶은 기록. 사안 철은 공공 또는 민간 복지 기관이나 의회 문서에서 흔히 찾을 수 있으며, 보통 '케이스 파일(case file)' 이라고 불린다. 동일한 보유 기간을 적용할 수 있으며, 업무의 전말을 파악하기 쉽다.

사안 파일 → 사안 철

사용자 인증

㊀ user authentication; user authorization ㊂ 認證

누가 어떤 기록에 어떤 조치를 취할 수 있는가를 미리 정한 바에 따라, 기록이나 기록 관리 시스템에 접근하는 사람의 접근 자격을 확인하는 절차를 가리킨다. 전자 기록에 대한 허가받지 않은 접근과 그로 인한 기록의 훼손·변조·삭제를 막는 무결성 확보 전략 중의 하나이다. 'authentication'은 기록 관리에서는 '진본 확인'이라는 의미를 갖지만, 전산 환경에서는 시스템에 대한 이용자의 접근 권한을 설정하고 접근 자격을 확인한다는 의미로 사용되는 경우가 더 많다.

산

㊀ acid ㊂ 酸

pH(수소 이온 농도) 1.0에서 7.0 사이의 물질. 종이에 포함된 산은 일반적으로 종이 기록의 기대 수명을 저하시키고 바스러짐을 초래한다. (Pearce-Moses(2005), pp. 6~7)

산성 전이

㊀ acid migration ㊂ 酸轉移

공기 중의 산성 증기에 노출되거나 직접적인 접촉에 의해, 산이 산성 자료에서 산도가 낮거나 거의 없는 자료로 이동하는 것.

상대 습도

㊀ relative humidity ㊂ 相對濕度

주어진 온도에서 현재의 수증기 양과 공기가 최대한 포함할 수 있는 수증기 양의 비율을 퍼센트(%)로 나타낸 것. 항상 0에서 100까지의 값만을 가진다. 상대 습도 70%의 조건에 비하여 상대 습도 20%의 조건에서 보존 수명이 10배 연장된다. 상대 습도는 24시간 동안의 변화율이 ±5% 이내이어야 한다.

→ 습도, 절대 습도

상세 자료 유형

영 SMD(specific material designation)

자료의 물리적 형태나 유형을 구체적으로 표시해주는 기술 요소. 표제의 일부로 기재하는 일반 자료 유형과 구분되는 개념이다. 이를테면, 일반 자료 유형이 '녹음 자료'라면 상세 자료 유형에는 '디지털 디스크' 등 보다 구체적인 매체 유형이 기술된다.

상자 목록 → 보존 용기 목록

상태 평가

영 physical examination

전문 관리 기관 소장 기록을 재질의 외형상 변화·훼손·탈색 등의 상태 평가 기준에 따라 당해 기록의 재질 및 훼손 정도를 평가하는 것.

상호 연관성 → 보존 기록 속성

색인

영 index 중 索引 일 索引

소장 기록에 포함되어 있는 정보를 검색할 수 있도록 추출한 용어 리스트를 뜻한다. 색인의 유형은 통제 색인과 자연어 색인으로 나눌 수 있다.

통제 색인은 텍스트에 나타난 개념을 통제된 어휘로 변환하여 색인어를 부여하는 방식이고, 자연어 색인은 텍스트에 표현된 용어를 그대로 색인어로 추출하는 방식이다. 색인은 기계가 자동으로 추출하는 방식과 해당 전문가가 부여하는 방식으로도 나눌 수 있다. 한편, 권말 색인은 주로 책 뒷부분에 위치하며, 그 책에서 다루는 주제어, 이름 등을 쉽게 참조하도록 하기 위해 자모순으로 배열하는 것이 일반적이다.

색인 목록

영 records item list in file cover

[법] 기록철 단위로 당해 철에 포함되어 있는 건의 목록을 말한다. 일반 문서류의 경우, 총괄 항목으로 기록물 철의 제목·분류 번호·생산 연도를 기재하여야 하며, 기록건별로 일자·등록 번호·제목·보낸 기관·받은 기관·쪽 표시·전자 문서 여부 등을 기재하여 관리하여야 한다. 〔공공 기록물 관리법 시행 규칙 제9조 내지 제13조〕

색인 작성

영 indexing 중 標引 일 索引作業

정보의 검색을 용이하게 하기 위하여 기록에 대한 접근점이 될 용어를 정하고 적용하는 과정을 뜻한다. 색인은 개념의 조합이 이루어지는 시점에 따라 전조합 색인(pre-coordinate indexing)과 후조합 색인(post-coordinate indexing)으로 나눌 수 있다. 색인을 작성할 때 조합이 이루어지면 전조합 색인이고, 색인어를 미리 조합하지 않고 검색 시 이용자가 조합하여 사용하도록 한다면 후조합 색인이다. 전조합 색인의 대표적인 예는 주제명 표목이고, 후조합 색인의 예는 디스크립터이다.

→ 디스크립터, 주제명 표목

생산 시기

🅔 inclusive dates; span dates; date range 🅙 年代範圍

기술된 기록 집합체 중 최초의 기록건이 생산된 시점에서부터 가장 최근의 기록건이 생산된 시점까지의 기간.

→ 주요 생산 시기

생산자

🅔 creator 🅙 形成者

개인이나 단체의 활동 과정에서 기록을 생산·축적·유지하는 데에 책임을 지는 개인이나 단체를 말한다. 기록 관리에서 '생산자'의 개념은 기록을 실제 생산한 '작성자'의 개념과는 다르며, 생산·축적·유지된 기록에 최종 책임을 질 수 있는 주체를 의미한다. 전자 기록의 진본성 유지를 위한 국제 프로젝트인 'InterPARES 프로젝트 1'에서는 기록의 형성과 관련된 인물을 결재자(author), 작성자(writer), 발신자(originator), 수신자(addressee)로 구분한 바 있다. 여기서 결재자는 "기록을 발행하는 권한과 능력을 가진 사람 혹은 기록을 발행하라는 명령을 한 사람이나 법인"으로, 발신자는 "기록을 생성했거나 전송한 사람이나 법인"으로 정의하고 있다. 또한 결재자와 작성자, 발신자는 같을 수도 있음을 밝히고 있다. (InterPARES Project, Appendix 2, p. 5)

서가

🅔 shelves 🅙 書架

기록을 보관하기 위해 목재나 금속으로 만든 평평한 판으로, 보통 여러 단으로 이루어진다. 목재 서가는 미생물이나 해충에 취약하기 때문에 보존을 위한 서가는 금속 재질이 더 유리하다. 서가는 바닥에서 최소한

150mm 이상 이격시켜야 누수 등에 의한 직접 피해를 줄일 수 있다.

서고
🅔 repository; stacks 🅙 書庫

기록을 보관하는 장소로 지하 또는 지상에 설치할 수 있으며, 우리나라의 경우 지하를 선호한다. 지상 서고는 공기의 환기나 습도 조절 등은 유리하지만 외부의 태양광이 비쳐 기록에 영향을 줄 우려가 있기 때문에 자외선 차단 시공이 필요하다. 지하 서고는 습도가 항상 높지만 온도가 연중 안정되고 직사광선에 의한 피해가 적다.

서무 기록(housekeeping records) → 일반 행정 기록

설명 책임
🅔 accountability

개인, 조직 또는 시스템에 책임이 부여된 활동의 결정에 대하여 주로 기록을 통해 답변하고 설명하고 정당화할 수 있는 능력. 오늘날 기록에 의한 설명 책임은 공적 영역의 기록 관리 행정의 중심 목적으로 간주되고 있으며, 그러한 중요성에 의해 기록 관리 시스템 설계 시 시스템의 설명 책임은 시스템을 평가하는 중요 기준이 되었다. 설명 책임이란 기록에 의해 제3자에게, 또는 법령에서 지정한 기관에게 업무 또는 행정 수행의 전말을 설명할 수 있어야 한다는 원칙이다. 기록은 설명 책임을 충족시키기 위해 정확하고 완전하게 생산되어야 하며, 공공 기관은 투명 행정과 책임 행정의 근거를 기록에 의한 설명 책임을 통해 충족시킬 의무를 갖는다. 한 조직이나 기관에서 법률이나 규정에 의해 적법하게 생산된 기록은 법적·증거적 효력을 갖는다.

세척용 패드

영 cleaning pad

문서, 사진 따위에 묻은 먼지를 제거하는 데 사용하는 도구로, 분말 형태로 되어 있으며 조그마한 천 주머니를 많이 사용한다. 기록 위에 묻어 있는 가루는 부드러운 솔로 털어낸다.

세초

영 maceration 중 漫解

종이 문서를 물에 적신 후, 갈아서 펄프로 만들어 파쇄하는 기술.

셀룰로오스

영 cellulose 중 纖維素 일 セルロース

종이를 구성하는 주 물질로, 천연에 존재하는 유기 화합물 중 가장 많은 양으로 존재한다. 면, 목재, 아마, 대마, 황마 등이 중요한 원료가 된다. 셀룰로오스는 D-glucose 잔기(殘基)가 $β-1, 4$-glucoside 결합을 하고 있는 고분자 물질로 중합도가 3,000~6,000이다.

소독

영 disinfection; fumigation 중 殺虫 일 消毒

기록 자료에 붙어 있는 병원균을 약품·빛·열 등으로 죽이는 일. 기록의 보존에 영향을 미치는 생물학적 요인을 방제할 때에는, 살충·살균 효과가 동시에 나타나고 환경 오염이 적어야 하며 인체에 대한 유해성도 적어야 한다는 조건을 만족시켜야 한다. 입고되는 모든 기록은 소독을 실시한 후에 서고에 입고하여야 한다. 소독을 실시한 기록도 정기적으로 실내 소독과 반출 소독을 실시하여야 한다. 정기적인 소독의 수고를 덜고 효율도 향상할 수 있는 비치형 소독 장치를 설치할 수도 있다.

소유권 양도 불가성
영 inalienability 중 不分割性 일 動産占有

법적으로 어떠한 기록에 대해 소유권의 양도나 이전을 금지하는 조치를 말한다. 또한 기록을 물리적으로 장기간 지속적으로 소유하고 있었다고 해서 그 기록의 소유권이 전환되지는 않는다는 것을 의미하는 '무시효성 (imprescriptibility : 시효가 없는 불가침성)'이라는 개념이 있다. 이러한 성질 때문에 유실된 공공 기록은 시효의 제약 없이 공공 소유권에 의해 항상 회수(replevin)될 수 있는 것이다. 한편, 기록의 지위나 내용이나 성질이 침해되지 않고 보호되어야 한다는 '기록 불가침성(inviolability)'과는 구별되는 개념이다.

소장 기록 분석
영 collection analysis 중 文件集分析 일 コレクション分析

수집의 우선순위를 정하기 위해서 기록관 소장물의 주제 및 양적 특성을 평가하는 것. 첫 단계에서는 지리적 범위 · 포괄 시간 · 기록 분량 등이 담긴 기록관 소장 기록에 관한 목록 작성 작업이 수행되며, 그 다음 단계에서는 첫 단계의 조사 결과에 대한 질적 평가가 수행된다. (Ham(1993))

수복 → 복원

수선
영 repair 중 修復 일 修復

훼손된 기록에 대하여 구겨진 곳을 펴거나 보존용 테이프로 찢어진 곳을 붙이거나 먼지를 제거하기 위해 클리닝 작업을 하는 등의 비교적 단순한 보수 작업을 의미한다.

→ **보수, 보존**

수집

영 acquisition 중 搜集 일 受入

보존 기록관이 양도·기증·구매 등의 방식에 의하여 다양한 원천으로부터 기록을 취득하는 과정. 수집은 인수(accession)와 같은 의미로 사용될 수 있으나, 인수는 기록 수집 과정에서 기록에 대한 기초적인 물리적 통제와 지적 통제를 수립하는 과정이라는 제한된 의미가 있는 데 비해, 수집은 좀 더 포괄적인 뜻을 지닌다.

수집은 접근 방식에 따라 현행의 기록 관리 시스템에 의한 수집 수법과 현지 수집 수법으로 구분할 수 있다. 기록 관리 시스템에 의한 수집 수법은 인벤토리나 처분 일정표 등의 수단을 이용하여 일정한 조직이나 체제를 갖춘 기관에서 생산된 공식 기록을 수집하는 경우에 적용된다. 기록 관리 시스템에 의한 수집 수법은 기관 부설 보존 기록관 수집 정책의 토대로서, 기록 관리와 보존 기록 관리가 통합된 체계를 이루는 경우가 대부분이다. 따라서 기록 관리자와 아키비스트의 협력이 중요한 관건이 된다. 현지 수집 수법은 일반적으로 특정 기록 관리 시스템 영역 밖에 있는 산재된 기록을 수집하는 경우에 적용되는데, 수집형 보존 기록관에서 사용하는 방식이다. 전통적으로 현지 수집 수법은 개인적 차원의 관심이나 직관에 의존하는 경우가 많았고, 이러한 비체계성으로 인해 유사한 수집 정책을 가진 보존 기록관 사이의 경쟁이 과열되기도 했다. 이와 같은 문제점은 현지 수집의 조직화와 프로그램의 체계화에 의해 감소될 수 있다. 현지 수집 프로그램의 주요 요소로는, 잠재적인 수집 대상 기록과 그 소장자에 대한 리드 개발 및 추적, 기증자 접촉 및 수집 대상 기록의 평가, 기록 인수를 위한 협상 등이 포함된다. 이상의 2가지 수집 수법은 개념적인 구분으로서, 실제 기록관에서는 기록 관리 시스템에 의한 수집 수법과 현지 수집 수법이 모두 적용되어야 하는 경우가 적지 않다. 따라서 수집에 종사하는 아키비스트는 2가지 수법 모두에 정통해야 할 필요가 있다. (Ham(1993))

수집 정책

영 acquisition policy 중 搜集政策 일 受入政策

보존 기록관에서의 기록 평가·선별 절차의 토대로서, 수집을 통한 기록화의 목표 및 그에 따른 실천적 과제에 관하여 공식적으로 천명된 사실. 수집 정책에는 기록관의 사명 및 목적, 수집의 범위 및 우선순위에 관한 분야별 설계, 수집 지침 및 제한 사항, 타 기록관이나 기록 소장자와의 협력 방향, 제적(deaccessioning)에 관한 설명 등이 포함된다. 수집 정책을 성문화한 근거 문서가 수집 정책문이다. 볼스(F. Boles) 등에 의하면 수집 정책문은 보편적이며 무한히 적용 가능한 것으로 작성되기보다는 아키비스트가 특정하게 한정된 선별 결정을 내리는 데 직접적으로 도움을 받을 수 있도록 만들어져야 한다. (Boles & Young(1985); Ham(1993))

수집형 보존 기록관

영 collecting archives

모(母)기관의 조직 외의 다른 정보원으로부터 조직, 가문, 개인에 관한 역사적 가치를 지닌 기록을 수집하는 기록 보존 기관을 말한다. (Pearce-Moses(2004), p. 63)

습도

🅔 humidity 🅒 濕度 🅙 濕度

공기 중에 수증기가 포함된 정도를 수치로 나타낸 것. 절대 습도와 상대 습도를 사용하며, 습도가 높으면 미생물의 자연 발생 확률이 매우 높다. 습도는 기록 보존과 매우 밀접한 관계를 가지고 있으며, 습도와 온도는 따로따로 기록에 영향을 미치는 것이 아니라 항상 동시에 작용하기 때문에 일정한 온도와 습도를 유지하기 위해서는 온도와 습도의 관계를 잘 알고 2가지 요소를 동시에 제어할 수 있는 방법을 찾아야 한다.

➜ 상대 습도, 절대 습도

시리즈 ➜ 기록 시리즈

시소러스

🅔 thesaurus 🅒 詞表 🅙 シソ―ラス

동의어·반의어 및 용어의 계층 관계, 종속 관계, 기타 관계 등을 보여주는 통제되고 구조화된 어휘집. 자연어를 통제된 언어로 변환하기 위한 어휘 통제 도구라고 할 수 있다. 시소러스를 통해 상이한 용어로 동일한 개념을 표현하고 있는 기록이나 정보, 문헌을 함께 검색할 수 있다. 이를 통해 검색의 재현율을 향상시키고, 동음이의어 통제를 통해 정확률을 높일 수도 있다.

➜ 기능 시소러스

시청각 기록

🅔 audiovisual records 🅒 聲像文件 🅙 視聽覺記錄

매체에 상관없이 소리나 영상을 획득하거나 전송·재생산한 기록을 말한다. 사진, 필름류, 녹음, 동영상 등이 포함된다.

→ 비문자 기록

시행문

🅔 action copy 🅒 行動件

어떠한 사항을 공지하거나 어떤 조치나 행동을 유발시키는 공적인 권위를 가진 기록을 말한다. 미국 아키비스트 협회(SAA) 용어집에서는 "대응할 권한을 가진 기관이나 부서, 개인에게 송부되는 문서의 사본"으로 정의하고 있는데, 이는 대응을 기대하지 않는 사람에게 보낸 사본인 정보 사본(information copy)과 구분되는 개념이다. 우리나라 사무 관리 규정에서는 "결재를 받은 문서 중 발신을 하여야 할 문서"로 규정하고 있다.

(Pearce-Moses(2005), pp. 8~9; 사무 관리 규정 제18조)

신민주주의 당안 분류표

🅒 新民主主義檔案分類表

[중] 신민주주의 혁명 시기 중국 공산당의 각급 조직과 공산당이 지도하는 군대, 정권 조직과 군중 단체가 생산한 당안 기술 조목에 대한 분류 표준이다. 이른바 '신민주주의 혁명 시기(1919 혹은 1921~1949년)'는 사실상 민국 시기(1911~1949년)와 겹치므로 1987년의 『중국 당안 분류법』 제1판에서는 이에 관한 분류표가 따로 없다가 제2판에서 새로 편제되었다. 신민주주의 당안 분류표는 공화국 당안 분류표의 기본 대류 중에서 현재 당안이 남아 있는 것만 기본 대류로 정하여 분류 체계를 세우고, 나머지 해당 시기의 특징적인 부분(국제 공산주의 운동 등)을 보완하였다. 주표(主表)는 신민주주의 당안의 특징에 의거하고 실제 수요를 결합하여 건립한 것으로, 중국 공산당 당무 · 정무 · 공안 · 사법 · 법원 등 13개의 기본 대류

를 설치하였다. 이들 기본 대류는 공화국 당안 분류표의 기본 대류와 거의 비슷하나, 'B 정무' 류와 'E 국제 공산주의 운동·외사' 류만은 공화국 당안 분류표의 'B 국가 정무 총류' 나 'E 외교' 와 차이가 난다. 'B 정무' 류는 해방 전(건국 이전) 혁명 근거지, 해방구의 인민 정부는 아직 국가라고 칭할 수 없기 때문에 '국가' 라는 용어를 사용하지 않은 것이며, 'E 국제 공산주의 운동·외사' 는 당시 중국 공산당은 국제 공산주의 운동, 특히 코민테른과 밀접한 관계를 맺고 있어 그에 관한 기록의 수량이 매우 많기 때문에 외사와 병렬한 것이다. 신민주주의 당안 분류표의 보조표는 종합 복분표(復分表) 하나뿐인데, 신민주주의 당안의 존재 시기가 민국 시기와 겹치고, 또 남아 있는 당안의 수량이 매우 적기 때문에 보조표를 두어 다시 분류할 필요가 적었던 것이다. 〔『中國檔案分類法使用手冊』, pp. ,20~22, 159~161; 이승휘(2002), pp. 218~223; 김유리(2003b), pp. 132~133〕

실물 가치

영 intrinsic value 중 內在价値 일 現物價値

기록의 내용과 관계없이 기록이 지닌 원래 독특한 형식이나 물리적 특성으로부터 비롯된 가치. 일반적으로 보존 기록관에서 실물 가치는 기록의 미적 가치, 원본의 증빙력 등의 이유로 원래의 형태가 그대로 유지되어야 할 필요가 있는 기록을 식별할 때 적용한다.

→ 정보 가치

아이템 →기록건

아카비스트

영 archivist 중 檔案工作者 일 アーキビスト

(1) 기록의 진본성과 맥락을 유지·보호하기 위하여 출처 주의, 원질서 존중 원칙, 그리고 집합적 단위의 통제라는 원칙에 따라 지속적 가치를 지닌 기록의 평가, 수집, 정리·기술, 보존, 검색 제공 등의 책임을 지닌 사람. (2) 보존 기록을 보관하는 기관이나 지속적 가치를 지닌 기록에 대한 관리·감독에 책임을 지닌 사람. 지속적 보존 가치를 지닌 기록을 다루는 아키비스트의 일은 기록 생산 이후 기록 생애 주기 모든 단계에 존재한다. 미국에서 아키비스트는 통상 비현용 기록과 결합되어 있는 존재이지만 유럽과 호주의 전통에서는 미국에서 기록 관리자(records manager)의 일이라고 할 수 있는 현용 기록의 관리를 아키비스트의 일에 함께 포함시킨다. 또한 미국에서는 아키비스트가 만약 역사 기록을 다루는 일에 종사할 경우 '매뉴스크립트 큐레이터'라고 불리기도 한다. 조직에 따라서 아키비스트는 모든 생애 주기의 기록에 대하여 책임을 지기도 하고,

단지 보존 기록관으로 이관된 기록만 다루기도 한다. 대규모의 기록관에 근무하는 현직자 아키비스트는 다양한 기록 보존 기능 중 한 가지 또는 몇 가지에 대하여 전문화될 것이다. 교육자 아키비스트는 일반적으로 기록 컬렉션에 대한 직접적인 책임이 아닌 기록 보존 직무의 이론과 실제에 정통하다. 미국이나 독일의 관점에서 보면 아키비스트는 주로 보존 기록 관리 행정의 주요 업무를 수행하는 사람으로 역사학이나 기록 관리학을 교육받고 전문적인 훈련 과정을 거치거나 기록 관리 전문 기관에서 실무 경험을 쌓은 사람을 말한다. 아키비스트의 직무는 보통 다음과 같다. 보존 기록을 보존하고 이용자가 이용할 수 있도록 기록 관리·보존 제도를 수립·운영, 기록 관리 전문 기관의 설립을 지원하고 운영하며 영구 보존 기록을 수집하여 역사 자료로 보존, 영구 보존할 원본 기록과 폐기할 기록을 평가·선별, 기록 보유 기간의 결정 및 기록 처분 일정의 승인, 기록 시리즈의 결정과 기술, 그 결과로서의 목록 작성 작업, 기록에 대한 생산 맥락의 정보와 관련 정보를 제공, 기록 열람을 위한 검색 시스템의 수립과 열람 서비스 제공, 마이크로필름 등 보존 매체에 대체 보존할 기록을 선별. 영국이나 호주의 관점에서 보면 아키비스트는 기관의 업무 기능 분석에 기초한 기록 분류와 기록 처분 일정의 결정, 기관에서의 기록 관리 교육 등이 포함된다.

→ 기록 관리자, ACA, ICRM

아키비스트 주기

영 archivist's note 중 檔案工作者的注釋

국제 보존 기록 기술 규칙(ISAD(G))에 제시된 기술 요소 중 하나로, 기록에 대한 기술(description)을 누가 어떻게 작성했는지, 기술을 하는 데 참고한 자료는 무엇이었는지 등에 대한 정보를 제공하기 위한 요소.

안권

🅜 file 🅒 案卷

[중] 문건의 기본 보관 단위이다. 전에는 '권종(卷宗)'이라고 하였다. 이것은 입권(立卷)의 특징에 따라 조합되며, 유기적인 연계를 가지며, 가치가 대체로 비슷하고, 계통화를 거쳐 책으로 가공되는 문건 재료의 집합체이다. 중국 고대에 공문을 실행하면 '1안 1권(一案一卷: 매 안건마다 권을 만듦)'을 한 데서부터 비롯된 말이다. 업무 활동의 내역과 역사 사실을 반영하여 문건의 관리와 조사 이용, 보호에 편리하다. 문건 재료의 당안 귀속(歸檔), 당안 교접(交接), 통계와 검색의 기본 단위의 하나이기도 하다. 「『檔案學詞典』, p. 146〕

알칼리

🅜 alkali 🅒 碱 🅙 アルカリ

pH(수소 이온 농도) 7에서 14까지의 물질.

알칼리성 보존 종이

🅜 alkaline-reserve paper 🅒 碱儲備紙 🅙 弱アルカリ紙

산도의 증가를 중화시키거나 떨어뜨리는 알칼리성 중화 물질이 포함된 종이.

알파 셀룰로오스

🅜 alpha cellulose

양질의 종이 생산물을 만드는 데 사용되는 길고 내구성 있는 식물성 섬유. 〔Pearce-Moses(2005), p. 15〕

암호화

🅔 encryption

수학적 알고리즘을 사용하여 기록을 구성하는 디지털 숫자열을 변형함으로써 암호를 풀 수 있는 인증 키를 가진 사람만이 기록을 볼 수 있도록 변환하는 과정. 기록의 진본성 유지뿐만 아니라 사용자 인증을 위해서도 유용한 기법이다.

약정 위탁

🅔 timed deposit

구체적인 기간을 정해놓은 위탁 계약. 약정 위탁은 일정한 기간이 종료되면 위탁에 따른 관계가 완전히 소멸되는 계약과 일정한 기간이 종료된 후에는 소유권이 기록 관리 기관으로 이전되는 계약으로 구분된다.

→ 위탁, 위탁 계약서

업무 가치

🅔 administrative value; operational value 🅒 行政价値 🅙 業務價値

기록의 1차 가치에 포함되는 것으로서 현행의 업무 수행에 필요한 가치. 행정 가치의 평가는 그 기록이 가진 정보가 현재 진행 중인 행정 업무의 효율적인 수행에 도움이 되는지의 여부를 확인하는 것이다.

업무 분석

🅔 business process analysis 🅒 業務分析

조직 실무의 현장에서 수행되는 업무 과정을 기술적(descriptive)이면서도 분석적으로 분해하는 것을 말한다. 초기 경영학을 지배하였던 과학적 경영 패러다임에서 업무 기능별 적정 인원수를 산출하기 위하여 시간-동작 연구(time-work study)를 수행하였던 것이 시초가 되었다. 현대 조직에서의 업무 분석은 적합한 기술과 능력을 보유한 인력 배치, 또는 업무 재설계를 목적으로 실행되는 경향을 보인다. 한편 현대 조직에서 전산 시스템을 도입하면서, 인간의 업무 수행을 가장 효과적으로 지원할 수 있는 전산 시스템을 설계하기 위한 기초 작업으로서 업무 분석 방법을 적용하는 것이 보편화되었다. 경영학이나 시스템 설계 분야에서와 달리 기록 관리 분야에서 업무 분석을 실행하는 목적은 생산하여야만 할 기록을 업무 과정 속에서 자연스럽게 생산하고 획득할 수 있는 기록 관리 시스템을 설계하는 데 있다. 가장 효과적인 기록 관리 시스템은 조직 구성원이 별도의 노력을 기울이지 않고도 일상적인 업무를 수행하는 과정에서 자연스럽게 기록을 시스템에 남길 수 있도록 지원해야 하기 때문이다.

기록 관리 시스템을 설계하기 위한 업무 분석 방법론은 호주의 기록 관리 표준인 AS 4390의 DIRKS가 대표적이며 이후 호주 표준이 기록 관리 국제 표준 ISO 15489로 채택되어, 기록 관리 시스템을 새롭게 설계하거나 기존의 시스템을 개선하고자 할 때 기본적으로 적용하여야 할 방법론으로서의 위치를 확보하기도 했다. 호주에서는 2003년 DIRKS 방법론의 추상성을 보완하기 위하여 AS 5090 '기록 관리를 위한 업무 과정 분석'을 개발·채택하였다.

→ DIRKS 매뉴얼

업무용 사본

영 office file; office copy 중 公務案卷

업무상 편의를 위해 사무실에서 보유하는 업무 기록. 업무용 사본은 업무 활동과 관련되며, 개인이 사무실에 보유하고 있지만 업무와는 관계없는 개인 기록과는 구분된다. 사본이 아니라 원본을 사무실에서 보유할 경우, '비치 기록'과 같은 개념이 된다.

→ 열람용 사본, 비치 기록

에뮬레이션

영 emulation 일 エミュレーション

디지털 정보를 생산한 시점에서 사용된 하드웨어, 매체, 운영 체제, 소프트웨어의 운용을 그대로 흉내 내어(emulate) 그 내용을 읽어내는 프로그램을 통하여 재현하는 보존 전략이다. 새로운 정보 기술이 출현할 때마다 이전의 프로그램에 대한 소스 코드를 입수할 수 있거나, 이전의 프로그램을 그대로 재현할 수 있을 만큼 충분히 상세한 문서화가 이루어지거나, 또는 최신 버전과 이전 버전의 호환을 돕는 연계 소프트웨어가 있다는 보장을 전제로 한다. 그러나 이러한 전제들이 현실적이지 않다는 점이 이 선택을 유일한 해결책으로 단정하기 어렵게 하는 제약이다.

연합 전종

중 聯合全宗

[중] 약간씩 서로 관련이 있는 입당 단위(立檔單位)의 당안(檔案)은 하나로 혼재되어 구분하기 어려우므로 연합하여 만든 전종이다. 전종 원칙에 따라 당안을 정리하기 위한 일종의 보충 형식이다. 당안을 정리하는 과정에서 전후 밀접한 계승 관계가 있는 입당 단위나, 혹은 2개 이상의 입당 단위가 직능상 밀접한 연관 관계를 갖거나, 심지어 기관을 합쳐서 작업한 입당 단위는, 그 당안이 이미 혼재되어 구분하기가 매우 어려우므로 연합 전종이라는 형식을 채용하여 정리·보관·통계·목록 편제를 하는 것이다. 연합 전종은, 입당 단위는 명확하지만 단지 관리적인 측면에서 서로 다른 입당 단위가 형성한 당안 전체를 하나의 전종으로 보는 것이다. 연

합 전종 앞에는 반드시 당안을 형성한 2개 혹은 그 이상의 입당 단위 명칭을 써주어야 한다. 이를테면 "호북성 경공업국, 경공업 연합사 연합전종"이라는 식이다. 〔『檔案學詞典』, p. 166; 김유리(2003a), pp. 302~303〕

→ 집합적 기록군

열람실

⑧ research room; reading room; reference room; search room ㊀ 閱覽室

기록관의 자료를 이용자가 이용할 수 있도록 마련한 공간. 여기에서 이용자는 각종 검색 도구를 사용할 수 있고, 기록을 열람할 수 있다.

열람용 기록 사본철 → 열람용 사본

열람용 사본

⑧ convenience copies; convenience file; crutch file ㊀ 簡便復制本, 日常使用卷
㊀ 閱覽用コピ-

열람이나 이용 편의를 위해 보유하는 기록 사본. 쉽게 참고할 수 있도록 열람 장소 가까이에 보관하는 경우가 많으며, '열람용 기록 사본철(convenience file)'이라고도 한다.

열화(劣化)

⑧ deterioration ㊀ 變質

주변 환경에 의해 기록이 상태 변화 등의 손상을 입는 것. 부분적인 손상이나 색 변화(변색·탈색) 등이 발생하였지만 아직까지는 내용 판독이 가능할 정도로 산성화·건조화가 진행된 문서나 도서 자료 등은 탈산 처리(脫酸處理)·조습 처리(調習處理) 등을 필요로 한다.

영구 기록

⑨ permanent records

개인이나 조직이 업무나 활동 중에 생산한 기록으로서 지속적 가치를 가졌거나 업무상의 필요 때문에 영구적으로 보유하는 기록. 개인이나 집단이 자신의 존재 또는 행위와 관련하여 공적 또는 사적으로 생산·입수한 기록으로서, 생산·입수된 직접적인 목적 이상으로 계속적인 가치가 있거나 생산자의 기능이나 책임을 입증해주는 데 의미를 지닌 기록이다. '보존 기록(archives)'과 같은 개념인데, 보다 엄밀히 구분하면 영구 기록은 보존 기록관으로 아직 이관되지 않은 채 생산자의 관할 영역에 존재하는 보존 기록을 지칭한다.

→ 보존 기록

영구 기록물 관리 기관

[법] 공공 기록물 관리법에 따라 공공 기록 중 보존 기록을 관리하기 위한 목적으로 설치되는 보존 기록 관리 기관. 중앙 정부 및 지방 자치 단체, 입법부, 사법부 등에 각각 설치한다. 영구 기록물 관리 기관은 규정에 따라 소관 공공 기관으로부터 영구 또는 준영구로 보존될 기록을 이관받아 장기간 보존하기 위하여 전문적인 보존 환경과 인력을 갖추어야 한다. 영구 기록물 관리 기관에는 중앙 기록물 관리 기관(현 '국가 기록원'이 이에 해당한다), 입법·사법 기관 등에 설치되는 헌법 기관 기록물 관리 기관, 지방 자치 단체에 설치되는 지방 기록물 관리 기관 그리고 대통령 기록관 등이 있다. (공공 기록물 관리법 제3조) 1999년 제정된 공공 기관 기록물 관리법에서는 '전문 관리 기관'이라는 용어를 사용하기도 하였다. (공공 기관 기록물 관리법 제2조)

(영국) 공공 기록법

🇬🇧 Pubic Records Act

[영] 영국에서 국가 기록을 관장하는 법으로, 1958년에 근대적인 법으로 제정되고 1967년에 개정된 법이다. 최초의 공공 기록법은 1838년에 제정되었으며, 이 법에 의해 판사 중에서 임명된 기록 장관(Master of Rolls)이 왕실 및 법원 기록을 관리하는 기록 보존소를 운영했다. 정부 부처 기록이 공공 보존 기록관(PRO)으로 이관 관리되기 시작한 것은 1852년의 칙령에 의해서이다. '1958년의 공공 기록법'이 제정되기 전에는 PRO에 기록 폐기, 기록 이관 및 폐기 대상 부처의 선정, 기록 공개에 대한 법규가 존재하지 않았다. '1958년의 공공 기록법'은 그리그 경(Sir James Grigg)이 주관한 그리그 위원회(Grigg Committee) 보고서의 권고안에 따라 제정되었다. 그리그 보고서는 기록 생산 후 50년이 지나면 기록을 공개하도록 권고했으나, 1967년의 법 개정에 의해 생산 30년 이후 공개로 전환되었다. 공공 기록법에는 기록 관리 정책과 법률이 적용되는 기관이 열거되어 있다. 공공 기록의 보유 기간표를 승인하고 폐기 결정을 승인한다. 수상 기록에 관한 별도의 규정은 없으며 다만 별도의 서고에 관리한다. 그리그 위원회의 권고안에 따라 공공 기록은 생산 5년 후 1차적으로 보존 여부를 검토하며, 1차 검토 후 25년이 지나서 2차적으로 보존 여부를 검토한다. 1956년 이래 각 부처에서는 부처 기록 관리 담당관(Departmental Records Officer, DRO)을 임명하고 있다. 생산 기관에 기록이 있을 때에는 생산 기관이 기록 공개 여부를 분류하고, 이관 후 30년이 지나면 국립 보존 기록관에서 공개 여부를 재분류한다. (영국) 국립 보존 기록관(TNA) 소장 기록은 온라인 카탈로그(Catalogue : 이전의 PROCAT)를 통해 찾을 수 있다. 카탈로그에는 약 950만 개의 기록 기술이 제공된다.

→ (영국) 국립 보존 기록관

(영국) 국가 디지털 데이터세트 아카이브

🅔 NDAD(National Digital Archive Datasets)

[영] (영국) 국립 보존 기록관(TNA)에서 구축·서비스하는 데이터세트 아카이브이다. 워드 프로세서로 작성된 문서나 이메일 등의 텍스트 문서와 함께, 데이터세트는 영국 정부 전자 기록의 중요한 부분을 차지하고 있다. 각 정부 기관에서 생산된 데이터세트는 정부의 정책 형성이나 법 제도 제정에 지대한 영향을 미치는 원자료인 동시에, 정부의 이러한 정책 결정 과정을 보여주는 중요한 증거이다. 또한 대부분이 대체할 수 없는 통계 데이터로서 유일성을 가지고 있으므로 데이터세트를 보존하고 접근을 보장할 필요가 있다. (영국) 국가 디지털 데이터세트 아카이브(NDAD)는 디지털 형태의 영국 중앙 정부 부처와 다양한 기관이 생산하는 데이터세트와 문서 중 TNA가 장기적으로 보존할 가치가 있는 데이터세트와 문서를 보존하고, 대중의 온라인 접근과 이용을 보장한다. 영국 중앙 정부는 1960년대부터 컴퓨터를 이용하기 시작했으며, 따라서 NDAD는 40여 년간의 데이터세트를 포괄하고 있다. NDAD는 영국 정부의 전자 기록 보존 및 아카이빙 프로그램의 일부로 운영된다. TNA의 기록 관리 부서는 중앙 정부 부처의 기록 관리 담당자 및 기타 공공 기관과 함께 NDAD를 위한 기록을 선별하고 데이터세트를 NDAD로 이관하는 작업을 수행한다. TNA가 법적으로 소유한 데이터세트를 대상으로 현재 ULCC(University of London Computer Centre)에서 NDAD를 관리하고 운영 중이다.

(영국) 국립 보존 기록관

🅔 TNA(The National Archives)

[영] 영국의 공공 기록은 (영국) 국립 보존 기록관(TNA)이 관리한다. 영국

의 기록 관리 체계는 TNA(잉글랜드, 웨일즈, United Kingdom의 기록 관리), 스코틀랜드 보존 기록관, 북아일랜드 보존 기록관으로 구성되어 있다. 2003년 4월에 공공 기록을 관리해온 '공공 보존 기록관(Public Records Office, PRO)'과 민간 역사 기록의 목록을 관리했던 '역사 기록 위원회(Historical Manuscripts Commission)'가 TNA로 통합되었다. TNA로 통합되기 전에 공공 기록은 PRO가 수집·관리했다. TNA는 헌법부(Ministry of Constitutional Affairs) 산하의 독립 책임 운영 기관이며, 중앙 행정 기관 장관급 기관(ministerial department)이다. 헌법부 장관이자 사법부 수반인 로드 챈슬러(Lord Chancellor)에게 직접 보고한다. TNA의 기관장은 5년 계약직이다. TNA는 공공 기록법에서 지정한 국가 기관의 기록 관리 정책을 수립하고 기록 관리를 감독하며, 행정부·사법부의 기록과 개인 기록을 수집·관리한다. 또한 TNA는 영국의 주요 역사적 보존 가치가 있는 영구 기록을 보존·활용하며, 민간의 역사 기록을 수집해 국가 기록으로 등록하여 목록(National Register of Archives와 Manorial Documents Register)을 제공한다. 이와 함께 TNA는 UK 허브를 통해 영국 각 기록 보존소에 있는 역사 기록의 검색 도구 목록 DB 링크를 제공한다. 영국에는 의회 기록관이 별도로 존재하며, 약 250개의 지방 기록 관리 기관이 있다. TNA의 조직은 기록관장(National Archivist) 밑에 직속 관리 이사회가 있고, 공보관, 자문 및 공공 서비스국(자문 행정 지원·열람 안내·연구·지식 학술 서비스), 전략 재정 및 자원국(재정·기획 관리·감사), 정부 및 기술국(현행 기록·보존 서비스·정보 통신 시스템 개발)으로 구성되어 있다. TNA의 정책과 운영을 결정하는 직속 관리 이사회에는 3명의 외부 전문가가 참여하고 있고, 그중 2명은 민간인 신분이다.

→ (영국) 공공 기록법

(영국) 보존 기록 기술 규칙

🅔 MAD(Manual of Archival Description)

[영] 영국에서 보존 기록관의 소장 자료를 기술하기 위하여 개발한 지침서로, 쿡(Michael Cook)과 프록터(Margaret Proctor)가 작성하였다. 2000년 발간된 보존 기록 기술 규칙 제3판(MAD3)은 모두 5개 파트로 구성되며, 기술 요소 및 기술 규칙, 기록 계층별 기술 모형, 사진·서신·지도 등 특수 형태의 기록을 위한 기술 규칙 등을 다루고 있다. 또한 제3판에서는 국제 보존 기록 기술 규칙(ISAD(G))과 같은 국제 기술 표준을 반영하고 있다. MAD는 전반적으로 영국의 보존 기록 관리 전통을 반영하여 검색 도구의 형식을 상당히 강조하고 있으며, 기술(description) 자체보다 분류 체계나 관리 방식을 더 강조하고 있다는 평가를 받기도 한다.

(영국) 전자 기록 관리 시스템 표준

🅔 PRO Functional Requirements for Electronic Records Management Systems
🅙 イギリス國立記錄保存所標準

[영] 전자 기록 관리 시스템을 위한 (영국) 전자 기록 관리 시스템 표준(PRO 표준)은 제1판이 1999년에 발행되었고, 2002년 9월에 개정되었다. PRO 표준의 개발은 영국 전자 정부의 발달과 궤를 같이한다. 영국 정부는 전자 기록이 정부 현대화에 핵심적인 지원 요소라는 인식하에, 전자 환경에서의 작업 요구에 부응하기 위해 2004년까지 모든 중앙 정부 조직이 공적 기록을 전자적으로 저장하고 검색할 수 있게 하겠다는 목표를 수립하였다. (영국) 국립 보존 기록관(TNA)과 전자 정부 사무국(Office of e-Envoy)이 함께 개발하였다. 2002년에 개정된 PRO 표준은, 요구되는 시스템 기능을 정의한 기능 요건, 기록 관리를 위한 메타데이터 표준, 기본 개념과 용어 등을 설명한 참고 문서, 실행 가이드 등 4개의 문서로 되어 있다.

영미 목록 규칙

🔵 AACR(Anglo-American Cataloguing Rules); AACR2; AACR2R

[미] [영] [캐] 영어권 문헌에 대한 목록을 일관성 있고 통일적으로 작성하기 위한 표준으로서 국제적으로 통용되는 규칙이다. 일반적으로 목록 규칙은, 목록 기술을 위해 어떤 요소를 선정하여 어떤 형식으로 기재할지, 접근점이 되는 표목을 선정하는 원칙과 기술 형식은 어떠해야 하는지에 대한 상세한 지침을 담고 있다. 영미 목록 규칙은 1961년 국제 도서관 협회 연맹(IFLA)이 개최한 국제 목록 원칙 회의를 시작으로 제정 작업이 시작되었고, 1967년 미국 도서관 협회, 미국 의회 도서관, 영국 도서관 협회, 캐나다 도서관 협회 등 4개 기관이 협력하여 영미 목록 규칙 제1판(AACR)을 발간하였다. 1978년 개정되어 제2판(AACR2)이 발간되었고, 1988년에는 제2판을 부분적으로 수정하여 제2판 수정본(AACR2R)을 간행하였다.

예시 표본 추출 → 평가 표본 추출

예외 표본 추출 → 평가 표본 추출

온라인 기록 서비스

🔵 online records service

세계의 주요 국립 보존 기록관과 국립 도서관들은 소장 기록을 디지털화하여 온라인으로 제공하는 서비스를 중점 사업으로 추진하고 있다. 예를 들어 (영국) 국립 보존 기록관(TNA)은 '도큐먼트 온라인'을 통해 1974년 이후 내각 국무 회의 회의록과 메모 기록을 온라인으로 제공하고 있으며, '카탈로그(Catalogue)'를 통해 소장 기록의 목록을 온라인으로 제공하고 있으며, 'A2A(Access to Archives)'를 통해 영국 내 기록관이 소장하고 있는 기록의 카탈로그를 온라인으로 제공하고 있다. 호주에서는 'RecordSearch'와 'PhotoSearch' 서비스로 종이 기록과 사진의 디지털화된 이미지를 온라인으로 제공한다. 캐나다 도서관 기록관(Library and Archives of Canada)의 'Archivianet'과 (미국) 국립 기록 관리처(NARA)의 'ARC(Archival Research Catalog)'도 유사한 온라인 서비스를 제공한다.

완전성

영 completeness 중 齊權性

기록 생산 시스템을 제어하는 법규나 절차에 의거한 물리적·지적 구성 요소 일체를 갖추었을 경우 나타나는 특성을 말한다. 기록 관리의 측면에서 완전성이란 기록이 생산되었을 때 필요 정보가 모두가 포함되었음을 보증한다는 의미가 담겨 있다. 완전성은 정보가 충분하게 포착되었는지, 일정한 형식을 갖추었는지 등을 고려하는 '충분성(insufficiency)'과는 다른 개념이다. 또한 기록이 생산된 이래 발생하게 될지도 모르는 정보의 잠재적 손실이나 퇴화와 관련 있는 '무결성(integrity)'과도 구별된다.

(Pearce-Moses(2005), p. 82)

원본 대조필 사본 → 진본 확인 사본

원본 사본 → 중복 원본

원질서

영 original order 중 原來順序 일 原秩序

기록 생산자가 구축한 기록의 조직 방식과 순서.

원질서 존중 원칙

명 respect for original order; registry principle 중 尊重原來順序原則

일 原秩序尊重の原則

보존 기록을 정리할 때 기록 생산자가 구축한 기록의 조직 방식과 순서를 그대로 유지해야 한다는 원칙. 기록을 원질서대로 유지하는 이유는 2가지이다. 첫째, 각종 관계 정보(기록과 기록 간의 관계, 기록과 업무 흐름 간의 관계 등)와 의미 있는 증거를 기록의 원질서로부터 추론할 수 있기 때문이다. 둘째, 기록을 이용하는 데 기록 생산자가 만든 구조를 활용함으로써 보존 기록관이 새로운 접근 도구를 만드는 업무를 줄일 수 있기 때문이다. (Pearce-Moses(2005), pp. 280~281)

원천 문서

명 source document 중 原始文件

(1) 사본이 만들어진 원래 기록. (2) 시스템에 입력되는 정보가 기재된 종이 문서. 입력용 기록(input records)과 동일한 개념이다.

→ 입력용 기록

웹 아카이빙

명 web archiving 일 ウェッブアーカイビン

정보 사회의 대표적 문화 산물로서의 위치를 확보한 웹 자원에 대한 장기적 접근을 보장하기 위한 보존 활동을 말한다. 웹으로 유통되는 정보량이 급증하면서 정보원으로서의 웹에 대한 의존도가 지극히 높아졌을 뿐 아니라 웹 문서의 형태로만 존재하는 정보 자원의 비중도 증가하고 있음에 따라 각국의 디지털 유산 보존 계획이나 진행 프로그램에서 빠지지 않을 정도로 그 중요성이 확인되고 있다. 인터넷, 특히 웹 브라우저의 보급으로 더욱 가속화된 인터넷 자원 생산은, 인쇄 커뮤니케이션에서의 대중 배포를 위한 간행물과 한 개인이나 기관이 업무상 필요에 의하여 생산하는 기록 사이의 간극을 없애버렸다. 웹은 과거 도서관의 주요 문제 중의 하나였던 회색 문헌(grey literature)의 접근성을 해결하여 더 많은 정보에 접근할 수 있는 기회를 제공하였다. 그러나 이러한 혜택의 뒷면에는 웹 사이트의 수명이 짧고, 수집이나 관리가 어렵다는 보존상의 문제도 존재한다.

공공 기관 중에서 상대적으로 초기부터 정보 기술을 활용하기 시작한 각국의 국립 도서관이 웹 아카이빙을 주도하는 경우가 많다. 웹 자원은 대중 배포를 목적으로 하는 간행물의 성격을 띠고 있어 전통적인 책무의 연장선상에서 책임과 필요성을 가장 먼저 절감하게 되었기 때문일 것이다. 최초의 웹 아카이빙은 1994년에 시작된 캐나다 국립 도서관의 전자 출판 파일럿 프로젝트(Electronic Publications Pilot Project, EPPP)이다. 현재 가장 모범적인 사례로는, 시드니 올림픽 웹 사이트 보존 프로젝트에서 시작한 호주 국립 도서관의 PANDORA(Preserving and Accessing Networked Documentary Resources of Australia), 스웨덴 왕립 도서관의 Kultraw3 등을 들 수 있다. 특히 영국에서는 국립 도서관(British Library), 국립 보존 기록관(TNA)과 정보 시스템 합동 위원회(Joint Information Systems Committee, JISC)를 필두로 다수의 기관이 협력하여 영국 웹 아카이빙 컨소시엄(UK Web Archiving Consortium, UKWAC)을 설립하였다.

위탁

영 deposit 중 寄存 일 寄託

기록에 대한 소유권을 양도하지 않고 물리적으로 이동하는 것. 기록에 대한 소유권 이전을 원치 않는 기증자의 경우, 기록관은 일정한 위탁 계약에 의해 기록을 기록 관리 기관의 관리하에 두게 된다. 개인 기증자나 해산된 단체에 비해 현재 활발하게 활동 중인 단체는 생산 기록에 대한 소유권의 완전한 이전을 꺼리면서도 기록이 전문 시설에 안전하게 보호되어 활용되기를 바라는 경우가 많은데, 이러한 경우 위탁 계약은 적절한 기록 수집 방식이 될 수 있다. (Ham(1993))

위탁 계약서

영 deposit agreement 중 寄存協定 일 貸出, 借用

위탁에 따른 사실 관계와 법적 제한 사항을 담은 문서. 위탁 계약에 의한 위탁자와 수탁자 간의 관계는 양자에 의해 계약 사항이 지켜지는 동안 지속성이 유지되지만, 어느 한쪽의 불이행에 의해 계약이 파기될 수도 있다. 위탁 계약에는 위탁받은 기록의 처리에 대한 기록관의 의무 사항이 명시되어야 하며, 만약 기록관이 일정한 경비를 들여 위탁 기록을 처리한 뒤에 위탁자가 일방적으로 돌려주도록 요구할 경우도 있으므로 계약 시에는 기록관의 일방적인 손해가 발생하지 않도록 주의해야 한다.

유기적 컬렉션

영 organic collection

생산자의 업무 활동을 반영한 질서를 갖춘 기록 집합체. 생산 출처별로 이관되거나 입수되는 '보존 기록(archives)'과 유사한 개념이며, '인위적 컬렉션(artificial collection)'과 구분하기 위해 사용하는 용어이다.

→ 인위적 컬렉션, 보존 기록

(유럽연합) 전자 기록 관리 기능 요건 모형

영 Moreq(Model Requirements for the Management of Electronic Records)

[유] 'Moreq 표준'으로 불리는 전자 기록 관리 기능 요건 모형의 제1판은 2001년 5월, 최종본은 2002년 10월에 출판되었다. 1996년에 열린 제1차 DLM-포럼(Données Lisibles par Machine (machine-readable data)-forum)에서 전자 기록 관리를 위한 요건을 정의할 필요성이 제기된 것이 계기가 되었다. 이에 따라 유럽연합의 정부 간 데이터 교환(Interchange of Data between Administrations, IDA) 프로그램이 영국의 경영 컨설팅 업체인 콘웰 어필리에이츠(Cornwell Affiliates)에 위임하여 개발하였다. 유럽연합이 미국의 사례를 받아들여 전자 정부와 전자 상거래를 지원하는 데 필요한 인프라 구축을 적극적으로 촉진하고자 한 것이 Moreq 표준 출판의 직접적인 원인이 되었다. (Cain(2003), p. 56) Moreq는 (미국) 국방부 전자 기록 관리 시스템 설계 표준 DoD 5015.2-STD나 (영국) 전자 기록 관리 시스템 표준, 즉 PRO 표준과 거의 비슷한 내용을 담고 있다. 그러나 Moreq 표준은 앞의 두 표준과는 다르게 시험을 거쳐 표준의 준수를 인증하는 절차를 가지고 있지 않다. 또한 DoD 표준이 미국 국방부를, PRO 표준이 영국 정부를 대상으로 개발된 것에 비하여, Moreq 표준은 전자 기록 관리 시스템 설계 표준으로서는 처음으로 국제적으로 적용 가능하며, 공공 영역과 민간 영역 모두를 대상으로 하는 표준 모형으로 발표되었다.

유일성 → 보존 기록 속성

이관

[영] transfer [중] 移交 [일] 移管

처리 일정 등에 의해 생산 부서 또는 기록관으로부터 보존 기록관으로 기록을 이송하는 것을 말한다. 이관은 물리적·법적 차원의 이송을 의미하며, 따라서 기록의 보관권(custody) 변동이 수반된다.

이관 미종결 기록 → 추가분

이관 보류

비치 등 특별한 사유로 인해 생산 기관에서 기록관으로의 이관 절차 또는 기록관에서 영구 기록물 관리 기관으로의 이관 절차를 일정 기간 연기하는 행정 절차로, 공공 기록물 관리법 시행 규칙에 규정되어 있다.

〔공공 기록물 관리법 시행 규칙 제20조〕

이동식 서가

영 mobile racks; compact shelving; mobile shelving; mobile aisle shelving

기록을 서고에 밀집시켜 보관하기 위하여 금속 물질로 제작된 서가를 말한다. 서고 바닥에 레일을 깔고 그 위에 서가를 설치함으로써, 서가를 이동할 수 있도록 하여 기록의 저장 공간을 늘리기 위한 것이다. 좁은 공간에 많은 자료를 효율적으로 보관할 수 있다는 이점 때문에 많은 기관에서 이동식 서가를 설치하여 사용하고 있다. 설치할 때에는 반드시 바닥 하중이 서가와 기록의 무게를 지탱할 수 있는지 면밀히 검토해야 한다. 최근에는 서가 이동에 큰 힘이 들지 않는 전기식보다는, 화재를 예방하고 전기 사용과 무관한 수동식을 선호하는 추세이다.

이메일 아카이빙

영 email archiving

전화에 못지않은 커뮤니케이션 혁명을 일으키며 일상 생활에서의 인터넷 활용 용도에서 수위를 차지하고 있는 이메일에 대한 장기적 접근을 보장하기 위한 보존 활동을 가리킨다. 특히 공공 기관의 수·발신 문서를 이메일이 완전히 대체하면서 이메일 보존의 시급성에 대한 인식도 날로 확산되고 있다. 네덜란드의 디지털 보존 테스트베드(Digital Preservation Testbed)가 이메일에 대한 보존 전략으로 마이그레이션(migration), 에뮬레이션(emulation)과 XML을 적용하는 타당성을 실험하고 있다. 호주 국립 보존 기록관(NAA)은 행정 업무 중 작성·통신되는 이메일을 중요한 전자기록으로 관리하는 정책을 수립하여 지침을 보급하였다.

이용 가능성 → 가용성

이용자 서비스

영 public services 중 大衆服務

기록관이나 도서관에서 수행하는 업무 중 이용자를 직접 대면하여 이루어지는 업무를 통칭하는 용어이다. 이용자와 대면하기보다는 주로 기록을 대상으로 수행하는 '기술 서비스(technical service)'에 대응하는 의미로 사용된다. 기록 열람 및 참고 서비스나 대출, 홍보, 전시, 교육 등의 업무가 포함된다.

이용자 연구

영 user study

누가 이용하는지, 이용자의 요구는 무엇인지, 이용자가 원하는 자료를 얼마나 쉽게 찾아낼 수 있는지 등을 이해하기 위해 수행하는 연구로, 양적 방법이나 질적 방법을 사용해 조사 분석하게 된다. (Pearce-Moses(2005), p. 397)

이용 허가

영 clearance 중 許可

비밀로 분류된 기록을 열람하는 데 필요한 허락 조치.

2차 가치

영 secondary value 중 文件的第二性价值 일 二次的価値

기록을 생산한 직접적인 목적을 넘어서는 계속적인 활용에 필요한 유용함과 중요함. 기록의 가치를 생산 목적에 의한 것과 그 밖의 이용자를 위한 것으로 구분하는 개념은 미국 아키비스트들에 의해 발전하였다. 브룩스(P. C. Brooks)는 기록의 가치를, 기록을 만든 사람 또는 기관이 부여하는 가치와 행정 역사를 기술하는 데 있어서의 유용성 그리고 역사적 가치 등의 3가지로 구분하였으며, 바우어(P. Bauer)는 정부 기관에 의한 업무 참고, 시민의 권리 증빙, 학문 연구, 계보학 또는 골동품 수집 등 기록을 대상으로 하는 기호와 관계있는 가치 등 4가지 범주로 구분하였다. 이러한 기록 가치론은 쉘렌버그(T. Schellenberg)에 의해 보다 체계화되었는데, 2차 가치는 그가 주창한 개념이다. 2차 가치는 기록을 생산한 직접적인 목적을 넘어서는 지속적 가치를 의미한다. 2차 가치는 증거 가치와 정보 가치로 이루어져 있다. 1차 가치는 기관의 활동과 관계된 것이지만 현행 업무 수행에 필요한 가치인 반면에, 2차 가치 중 증거 가치는 어디까지나 기관의 역사를 밝히는 데 필요한 용도를 의미한다는 점에서 서로 다르다.

이탈 기록

영 estray

정당한 보관권 없이 가지고 있는 기록. 민간이 소유하고 있는 정부 기록을 의미하는 경우가 많다.

이탈 보존 기록

영 fugitive archives 중 流亡檔案

지속적 가치를 지닌 비현용 기록임에도 불구하고 보존과 접근을 위하여 적절한 보존 기록관으로 이전되지 않은 기록. '보존 기록(archives)'과 '매뉴스크립트'는 보통 각각 공공 기록과 사기록을 의미하지만, 미국에서는 일정한 시스템에 의한 관리 기관의 관리하에 있는 기록 일체라는 의미로 사용되기도 한다. 여기에서 '보존 기록'은 일정한 모(母)기관으로부터 이관된 기록을 의미하는 반면, '매뉴스크립트'는 출처상의 공사 구분 없이 수집형 보존 기록관이 특정 계획에 의해 수집·관리하는 기록 컬렉션을 의미한다. 미국에서는 주립 보존 기록관만이 아니라 주 역사 협회에서도 주 정부의 공기록을 소장한 경우가 많아, 이른바 매뉴스크립트 보존소 소장 컬렉션에 공공 기록이 포함되는 것이 특별한 일은 아니다. 이런 의미에서 매뉴스크립트를 '사라진' 또는 공적인 관리로부터 '방기된' 보존 기록이라는 의미로 '이탈 보존 기록'이라고 표현하는 경우도 있다. (Miller(1990))

인물 전종
중 人物全宗

[중] (독립) 전종의 일종으로, 저명한 정치 활동가, 사회 활동가, 과학자, 문학 예술가 및 기타 저명 인물이 평생 활동하는 가운데 생산한 전체 당안(檔案)이다. '개인 전종'이라고도 한다. 공무나 기타 사회 활동 중에 형성한 문건, 창작 재료, 일기, 필기, 서신, 서간, 타인이 썼거나 혹은 수집한 저명 인물과 관련된 전기 및 일생을 반영하는 기록도 포함한다. 그 중에는 사진, 녹음 테이프, 비디오 테이프 등 각종 매체의 당안도 포함한다. 인물 전종의 경우 전종의 구성 요건을 확인하는 일은 비교적 간단하다. 개인 명의로 사회 활동에 종사하였으며 그 당안이 비교적 완전하게 남아 있다면, 하나의 인물 전종을 구성할 수 있다. 이를테면, 중국 제2 역사 당안관에는 풍옥상(馮玉祥), 웅희령(熊希齡), 장개석(蔣介石) 등 민국 시기(1911~1949년)에 활약한 인물들에 대한 개인 전종이 있다. (개별 인물이

아니라) 몇몇 저명한 가정과 가족이 형성한 전체 당안의 경우, 구소련에서는 가정(혹은 가족) 전종이라고 부르지만, 중국에서는 역시 인물 전종이라고 부른다. 〔『檔案學詞典』, p. 166; 김유리(2003a), p. 313〕

인벤토리

영 inventory 중 館藏目錄 일 收藏目錄

검색 도구의 일종으로서, 기록 시리즈 계층을 중심으로 기록 집합체를 상세히 기술하는 형태를 띠며, 보통 서문이나 초록, 생산자 이력이나 생산 기관의 연혁, 생산 시기, 분량, 내용, 매체, 배열, 기록 시리즈별 기술, 각 기록 시리즈에 속한 기록철 리스트, 색인으로 구성된다. 그러나 인벤토리는 기록 관리 기관마다 형식이 다양하며, 전자 검색 도구라기보다 책자 형태 검색 도구에 적합한 형식을 지니고 있다. 인벤토리는 보유 기록 조사나 보유 기록 조사 목록의 의미로도 사용된다.

→ 보유 기록 조사, 보유 기록 조사 목록

인사 기록

영 personnel records 중 人事文件

기관, 회사 등 조직의 직원 구성원에 대한 관리 기록.

인수

영 accession 중 接收

(1) 물리적·법적으로 보존 장소로 동시에 이송되는 한 단위의 자료. (2) 한 그룹의 기록 또는 자료에 대한 법적·물리적 보관 상태를 성립하는 것, 그리고 그러한 영수 관계를 기록하는 것. (3) 보존 기록관 소장물에 관한 등록부(register), 데이터베이스, 기타 다른 전산 기록에 자료 이송 사실을 기

재하는 것. 인수는 수집과 같은 뜻이지만, 인수에는 등록부, 데이터베이스 등을 통해 기록에 대한 기초적인 물리적 통제와 지적 통제를 세우는 일련의 과정에서 가장 처음 단계라는 의미가 포함된다. (Pearce-Moses(2005), pp. 3~4)

인수 목록

영 inventory

이관하는 기록에 대한 목록으로 기록 관리 기관이 기록과 함께 인수받게 되는 목록이다.

인열 강도

종이나 필름 등 시트상의 물질의 찢어짐에 대한 내구성을 수치적으로 계량화한 것으로, 도서관이나 기록관에서 책장이나 문서를 넘길 때 강도와 밀접한 관계가 있다.

인위적 컬렉션

영 artificial collection 중 人爲組成的文件集 일 人爲的コレクション

어떤 기준이나 의도에 따라 다양한 원천으로부터 모은 기록 컬렉션. 생산 출처별로 이관되거나 입수되는 '보존 기록(archives)'과 구분되는 개념이다. 생산자가 설정한 원래의 질서보다는 수집자가 편성한 주제, 혹은 기타 검색이나 이용상의 편의에 따라 정리된다는 점에서 '유기적 컬렉션(organic collection)'과 구별된다. 매뉴스크립트 컬렉션(2)와 동의어.

→ 매뉴스크립트 컬렉션, 유기적 컬렉션

인적 자원 관리

영 human resources management

현대 조직이 보유한 가장 중요한 자원인 인력을 관리하는 경영 활동이다. 과거에는 '인사 관리(personnel management)'라는 용어를 사용하다가 인적 자원의 가치가 상승하면서 인적 자원 관리로 대치되는 추세에 있다. 1명의 기록 관리 전문가가 소수의 보조원이나 자원 봉사자와 일하는 소규모 기록관에서든, 또는 수백 명의 전문 직원, 준전문 직원, 비전문 직원이 일하는 대규모 기록관에서든, 관리하는 기록만큼이나 중요한 자원이 인적 자원이다.

인캡슐레이션

영 encapsulation 중 封裝法

전자 기록 관리에서 인캡슐레이션(encapsulation)은 하나의 전자 기록 객체 안에 데이터와 기능 등 필요한 모든 자원을 포함하여 단단히 고정시키는 과정을 의미한다. 전자 기록의 내용과 구조에 관한 메타데이터, 내용을 확인할 수 있게 하는 뷰어, 그리고 진본임을 확인할 수 있는 전자 서명 등을 하나의 객체로 결합하여 고정함으로써 전자 기록의 진본성과 무결성의 유지와 확인을 지원할 수 있다.

일반 기록 처리 일정표 → 공통 기록 처분 지침

일반 문서 → 공문서

일반 자료 유형

영 GMD(general material designation)

자료의 유형을 넓게 범주화하여 표제의 일부로 표시해주는 것. 보통 표제 뒤 각괄호([ ]) 안에 기입한다. 목록의 형태 사항에 기재하는 상세 자료 유형(Specific Material Designation, SMD)과 대비되는 개념이다. 영미 목록 규칙(AACR)에서는 일반적인 자료 유형을 예술품 원본, 예술품 복제본, 점자, 도표, 컴퓨터 파일, 투시화(diorama), 필름 스트립, 플래시 카드, 게임, 지구의, 키트, 필사본, 지도, 마이크로 자료, 현미경 슬라이드, 모형, 동영상, 음악, 그림, 실물 교재, 슬라이드, 녹음 자료, 기술 도면, 텍스트, 장난감, 트랜스패런시, 비디오 자료 등으로 제시하고 있다.

일반 행정 기록

영 administrative records; operational records 중 操作上的文件

기관의 운영이나 관리에 관한 기록을 말한다. 일상적인 관리 운영 기록은 보통 공통 기록 처분 지침에 의해 관리되며 그 보유 기간이 짧다.

→ 공통 기록 처분 지침

(일본) 국립 공문서관

영 National Archives of Japan 일 國立公文書館

[일] 1971년 7월 설립된 일본의 국립 보존 기록관. 2001년 7월 국립 공문서관법(1999년 제정)이 개정되면서 독립 행정 법인으로 국립 공문서관이 새로 설립되었다. 행정 기관에서 국립 공문서관에 이관해주는 영구 기록을 보존하고, 내각 문고 등 역사 기록을 일반 국민이 열람할 수 있도록 제공한다. 그러나 영구적으로 보존할 가치가 있는 공공 기록을 주도적으로 평가·선별하거나 행정 기관에게 강제적인 이관을 요구할 수 있는 법적인 근거를 갖고 있지 않다. 관장 밑에 이사와 감사가 있으며, 관장 직속으로 아시아 역사 자료 센터(Japan Center for Asian Historical Records)를 운영하고 있다. 국립 공문서관의 내부 조직은 총무과, 업무과(정보 시스템계·보존계·복원계·열람계), 통괄 공문서 전문관실(수석 공문서 전문관·공문서

전문관·공문서 연구관), 쓰쿠바(筑波) 분관이 있다. 아시아 역사 자료 센터는 2001년 7월에 개관하여, 국립 공문서관, 외무성 사료관, 방위청 방위 연구소 도서관 등의 공개 사료를 디지털화하고 데이터베이스로 만들어 인터넷으로 제공하기 시작했다.

(일본) 국립 사료관
일 國立史料館

[일] 근대 일본의 기록과 사료를 보관하고 있는 일본의 기구. 1951년 도쿄에 건립되었으며, 문부성에 속해 있다. 일본 근세(1603~1867년)의 기록과 사료를 수집·관리하며 기증도 받는다. 1991년의 자료에 따르면, 국립 사료관은 50만 권(책)의 사료를 소장하고 있으며, 이 밖에도 기증 자료 약 8,000권(책), 마이크로필름 2,736권, 민속 자료 약 5,000권(책)을 소장하고 있다. 3개의 사료실을 두고 있는데, 제1실은 무가(武家), 왕후(王侯), 사원(寺院)과 관련된 역사 기록을 관리하고 있으며, 제2실은 성진(城鎭) 사료를 관리하고 있으며, 제3실은 향촌(鄕村) 사료를 관리하고 있다. 따로 정보 열람실을 두고 있다. 국립 사료관이 정기적으로 개설하는 '근대 사료 관리 연구반'은 이미 일본 기록 관리자의 중요한 훈련 및 실습 기지가 되었다. 기록 관리 지식 및 기술에 관한 『사료의 정리와 관리(史料の整理と管理)』를 1987년에 출판하였다. 독립 운영 기관인 (일본) 국립 공문서관과는 협력 관계에 있으나 교류가 활발하지는 않다.

→ (일본) 국립 공문서관

일본 전국 역사 자료 보존 이용 기관 연락 협의회
일 日本全國歷史資料保存利用機關聯絡協議會

[일] 일본 기록 사료 관리를 연구하는 학술 조직으로, '전사료협(全史料協)'

이라고 약칭한다. 1976년에 설립되었으며, 본부는 사이타마 현(埼玉縣)에 있다. 매년 전국 성(省) 토론회를 한 차례 개최하여, 일본 및 외국의 기록관리 이론과 실천을 연구·토론하며, 부정기 회지를 발행하고 있다. 1984년부터 지방 분회를 성립하였는데, 예컨대 관동부 분회(關東部分會), 동일본 분회(東日本分會), 서일본 분회(西日本分會) 등이 있다.

일지형 목록
영 calendar 중 日曆式目錄 일 編年目錄

하나의 기록군이나 컬렉션에 속한 기록건을 연대순으로 수록한 검색 도구. 기록군에 속한 모든 기록건을 포함하거나 선별적으로 수록하게 된다. 기술 요소는 대개 작성자, 수신자, 날짜, 장소, 내용 요약, 문서 유형, 쪽수 등이다.

1차 가치
영 primary value 중 原始價値 일 一次的価値

기록이 만들어진 본래의 용도에서 비롯되는 기록의 유용함과 중요함. 기록의 가치를 생산 목적에 의한 것과 그 밖의 이용자를 위한 것으로 구분하는 개념은 미국 아키비스트들에 의해 발전하였다. 브룩스(P. C. Brooks)는 기록의 가치를, 기록을 만든 사람 또는 기관이 부여하는 가치와 행정 역사를 기술하는 데 있어서의 유용성 그리고 역사적 가치 등의 3가지로 구분하였으며, 바우어(P. Bauer)는 정부 기관에 의한 업무 참고, 시민의 권리 증빙, 학문 연구, 계보학 또는 골동품 수집 등 기록을 대상으로 하는 기호와 관계있는 가치 등 4가지 범주로 구분하였다. 이러한 기록 가치론은 쉘렌버그(T. Schellenberg)에 의해 보다 체계화되었는데, 1차 가치는 그가 주창한 개념이다. 1차 가치는 기록을 생산한 원래의 목적에 필요한 가치로서, 행정 가치, 재무 가치, 법무 가치 등이 여기에 포함된다. 이러한 범주의 가치들은 기록을 생산한 목적이 유효한 기간 동안의 업무 수행, 재정적 검토, 법적 보호 등과 관련하여 생산자들에게 유용한 가치라고 할 수 있다. 2차 가치에서의 증거 가치는 기록을 생산한 기관의 활동을 증빙하는 것으로부터 비롯되는 것이나, 이는 후대에 기관의 역사를 밝히는 일종의 역사 연구 차원의 가치를 의미하는 것으로서, 현용 단계의 유용성을 담은 1차 가치와 구별된다.

임시 보관 구역

⑨ holding area; staging area ㊥ 文件暫存處

기록 자료를 임시로 보관하는 구역. 보존 기록관으로 이관하기 전에 잠시, 또는 기록을 이관받은 직후 검사를 위해 임시 보관 구역에 둔다.

입권

⑨ filing ㊥ 立卷

[중] 업무 처리가 끝났으며 보존할 가치가 있는 문건 재료를 생산된 규칙과 내재적인 관계에 따라 부문별로 종류를 나누어 기본적인 보관 단위를 만드는 것이다. '조권(組卷)' 이라고도 한다. 이것은 정상적인 상황하에서 문서 처리 업무의 가장 마지막 부분으로, 문건을 정리하고 보존하는 당안(檔案) 귀속(歸檔) 전의 중요한 준비 업무이다. 평상시의 귀권(歸卷)과 정식의 조권이라는 두 과정을 포괄한다. 주요 업무 순서는 문건 재료의 조합, 권내 문건의 배열, 안권(파일)의 표제 만들기, 안권의 목록 편재와 장정 등이다. 입권의 목적은 처리가 끝난 공문을 완전하고 체계적이며 안전하게 관리하여 필요시 신속·정확하게 이용하거나 참고할 수 있도록 하고, 아울러 수시로 과거 업무와 활동의 면모를 이해할 수 있게 하는 데

있다. 〔『檔案學詞典』, pp. 139~140〕

입당 단위
🔵 立檔單位

[중] 전종(全宗)을 형성하는 기관·단체·기업의 사업 단위를 말한다. '전종 구성자'라고도 한다. 일반적인 구성 조건은 다음과 같다. ① 직권을 독립적으로 행사할 수 있으며, 자기 명의로 대외적인 공문을 보낼 수 있다. ② 하나의 예산 회계 단위나 경제 채산 단위가 예산·결산 혹은 재무계획을 편성할 수 있다. ③ 인사 관리의 기구나 인원을 두며 일정한 인사 임면권을 갖는다. 이들이 생산한 전체 당안(檔案)이 하나의 전종을 구성한다. 사회 변혁 등의 요인이나 입당 단위의 건립, 철폐, 합병 등의 변화가 있으면 그에 따라 전종의 변화가 생긴다. 인물 전종을 형성하는 개인, 가정, 가족도 입당 단위라고 할 수 있다. 〔『檔案學詞典』, p. 165〕

입력용 기록
🔵 input records 🔵 代替資料

(1) 시스템에 입력되는 정보가 기재된 종이 문서. (2) 컴퓨터 파일, 특히 마스터 파일을 갱신하기 위해 사용된 데이터가 담긴 파일. 〔Pearce-Moses(2005), p. 207〕

→ 원천 문서

입수
🔵 ingest

디지털 아카이브가 기록의 생산자로부터 기록을 이관받는 과정을 말한다. 디지털 아카이브에 대한 개념틀을 정리한 OAIS 참조 모형이 다양한 기관에서 전통적으로 사용해오던 용어 사이의 경쟁과 혼란을 방지하기 위하여 새롭게 정의한 용어이다. 기록관, 도서관, 박물관, 데이터 센터 등 다양한 유형의 기관에서 디지털 아카이브를 구축하여야 할 것이라고 상정하였기 때문이다. 예를 들어, 도서관에서는 '수서(acquisition)'가, 기록관에서는 '이관(accession)'이 시스템으로 새로운 소장물을 받아들이는 과정을 지칭해왔으나, 디지털 아카이브 환경에서 이 처리 과정은 모두 '입수'라는 용어로 통일되어 사용되어야 함을 제안한 것이다.

ㅈ

자료관 → 기록관

자료관 시스템 → 기록 관리 시스템

자문 위원회
📖 archives advisory committee 🀄 檔案館咨詢委員會

기록관이 목적을 달성하는 데 도움이 되는 방패이자, 옹호자를 마련하기 위하여 구성하는 조직이다. 보통은 기록관 경영자에게 조언을 제공하기 위하여 구성된다. 이러한 위원회들은 보통 모(母)기관 내부 인력, 이용자 집단, 혹은 영향력 있는 기증자들 중에서 선정하여 모기관이 위촉한다. 자문 위원회는 기관 유형에 따라, 기록관 경영자에게 정보를 제공하고 모기관의 다른 사람들에게 정보를 배포하는 커뮤니케이션 네트워크의 기능과 함께 옹호자로 역할할 수 있는 잠재력을 가지고 있다. 자문 위원회가 제 역할을 다하기 위해서는 조언과 커뮤니케이션을 제공할 수 있어야 한다. 자문 위원회의 권한이 조언과 커뮤니케이션의 범주를 넘어선다면 아키비스트가 누구에게 보고하는가를 분명히 할 수 있도록 이 권한을 명확하게 정의해야 한다.

자연성 → 보존 기록 속성

자외선 차단 필터
🅔 ultraviolet light filter

기록에 직접적인 영향을 가장 많이 미치는 자외선을 흡수하는 장치를 가리킨다. 자외선 차단 필름을 유리창에 부착하거나 형광등 주변을 플라스틱 보호막으로 감싸는 것이 가장 보편적인 형태이다. 자외선 차단 필름은 폴리에스테르(polyester)계 또는 폴리에틸렌(polyethylene)계 필름이 주종을 이루고 있다.

작업 문서
🅔 working document 🅒 工作卷

어떤 문서를 준비하거나 분석하는 과정에서 생산, 조합 또는 활용된 초안, 메모, 계산서 같은 문서들.

장기적 보존
🅔 long-term preservation 🅒 長期保管

기록에 대한 접근과 활용을 인류가 필요로 하는 가장 오랜 기간 동안 보장하는 활동을 의미한다. 특히 전자 기록을 포함한 디지털 정보에 대한 접근을 보장하고자 하는 디지털 보존의 맥락에서 '장기간'은 '가능한 한 긴 기간'이며 무한의 미래로까지 그 의미를 확장할 수 있다.

장서 개발 → 컬렉션 개발

장수 매기기

영 foliation 중 編張号 일 丁番号, 丁番号付け

기록이나 책, 매뉴스크립트에 포함된 낱장에 기재하는 일련의 숫자를 말하며, 일반적으로 순서를 표시하기 위해 사용된다. '문서 장수 매기기'라고도 한다. 낱장의 양면에 번호를 부여하는 '쪽 번호 매기기(page numbering)'와는 다른 개념이다. [Pearce-Moses(2004), p. 121]

재고 목록 → 보유 기록 조사 목록

재고 목록 작성 → 인벤토리

재난 대비 계획

영 disaster plan 중 應急計劃

자연적인 또는 인위적인 재난을 발견·완화하는 직접적이며 적절한 대처를 담은 정보와 정책 및 절차를 말하며, 화재, 지진, 홍수 등에 대비한 문서화된 비상 업무 처리 정책과 절차를 포함한다. 모든 기록 관리 부서는 재난에 대비하여 기관 운영에 필수적인 중요 기록을 보호하고, 재난 발생 시 기관의 업무를 계속 운영할 수 있게 하고, 필요한 기록을 즉각 사용할 수 있도록 대비책을 수립해야 한다. 재난이라 함은 태풍, 홍수, 지진 등과 같은 자연 재해와 전쟁, 테러, 사보타지, 화재, 정전 등과 같은 비상사태를 일컫는다. 재난 대비 계획에 포함되어야 할 사항은 다음과 같다. 필수 기록 대상 확인 및 관리 프로그램 수립, 기관의 필수 기록 관리 부서 지정, 관리 책임자 지정 및 비상 연락 체제의 수립과 각 기능 배분, 각 부서의 필수 기록 관리 책임자 지정 및 관리 프로그램 수립, 필수 기록의 비상 보존 서고(대개 별도의 보존 장소) 준비 및 이관 계획, 비상 보존 서고의 용수 공급 계획, 오염 물질 혹은 유해 물질 반입 허용치, 비상 반출·이관 양식 및 회수 양식의 개발 등.
→ **필수기록, 필수기록 관리**

재무 가치

⊙ fiscal value ⊙ 財務價値 ⊙ 財務價値

기록의 1차 가치에 포함되는 것으로서, 현행 업무 수행 기간 중 재무 관련 업무 수행에 필요한 가치.
→ **금전적 가치**

재생산 조건

⊙ conditions governing reproduction

기록의 번역·출판 등 2차 저작물 작성에 활용하고자 할 때 저작권 등 고려해야 할 제약 조건을 의미한다. 국제 보존 기록 기술 규칙(ISAD(G))에 제시된 요소 중 하나이다.

재정 가치 → 재무 가치

재평가

⊙ reappraisal ⊙ 再鑑定 ⊙ 再評価

더 이상 보존할 필요가 없는 처분 대상 보존 기록을 확인하는 과정. 재평가는 통상 각 보존 기록관의 최초 평가에서 오류가 있을 경우, 기관의 수집 정책이 변경된 경우, 시간의 경과에 따라 기록의 가치가 변한 경우에 실시한다. 우리나라에서는 영구 보존 이외에 준영구 보존을 구분하고 있는데, 재평가와 관계있는 것이 바로 이 준영구 보존이다. 준영구 보존 기록은 보존 기간을 특정할 수 없어 일정 기간이 도래하면 다시 평가하여 최종 처분을 결정하기 위해 책정된다. 주로 인사 기록 같은 인적 기록이나 인허가 서류, 설계 도면 등 영구 보존 여부는 불확실하지만 기록의 대상이 존재하는 불확정 기간 동안에는 보존되어야 하는 기록이 이에 해당한다. (Pearce-Moses(2004), p. 220)

재현율 → 검색 효율

저온 보존
🔵 低溫保存

차가운 곳에서 물체를 보관하면 온도에 따른 화학 반응 속도가 감소(온도가 10℃ 내려가면 화학 반응 속도가 50% 정도 감소)하기 때문에 물체의 안정화에 매우 유리하다. 모든 물체는 그냥 놓아두어도 일정한 시간이 경과하면 변하게 마련인데, 변화 속도를 좀 더 느리게 할 수 있는 요건 중의 하나가 온도 저하이다. 온도 저하와 함께 습도 조절도 기록의 보존에서는 매우 중요하다. 저온에서 보관하던 필름을 실온으로 옮기면, 온·습도의 급격한 변화 때문에 손상을 입게 된다. 따라서 물리적 변형을 최소화하기 위하여 적응 시간이 필요하다. 저온에서 보관하던 필름은 폴리에틸렌 자루에 담아 밀봉 상태를 유지하면서 적응 처리를 하여야 한다.

저작권
🟢 copyright 🟡 版權 🔵 著作權

법이 저작물의 저작자에게 부여하는 배타적인 권리로서, 자신의 저작물을 공개·배포·전달하거나 다른 사람이 이를 특정의 방법으로 사용하도록 허락할 수 있는 권리를 의미한다. 우리나라의 저작권법상 광의의 저작권은, 저작물을 창작한 저작자에게 저작권법이 인정하는 독점적·배타적인 권리를 의미하며, 크게 저작 인격권과 저작 재산권으로 구분된다. 협의의 저작권은 저작 재산권만을 의미하며, 영미법계 국가에서도 저작권이라고 하면 대체로 저작 재산권만을 의미한다. 또한 가장 광의의 저작권은 저작권법상의 모든 권리, 즉 저작 인격권과 저작 재산권뿐만 아니라 출판권, 저작 인접권(著作隣接權) 등을 포함하는 개념으로서, 지적 소유권을 저작권과 공업 소유권으로 구분하는 경우에 사용되고 있다. 저작 인격권은 저작물에 구현되는 저작자의 인격적 이익을 보호하기 위한 권리로서, 여기에는 공표권, 성명 표시권, 동일성 유지권 등이 포함된다. 저작 재산권은 저작자의 재산적 이익을 보호하고자 하는 권리로서, 주로 저작물을 제3자가 이용하는 것을 허락하고 대가를 받을 수 있는 권리를 말한다. 여기에는 복제권, 공연권, 방송권, 전시권, 배포권, 2차적 저작물 등의 작성권이 포함된다.

정부 기관이 생산·수집한 기록이라 해도, 생산자에게 저작권이 귀속되어 있는 기록은 복제나 열람 제공 등에 일정한 제한을 두어야 한다. 보통 이관자나 기증자가 저작권을 포기하거나 기록 관리 기관에게 저작권을 양도하지 않는 한, 저작권은 저자나 저자의 상속자가 갖는 경우가 많다. 아키비스트는 이용자가 저작권이 있는 기록을 이용하고자 할 때, 어떠한 허락 절차가 필요한지 설명해줄 필요가 있다. 또한 기록 관리 기관이 소장 기록을 이용하여 전시, 편찬 및 서비스를 할 때에도 해당 기록에 저작권이 있는지의 여부를 확인하고, 저작권 허락을 받는 절차를 거쳐야 한다.

저장

영 store 중 儲存

기록 관리 시스템이 기록을 획득한 순간부터 처분 시점에 이르기까지 진본성, 신뢰성, 무결성, 가용성을 유지하면서 기록을 보호하고 관리하는 기록 관리 과정을 말한다. 전후 단계와 구분되는 별도의 기록 관리 기능이라기보다는 기록 관리 시스템이 기록을 보유하는 동안 지속적으로 수행해야 하는 기능이라고 할 수 있다. 기록 저장의 원칙은 다음과 같다. 첫째, 기록의 가용성, 신뢰성, 진본성, 보존성을 보장할 수 있는 매체에 저장해야 한다. 둘째, 허가받지 않은 접근, 망실, 폐기, 절도 및 재난으로부터 기록을 보호해야 한다. 셋째, 변환이나 마이그레이션(migration)을 위한 사전 정책과 지침이 필요하며, 형태를 변형하는 경우에는 그에 대한 상세 사항을 유지해야 한다. 넷째, 전자적 형태의 기록 저장은 손실을 방지하기 위해 백업과 복원 기능이 필요하다. 다섯째, 재난 발생에 대비하여 필수 기록을 보호하고 복제하기 위한 부가적인 방법이 필요하다.

전거 레코드

🅔 authority record 🅒 規範記錄 🅙 典據記錄

목록에서 접근점으로 선정된 인명, 단체명, 통일 서명, 주제명, 총서명, 지명 등의 표준화된 표목 형태를 다른 형태로 연결하여 상호 참조할 수 있도록 관련 정보를 모아놓은 레코드를 의미한다. 기록 관리를 위한 전거 레코드는 보통 개인, 단체, 가문 등 기록 생산자를 대상으로 구축되며, 도서관의 전거 레코드에 비해 보다 상세한 정보를 포함하게 된다. 전통적으로 기록을 위한 서지 레코드(기술)에는 기록의 생산 맥락을 보여주기 위해 기록 생산자에 대한 요소가 많이 포함되어 있었으나, 전자 기록 관리 환경이 확산됨에 따라 생산자에 대한 상세 정보는 서지 레코드가 아니라 독립적인 전거 레코드에 담아주고, 양자를 링크시키는 방식이 호주 국립 보존 기록관(NAA)을 중심으로 확산되고 있다. 기록 전거 레코드를 통해, 동일한 실체에 대한 상이한 표현들을 연결해주는 전거 제어의 일반적 목적을 달성할 뿐만 아니라, 생산자 정보를 효과적으로 조직화하는 목적도 성취할 수 있다. 기록 전거 레코드에 관한 국제 표준인 국제 기록 전거 레코드 규칙(ISAAR(CPF))에서는 전거 레코드에 포함되어야 하는 요소들을 지정해주고 있다.

→ 국제 기록 전거 레코드 규칙(ISAAR(CPF))

전거 제어

영 authority control 중 規範控制 일 典據コントロール

목록에서 접근점으로 선정된 인명, 단체명, 통일 서명, 주제명, 총서명, 지명, 사건명 등에 대하여 모든 표현을 수집하여, 각각에 대한 대표 표현(전거 표목 혹은 우선어)을 정하고, 이를 다양한 이형 표현(비우선어)들과 연결시키는 방법을 통해 이용자가 어떤 표현으로 접근을 해도 해당 정보를 모두 찾아볼 수 있도록 하는 과정을 뜻한다. 전거 제어를 통해 동일한 실체를 표현하는 다양한 이름(표현)을 연계해주어야 하며, 아울러 동명이인처럼 상이한 실체가 동일한 이름을 가지고 있을 때 이를 구분해줄 수도 있어야 한다. 또한 단체나 조직의 명칭이 변경되었을 때, 전거 제어를 통해 전후 명칭의 관계를 체계적으로 확인할 수 있다. 기록 관리에 있어서 전거 제어는 이용자의 검색 효과를 높일 뿐만 아니라 기록 생산자를 체계적으로 관리하는 데 매우 유용하다.

전거 파일

영 authority file 중 規範文檔 일 典據ファイル

여러 개의 전거 레코드가 모인 전자적 구성체.

→ 전거 레코드

전략적 경영

🅔 strategic management

경영 환경의 기본적인 속성을 경쟁으로 정의하고, 이 경쟁에서 생존하기 위한 경영 계획과 실천의 중요성을 강조한 경영 기법이다. 고객을 확보하기 위하여 경쟁해온 영리 기관에서뿐 아니라 공공 부문에서도 한정된 공적 자금의 배분을 놓고 경쟁이 가속화됨에 따라 대부분의 기록 경영 환경에서도 전략적 경영 기법에 주목하는 추세이다. 전략적 경영의 요체는 제한된 자원을 효과적으로 활용하여 최대한의 효과를 창출하는 데 있다. 서비스 대상이 되는 이용자의 속성과 이들의 요구를 면밀히 관찰하여 이를 충족시킬 수 있는 서비스를 제공하는 데 초점을 둔 마케팅 기법이 전략적 경영의 핵심 기법이다.

전문 직원

🅔 professionals 🅒 專業人員

기록 관리 기관에서 전문 지식을 활용하여 일하는 직원으로, 기록 관리 전문직과 함께 전산 전문직 등 다른 분야에서 전문 지식을 갖춘 직원도 포함된다. 기록이 담는 내용이나 유형이 다양하고, 기록 관리를 위한 전산 시스템을 도입하게 되면서 다양한 전문직 기반을 가진 인력이 필요하게 되었다.

전시

🅔 exhibit 🅒 展覽 🅙 展示

많은 사람들이 접할 수 있는 공공 장소에서 기록 원본이나 사본을 조직적으로 보여주는 것으로서, 확장 서비스의 일환이다. 전시를 통해 기록에 익숙하지 않은 사람들의 호기심을 자극하고, 기록관 및 기록을 널리 알려 이용을 활성화시킬 수 있다. 전시를 기획하기 위해서는 '누가(전시 기획자), 언제(전시 일시), 어디서(전시 장소), 왜(전시 목적), 어떻게(전시 방법)' 에 대한 설정을 명확히 해야 한다.

전자

영 electronic 일 電子

전력을 사용하여 작동되는 기기를 활용하는 것을 의미한다. 전자와 디지털을 동의어로 사용하는 경우도 많지만, 전자는 디지털뿐만 아니라 아날로그를 포함하기도 한다는 점에서 디지털과 구분되는 개념이다. 아날로그 전자 신호의 예로는 AM이나 FM 라디오 신호를 들 수 있다.

전자 공문서 → 공문서

전자 기록

영 electronic records; digital records 중 電子文件 일 電子記錄

컴퓨터 등 전자적 처리 장치를 사용하여 생성·획득·이용·관리되는 기록. 디지털 형태로 존재한다는 의미에서 '디지털 기록' 이라고 부르기도 한다. 전산 시스템을 통하여 처리되는 기록으로, 전자 형태로 생산된 기록(born digital)과 종이 등 아날로그 형태로 생산되었다가 이미지 스캔 등의 방식으로 디지털화된 기록을 모두 포함한다. 이메일은 전자 형태의 서신이며, 워드 프로세서로 생성된 문서 파일은 종이 문서의 전자 형태에 대응된다. 그러나 데이터베이스로 조직화된 인사 기록이나 지리 정보 시스템의 데이터 등은 종이 기록의 대응물보다 더 복잡한 형태를 취하기도 한다.

전통적인 종이 기록과 마찬가지로 전자 기록도 매체(메시지를 물리적으전달), 형태(메시지의 의미를 전달하는 표현 규칙), 사람(기록이라는 수단을 통해 행위하는 주체), 행위(상황을 생산·유지·수정하거나 삭제하는 수단으로 기록을 만들어내는 의도적 실천), 맥락(행위가 발생하는 법적·행정적 틀), 기록의 결합(각각의 기록을 이전이나 이후의 기록이나 동일한 행위에 관련된 모든 기록과 연결하는 관계), 내용(기록이 전달하고자 하는 메시지)으로 구성된다. 그러나 전자 기록에서는 전통적 매체에 수록된 기록과는 달리 이러한 구성 요소들이 서로 연결되어 있지 않다. 기록과 기록의 부분들은 별도로 존재하기 때문에 신뢰성 있는 기록을 생산하고, 진본 기록을 보존하고자 하는 목적으로 의도적으로 함께 묶지 않는 한, 분리해 관리하게 될 위험이 있다. [Duranti & MacNeil(1996), p. 49]

전자 기록은 다음과 같은 관리상의 어려움을 수반한다. 첫째, 생산에서 보존까지 특정한 하드웨어와 소프트웨어에 의존한다. 이에 따라 기술의 급속한 노화와 호환성 결여, 매체의 짧은 수명으로 인해 별도의 조치를 취하지 않으면 전자 기록을 급속도로 망실하게 된다. 둘째, 현재 생산되는 기록은 종이, 이메일, 문서 편집기, 스프레드시트 등 다양한 애플리케이션으로 작성되어 서로 다른 데이터베이스에 흩어져 저장되는 하이브리드적 성격을 가지고 있다. 셋째, 고의나 부주의로 인해 쉽게 변조되거나 삭제될 위험성을 안고 있다. [서혜란·서은경·이소연(2003)]

전자 기록 관리 시스템

영 electronic records management system 중 電子文件管理系統
일 電子記錄管理システム

전자 기록을 관리·보존·검색·활용·처분하는 기능을 지원하는 컴퓨터 애플리케이션. 종이 기반의 기록을 관리하기 위한 전산화 시스템과는 달리 전자 기록의 관리에 중점을 둔다. 그러나 종이와 전자 기록을 함께 관리하기 위한 하이브리드 시스템으로 개발하는 것이 일반적이다.

전자 기록 관리 시스템 설계 표준

전자 기록 관리 시스템을 설계하기 위한 기본 지침을 말한다. 대체로 각국 정부의 기록 관리 유관 기관이 주체가 되어 전자 기록을 관리하기 위한 기본 기능을 수행할 수 있는 시스템 요건을 밝힌 설계 표준을 개발한다. 그리고 이를 기반으로 하여 민간 개발 업체가 개발한 시스템을 심사·인증하는 절차를 밟게 된다. 현재 (미국) 국방부 전자 기록 관리 시스템 설계 표준(DoD 표준), (영국) 전자 기록 관리 시스템 표준(PRO 표준), (유럽연합) 전자 기록 관리 기능 요건 모형(Moreq 표준) 등이 공개되어 있다.

→ **(미국) 국방부 전자 기록 관리 시스템 설계 표준(DoD 표준), (영국) 전자 기록 관리 시스템 표준(PRO 표준), (유럽연합) 전자 기록 관리 기능 요건 모형(Moreq 표준)**

전자 기록 아카이빙

영 electronic records archiving 일 電子記錄アーカイビン

전자 기록에 대한 장기적 접근과 활용을 보장하기 위한 활동을 의미한다. 기록 관리 자체에 대한 실무 표준이 자리 잡지 않은 상태에서 전자 기록 관리 및 장기적 보존에 대한 해결책도 마련해야 하는 것이 기록 관리계가 전 지구적으로 직면한 문제라고 할 수 있다. 다양한 유형에 걸쳐 전자 기록이 생성되고 있음에 따라 이메일, 웹 사이트, 데이터세트 등 거의 모든 유형의 아카이빙을 전자 기록 아카이빙에 적용할 수 있다.

전자 문서

영 electronic documents

전자 기록의 한 유형으로, 컴퓨터 등 정보 처리 능력을 가진 장치. 특히 워드 프로세서 등 문서 작성기에 의하여 전자적인 형태로 작성, 송·수신 또는 저장되는 문서를 가리킨다.

전자 문서 관리 시스템

🌐 electronic document management system 🇯🇵 電子文件管理システム

전자 문서 관리는 컴퓨터 프로그램과 저장 장치를 이용하여 기업 내의 여러 종류의 문서들을 관리하는 것이다. 전자 문서 관리 시스템은 기업과 기업 내 사용자들이 문서를 만들거나 종이 문서를 전자 문서의 형태로 변환한 뒤, 저장·편집·출력·처리할 수 있게 해주며, 텍스트 형태뿐만 아니라 이미지·비디오·오디오 형태의 문서를 관리할 수 있게 해준다. 전자 문서 관리 시스템은 대체로 다중 데이터베이스에 대한 통일된 시각을 제공하며, 종이 문서를 읽어 들이기 위한 스캐너, 종이로 출력하기 위한 프린터, 저장 장치, 그리고 문서를 저장하고 있는 데이터베이스를 관리하기 위한 컴퓨터 서버와 서버 프로그램 등을 포함할 수도 있다. 전자 문서 관리는 청구서, 주문서, 사진, 전화 인터뷰, 비디오 뉴스 클립 등과 같은 많은 양의 문서들을 변환하고 저장하려는 기업에 필요하다. 전자 문서 관리는 다른 응용 프로그램들과 결합되거나 통합될 수 있으며, 작업 흐름 관리 접근 방식과 결합될 수도 있다. 데이터 획득을 위한 장치에는 문서 이미지 및 광학 문자 판독 장치를 포함할 수 있다.

우리나라 정부 기관 및 공무원의 행정 사무를 정한 법령(대통령령)인 사무 관리 규정은 전자 문서 시스템을 "문서의 기안·검토·협조·결재·등록·시행·분류·편철·보관·보존·이관·접수·배부·공람·검색·활용 등 문서의 모든 처리 절차가 전자적으로 처리되는 시스템"(제3조)으로 정의하고 있다.

전자 서명

🌐 digital signatures

전자 문서나 메시지를 보낸 사람의 신원이 진짜임을 증명하기 위해 디지털 형태로 생성하여 첨부하는 정보를 지칭하는 용어이다. 또한 전달된 메시지나 문서의 원래 내용이 변조되지 않았다는 것을 보증하기 위해 사용될 수도 있다. 전자 서명을 사용함으로써 얻어질 수 있는 부가적인 이득은, 전자 서명을 쉽게 전송할 수 있고, 쉽게 부인할 수 없으며, 다른 사람이 모방할 수 없고, 디지털 시간 인증(time-stamping)을 자동으로 유지할 수 있다는 점 등이다. 전자 서명은 그것이 암호화되었든 아니든 상관없이 어떠한 종류의 메시지에도 사용할 수 있으므로, 메시지가 변조되지 않고 온전히 도착했다는 사실과 송신자의 신원에 대해 수신 측에서 확신을 가질 수 있다. 디지털 인증서(digital certificate)에 인증서 발급 기관의 전자 서명을 담아 누구라도 그 인증서가 진짜임을 확인할 수 있다. (텀즈 컴퓨터 용어 사전)

　전자 문서의 안전성과 신뢰성을 확보하고, 그 이용을 활성화하기 위하여 전자 서명에 관한 기본적인 사항을 정한 전자 서명법은 "서명자를 확인하고, 서명자가 당해 전자 문서에 서명을 하였음을 나타내는 데 이용하기 위하여 당해 전자 문서에 첨부되거나 논리적으로 결합된 전자적 형태의 정보"로 전자 서명을 정의하였다. 또한 이 법에서는 다음의 요건을 갖추고 공인 인증서에 기초한 전자 서명을 공인 전자 서명으로 정하고 있다. 첫째, 전자 서명 생성 정보가 가입자에게 유일하게 속할 것. 둘째, 서명 당시 가입자가 전자 서명 생성 정보를 지배·관리하고 있을 것. 셋째, 전자 서명이 있은 후에 당해 전자 서명에 대한 변경 여부를 확인할 수 있을 것. 넷째, 전자 서명이 있은 후에 당해 전자 문서의 변경 여부를 확인할 수 있을 것 등.

　우리나라 공공 기관의 업무 처리 방식을 법으로 정한 사무 관리 규정(대통령령)은 전자 서명을 전자 문자 서명과 전자 이미지 서명, 행정 전자 서명의 3가지로 구분하고, 전자 문자 서명은 "기안자·검토자·협조자·결재권자 또는 발신 명의인이 전자 문서상에 전자적 결합으로 자동 생성된 자기의 성명을 전자적인 문자 형태로 표시하는 것"으로, 전자 이미지 서명은 "기안자·검토자·협조자·결재권자 또는 발신 명의인이 전자 문서상에 전자적인 이미지 형태로 된 자기의 성명을 표시하는 것", 행정 전자 서명은 "기안자·검토자·협조자·결재권자 또는 발신 명의인의 신원과 전자 문서의 변경 여부를 확인할 수 있도록 당해 전자 문서에 첨부되거나 논리적으로 결합된 전자적 형태의 정보로서 인증을 받은 것"으로 정의하고 있다. 즉, 전자 문자 서명은 전자 문자 형태로 구성한 것, 전자 이미지 서명은 자필 사인이나 인장 등을 전자적인 이미지로 획득하여 사용하는 것, 행정 전자 서명은 공식 인증을 받은 전자 서명이라고 볼 수 있다. 한편, 전자 서명이 개인의 신원을 확인하는 수단인 데 반하여 전자 관인은 기관의 정체성을 표현하는 관인(official seal)을 전자화한 것이다. 사무 관리 규정은 전자 이미지 관인을 "관인의 인영을 컴퓨터 등 정보 처리 능력을 가진 장치에 전자적인 이미지 형태로 입력하여 사용하는 관인"으로 정의하였다. [사무 관리 규정 제3조]

전자 저널 아카이빙

영 electronic journal archiving 일 電子ジャーナルアーカイビン

현대 학술 커뮤니케이션의 가장 중요한 경로라고 할 수 있는 전자 학술지가 담고 있는 고가의 정보에 대한 장기적인 접근과 활용을 보장하기 위한 활동을 의미한다. 전자 저널(electronic journals)을 개발하고 보급하는 데 많은 비용과 노력을 투자한 학술지 출판사와, 높은 비용을 투자하여 학자와 연구자를 위하여 이에 대한 일정 기간 동안의 이용 허가를 구매하는 도서관 사이에서는 전자 저널 아카이빙이 누구의 책임인가를 놓고 상당한 기간 동안 긴장 관계를 유지해왔다. 그 결과 지적 재산권의 대상이자 엄청난 금전적 가치를 갖는 전자 저널의 소유권을 인정하면서도 장기적인 접근을 보장하기 위한 아카이브를 구축하는 데 모두가 기여해야 한다는 공감대를 형성하게 되었다.

 지식 정보 자원이자 중요한 문화 유산이기도 한 전자 저널의 장기적 보존에 대하여 국가 기관도 관심을 갖게 되면서 다양한 해결안도 나오고 있다. 출판사의 소유권을 보장하면서도 장기적 보존 활동을 수행하기 위한 '비공개 아카이브(dark archive)'의 개념이 그중 하나이다. 출판사가 문을 닫거나 하는 이유로 소유권을 행사할 수 없게 되는 시점까지 일반 공개를 하지 않는 조건으로 장기적 보존을 위한 조치를 계속한다는 것이다. 개별 출판사나 개별 도서관의 역량의 한계를 넘는 과제이므로 국립 도서관이나 전자 저널 구독을 위한 국가 컨소시엄이 주축이 되어 자국에서 간행하였거나 자국의 도서관이 구독한 저널에 대한 아카이브를 구축하는 실험도 있다. 이 분야에서 가장 앞선 국가는 네덜란드로, 네덜란드 국립 도서관(Koninklijke Bibliotheek, KB)은 학술지 출판사들과 기탁 협약을 맺고, 전자 저널 아카이브를 구축하고 있다.

전자 정보 공개법

영 EFOIA(Electronic Freedom of Information Act) 중 電子信息報道自由法

[미] 미국에서 정부 기록의 전자화에 대응하고 공개 청구에 대한 회답 지체를 해소하기 위해 1996년 마련한 법. 정부 기록의 전자화에 대한 대응으로 ① 정보 공개의 대상에 전자 기록도 포함된다는 점을 명시적으로 규정하였고, ② 공개 청구된 전자 기록의 공개 형태와 관련하여 청구인이 지정한 공개 형태가 청구 시에 행정 기관에 존재하지 않는 경우에도 청구인이 지정한 공개 형태로 용이하게 변환할 수 있다면, 청구인이 지정한 형태로 제공해야 함을 규정하고 있다. 또한 공개 청구에 대한 회답

지체를 해결하기 위한 규정도 구체적으로 제시하고 있다. (경건(2002))

전자 정부

🌐 electronic government; e-government; digital government   🀄 電子政府

인터넷 등 정보 기술을 활용하여 시민을 위한 정부 서비스를 개선하고, 정부와 시민 간(G2C)·정부와 기업 간(G2B)·다양한 정부 부서 간(G2G) 커뮤니케이션을 활성화하는 것을 말한다. 전자 정부를 완성하기 위해서는 업무 분석에 기반한 업무 재설계, 즉 정부의 업무 처리 과정을 단순화하고, 중복 업무를 없애는 작업이 선행되어야 한다. 통합된 전자 정부를 구축하기 위해서는 개별 부서의 행정 정보화가 선행되어야 하기 때문에 전자 정부를 국가적 역점 사업으로 채택하면서 각 부처가 생산하는 기록이 종이 기반에서 전자 기반으로 전환하게 되는 중요한 계기를 마련하기도 하였다. 그러나 현 단계에서 전자 정부와 관련된 논의에서는 업무상 활용을 위한 기록 관리상의 안배나 장기적 보존을 위한 고려가 배제되어 있는 것이 큰 문제이다.

전조합 색인 → 색인 작성

전종

🀄 全宗

[중] 기관·단체·기업의 사업 단위 혹은 저명 인물이 사회 활동 중에 생산한 당안(檔案)의 유기적인 총체(有機整體). 전종(全宗)은 당안관(당안실)이 당안에 대하여 과학적 관리를 진행하는 기본 단위이자 국가 당안 전종의 기본 분류 단위이다. 하나의 입당 단위(立檔單位)가 자신의 전체 활동 중에 생산한 당안이 하나의 유기적인 총체인데, 그것은 조직 연혁, 직능 활

동, 역사 면면 혹은 개인의 일생을 반영하기 때문에, 정리하는 가운데 분산되면 안 된다. 전종에 따라 정리하면 문건의 증거 가치를 보호하고 문건 간의 관계를 유지할 수 있어서 문건 내용의 정확한 이해에 도움이 되고, 정리 · 목록 편제 · 평가 · 이용에 편리하다. 전종은 당안 관리의 필수 원칙이다. 전종 개념은 중화인민공화국 성립 초기 소련에서 들어왔다. 처음에는 러시아어의 '폰트(фонд)'를 음역하여 '분특(芬特)'이라고 하다가 1955년 12월 이후 국가 당안국이 현재의 명칭으로 개명하였다. 〔『檔案學詞典』, p. 165〕 전종에 따라 관리하는 것은 당안관(실) 등 당안 부문이 출처에 따라 당안을 구분하는 일종의 정리 방법이자 또한 국가가 규정한 관리 원칙이므로 '전종 원칙'이라고 부른다. 이는 외국의 출처 주의(principle of provenance)를 계승 · 발전시킨 것이다. 전종의 종류는 정식의 독립 전종과 전종의 보충 형식으로 나뉘며, 전자는 다시 기관(조직) 전종, 인물(개인) 전종으로 나뉘고, 후자는 다시 연합 전종(聯合全宗), 전종 회집(全宗滙集), 당안 회집(檔案滙集) 등으로 나뉜다. 한편, 일부 당안관에서는 전종군(全宗群)의 개념을 활용하여 전종을 구분하기도 한다. 〔『檔案學詞典』, p. 163; 『漢英英漢檔案學詞典』, p. 117; 김유리(2003a), pp. 299~303〕

전종군

🖉 全宗群

[중] 일정한 역사적 관계를 갖는 여러 입당 단위(立檔單位)가 형성한 전종(全宗)들의 연합체를 뜻한다. 일정한 유형의 전종들 간에 역사 관계를 유지하고 당안(檔案)의 관리와 조사를 편리하게 하기 위하여, 횡적 혹은 종적 관계를 가진 약간의 전종을 시기나 입당 단위의 성격, 예속 관계, 소재 지역 등에 따라 조성한 당안 집합체이다. 시기에 따라 조성한 것으로는 청대 당안 전종군, 민국 당안 전종군이 있으며, 입당 단위의 성격에 따

라 조성한 것으로는 법정 계통(法政系統) 전종군, 재무 계통(財務系統) 전종군, 문교 계통(文敎系統) 전종군 등이 있다. 전종군의 개념은 거시적으로 당안관 사이의 네트워크를 구성한다든지, 소장 당안의 구조에 대한 계획을 세운다든지, 전체 서고에 대한 대체적인 배치 계획을 세울 때 관념적인 근거를 제공해준다. 예를 들면, 중앙 당안관은 전종군의 개념을 이용하여, 전체 당안을 '중공 중앙'과 '중앙 국가 기관'으로 나누고, '중앙처'와 '국가처'라는 2개의 당안 보존 관리 부서를 설치하여 중공 중앙과 중앙 국가 기관의 당안에 대해서 관리를 진행하고 있다. 그러나 실제 당안을 보존 관리할 때는 여전히 전종을 기본 단위로 하므로, '중공 중앙'이나 '중앙 국가 기관'이라는 전종군은 다만 관념 속에서만 존재할 뿐이다. 〔『檔案學詞典』, p. 168 ; 『檔案管理學』, pp. 106~107 ; 임춘수(2002), p. 102〕

전종 회집

🈷 全宗滙集

[중] 당안관이 입당 단위(立檔單位)의 성격이 비슷하고 안권(파일)의 수량이 비교적 적은 소전종(小全宗)을 일정한 특징과 관계에 따라 만든 집합체이다. '회집 전종(滙集全宗)'이라고도 한다. 전종 원칙에 따라 당안(檔案)을 정리하는 원칙에 대한 일종의 보충 형식이다. 이를테면, 일부는 이미 폐교되었고 당안도 비교적 적은 중학교의 전종들을 하나로 모아서 하나의 전종으로 관리하며 '중학 전종 회집'이라고 부른다. 전종 회집 역시 하나의 전종 번호를 받지만, 연합 전종과는 달리 그 내부의 당안들은 입당 단위에 따라 서로 분명하게 구별되므로, 소속 당안의 수량이 늘어나거나 특정한 필요에 따라 나중에 분리 독립시킬 수 있다. 〔『檔案學詞典』, p. 166 ; 김유리(2003a), p. 303〕

전형 표본 추출 → 평가 표본 추출

절대 습도

영 absolute humidity 중 絕對濕度

주어진 온도에서 공기 $1m^3$에 존재하는 수증기의 양을 g으로 나타낸 것. 단위는 g/m^3.

→ 습도, 상대 습도

접근

영 access 중 査閱 일 アクセス, 閲覧, 利用

목록이나 색인, 검색 도구 등을 사용하여 원하는 기록의 위치를 알아내는 것을 의미한다. 저장 매체에서 정보를 검색하는 물리적인 과정을 의미하기도 한다. 접근에는 기록관의 참고 시설을 이용하는 것, 기록관이 소장하고 있는 보존 기록이나 기록, 소장 자료를 조사하는 행위도 포함된다.

접근성

영 accessibility 일 利用可能度

기록에 얼마나 쉽게 접근하고 사용할 수 있는지의 정도를 의미한다. 접근성은 여러 가지 측면으로 나눌 수 있는데, 기록이 소장된 물리적 공간에 얼마나 쉽게 갈 수 있는지를 의미하는 물리적 접근성, 목록이나 색인, 기타 검색 도구를 활용하여 원하는 기록을 찾아내는 능력을 의미하는 지적 접근성 등으로 구분할 수 있다. 또한 접근성은 신체적 장애를 가진 사람들도 기록을 이용할 수 있도록 다양한 방안을 제공할 때 많이 사용되는 용어이다. 이를테면, 시각 장애인을 위해 웹 페이지의 이미지를 문자 텍스트로 기술해주거나, 휠체어 장애인을 위해 적절한 높이의 책상을 제공하는 것은 접근성을 고려한 서비스 전략이라고 볼 수 있다.

접근점

🇬🇧 access point 🇨🇳 檢索点 🇯🇵 アクセスポイント

검색을 통하여 기록의 소재를 알아내는 데 사용되는 이름이나 용어, 키워드, 구, 기호. 기록 기술(description)에 사용되는 모든 요소가 다 접근점이 되지는 않으며, 어떤 요소가 접근점이 되는지는 적용하는 기술 규칙이나 시스템에 따라 다르다. 보통 기록의 제목, 생산자, 기능어, 주제어 등이 접근점으로 채택된다.

→ 표목

접근 제한

🇬🇧 access restriction; access control 🇨🇳 檔案的限制利用 🇯🇵 利用制限

기록의 이용을 제한하는 법적·행정적 조치를 말한다. 제한하는 방식은 다양할 수 있는데, 일정 기간 동안 이용을 제한하라는 식으로 규정하거나, 접근 제한을 해야 하는 집단을 규정하는 방식으로 할 수 있다. 또한 특정 기록에 대한 이용 방식을 제한하는 식으로 제한할 수도 있다. 이를테면, 특정 기록에 대해 어떤 사람(혹은 집단)이 열람할 수는 있지만 복사나 인용, 출판은 불허한다는 제한을 둘 수 있다. 개인 정보 보호법과 저작권법 등과 같이 법적 사유로 인해 이용을 제한하는 경우도 있지만, 기증자와의 협약에 이용 제한 사항이 포함되어 있기 때문에 제한하는 경우도 있다.

접근 통제

🇬🇧 access control 🇨🇳 閱覽

기록과 기록이 담고 있는 정보를 보호하기 위하여 기록에 대한 접근을 제한하거나 허용하는 기록 관리 과정을 말한다. 접근에는 서로 상반되는

2가지 측면이 있는데, 첫째는 접근 통제를 통하여 기록과 그 속의 정보를 보호하는 것이고, 둘째는 이용자가 기록에 접근할 기회를 최대한 제공하여 기록의 이용을 촉진하는 것이다. ISO 15489가 제시하는 접근의 3가지 원칙은 다음과 같다. 첫째, 누가 어떤 환경에서 기록에 접근하도록 허가할지를 규정하는 공식적인 지침이 있어야 한다. 둘째, 효과적으로 접근을 통제하려면 기록과 개인 모두에게 접근 조건을 부여해야 한다. 셋째, 기록에 시의 적절하고 효과적으로 접근하여 검색할 수 있도록 해야 한다. 여기서 첫째와 둘째 원칙은 접근 통제를 위한 것이고, 셋째 원칙은 접근 제공을 위한 것이다.

접근 허가

영 access

개인 정보 보호, 기밀 보호, 보안 등과 같은 법적 규제에 따라 기록을 찾고 검색하도록 허가하는 것. 연구나 출판을 위하여 자료와 기록으로부터 정보를 추출할 수 있도록 허가하는 것도 포함된다.(ISO 15489) 기록이 손상되는 것을 막고, 기밀 정보를 보호하기 위해 접근을 허가하지 않거나 부분적으로 막을 수 있다.

정리

영 arrangement 중 整理 일 整理

기록을 출처 주의와 원질서 존중 원칙에 따라 계층별로 조직화하는, 지적·물리적 처리 과정을 말한다. 정리에는 논리적으로 기록을 분류하는 과정도 포함하지만, 보통은 보존 기록관으로 이관한 후 기록을 보존 용기에 재배치하는 과정을 의미한다. 따라서 포장, 라벨 부착, 서가 배치도 정리 과정의 일부이다. 쉘렌버그(T. Schellenberg)는 1956년 기록학의 고전인 『현대 기록학 개론(Modern Archives)』에서 '정리(arrangement)'와 '분류(classification)'의 개념을 구분하여 사용하고 있다. 그는 현용 기록(active records)의 조직화를 위해서는 분류를, 보존 기록관에 영구 보존을 위해 이관된 보존 기록(archives)에 질서를 부여하는 방식을 정리로 사용하고 있다. 그러나 세계 각국의 기록 관리 정책을 살펴보면 현용 기록과 보존 기록을 구분하지 않고, 기록 연속성(records continuum) 개념에 따라 조직화하는 추세가 확산되고 있다. 특히, 전자 기록 관리 시스템의 확산이라는 새로운 정보 환경에서 정리의 개념 역시 물리적 질서보다는 논리적 질서를 부여하는 방식으로 전환되고 있다. 즉, 물리적 통제 수단으로서의 중요성이 약화되면서 정리는 기록에 논리적 질서를 부여하는 수단이 되었고, 이러한 변화는 곧 분류와 정리의 개념이 통합되는 경향으로 파악할 수 있다. 한편, 생산자가 아닌 사람이 수립한 질서에 따라 기록을 배치하는 것을 분류로 보고, 이와 대비하여 생산자가 수립한 질서에 따라 기록을 조직화하는 것을 정리로 구분하는 경우도 있다. (Pearce-Moses(2005), p. 35)

정리 계층

영 level of arrangement   일 整理のレベル

보존 기록 관리에서 사용하는 지적·물리적 분류에 따라 형성되는 계층 체계. 행정적 통제, 물리적 통제, 지적 통제를 위해 보존 기록을 분류할 때 형성되는 계층 체계. 보통 가장 상위에 기록군(records group)이나 컬렉션 계층이 존재하고, 그 아래로 하위 기록군(subgroup), 기록 시리즈(series), 기록철(file), 기록건 등으로 구분되어 존재한다. 홈즈(Oliver W. Holms)는 기록군 상위에 보존소 계층(depository level)을 두어, 소장한 기록을 보존 공간의 위치(이를테면 제1서고, 제2서고 등으로 구분)와 같은 기준에

따라 크게 나누어줄 수 있는 계층을 제안하였다. (Holms(1984), p. 164)

정리 체계

🈳 system of arrangement 🈴 整理体系

국제 보존 기록 기술 규칙(ISAD(G))에서 지정한 내용 및 구조 영역의 기술 요소 중 하나로, 기술되는 기록의 구조나 질서, 분류된 방식에 관한 정보를 제공한다.

정보 가치

🈳 informational value 🈴 信息價値 🈁 情報価値

2차 가치에 포함되는 것으로서 증거 가치나 현물 가치와 무관하게 인물, 사물, 사건 등을 기술한 기록의 내용에 기초한 자료의 유용함과 중요함.

정보 가치 모듈 → 미시 평가

정보 공개법

🈳 FOIA(Freedom of Information Act) 🈴 信息報道自由法 🈁 情報公開法

공공 기관이 보유·관리하는 정보에 대한 국민의 공개 청구와 공공 기관의 공개 의무에 관해 규정함으로써 국민의 알 권리를 보장하고 국정에 대한 국민 참여와 국정 운영의 투명성을 확보하기 위해 제정한 법을 말한다. 우리나라에서는 1996년 '공공 기관의 정보 공개에 관한 법률'이라는 이름으로 제정·공포되었으며, 1998년 1월 1일부터 시행되었다.

미국, 영국, 호주에서는 '정보 자유법(FOIA)'이라 칭한다. 전 세계 50개국에서 정보 공개법 혹은 정보 자유법을 제정·시행하고 있다. 정보에 대한 인간의 자유를 표명한 최초의 국제 문서는 1948년 12월 10일 공포된 '세계 인권 선언'이다. 세계 인권 선언 제19조에는 모든 사람은 의견의 자유와 표현의 자유에 대한 권리를 가지며, 이러한 권리는 간섭 없이 의견을 가질 자유와 국경에 관계없이 어떠한 매체를 통해서도 정보와 사상을 추구하고 얻으며 전달하는 자유를 포함한다고 명시하고 있다. 정보를 추구하고 얻을 권리는 민주 국가가 정부 정보에 대한 접근을 국민에게 허용하는 것과 공개적 방식으로 운영할 것을 요구한다. 민주주의 국가에서 정보 공개 제공 및 개방성은 정부 공개 회의법(Open Meeting Law), 정보 자유법, 그리고 사생활 정보 보호법이라는 세 가지 요소들을 필요로 한다. 현대 민주 정부에서 공공 기록 정보의 공개는 민주 정부의 투명성과 개방성을 요구하는 국민의 권리에서 비롯된다. 공공 기록 관리와 공공 기록 정보 공개 문제에 있어서 정부의 국민에 대한 설명 책임(accountability)이 중요하게 여겨지는 이유가 여기에 있다. 정보 자유법은 공공 정책의 결정 과정에서 개방성과 투명성을 부여함으로써 정부에게도 혜택이 되고, 정부 행동에 대한 시민의 신뢰를 발전시켜 민주적인 시민 사회를 형성시킨다. 공공 기록 정보의 공개는 다음과 같은 이유로 인해 중요하다. 공공 기록 정보의 공개는 정부 행정에 대한 신뢰를 생성하며, 정부 행정의 정당성을 증진시키고, 효과적인 정부 행정을 촉진하고, 부패를 감소시킨다. 대부분의 정보 자유법은 열람 가능한 정보의 유형을 4가지로 정해 그 목적을 추구한다. 정보 유형은 ① 행정상 또는 사법상의 문제들 혹은 활동들에 관한 정보 ② 공권력의 일반적인 활동들에 관한 정보 ③ 유용한 지식 정보 ④ 영리적 가치가 있는 정보 등이다. 정보 공개법(정보 자유법)은 공공 기록 정보의 이러한 4가지 유형들에 대한 국민의 권리를 성문화한 것이다. 이 정보 자유법이 갖추어야 할 필수 조항들이 있다. 첫째, 대상 기록 정보의 매체나 형식에 대한 규정이다. 종이, 전자, 시청각 등 기록 정보 형태에 관계없이 모든 공공 정보를 열람할 권리를 명시한다. 둘째, 정보 공개를 추구하는 이유에 관계없이 모든 사람에게 정보를 공개한다는 원칙이다. 셋째, 정보 공개 요청자는 무료 혹은 유료로 정보의 사본 입수가 가능해야 한다. 넷째, 정보 공개 요청자들이 어디서나 정보를 찾을 수 있고, 어떤 정보가 유효한가에 대해 알 수 있도록 하는 출판된 검색 도구가 구비되어 있어야 한다. 이에 따라 비공개 기록의 목록조차 공개하는 것이 공공 기록 정보 공개 원칙이다. 다섯째, 공개 열람의 적시 제공이 필수적이다. 공공 기관은 공공 기록 정보의 열람 제공 거부에 대한 이유를 명백히 제시해야 한다. 여섯째, 일부 분명한 범주의 정보는 공개하지 않는다. 이런 범주들에는 프라이버시, 기밀 업무 정보, 독자적인 조사 정보, 혹은 비밀 정보가 포함될 수 있다. 그럼에도 불구하고 비공개 문서들은 가능한 한 부분적으로 비공개해야 한다. 그리고 모든 공공 기록 정보가 언젠가는 공개될 것이라는 확실한 합의가 존재해야 한다. 일곱째, 정보 공개 거부 시 사법 제도 내에 신속한 청원 소송 절차가 존재해야 한다. 이것은 사법부에 대한 강력한 국민의 신뢰가 존재해야 한다는 것을 전제로 한다. 따라서 대부분의 정보 자유법은 공공 기록 정보 공개의 절차, 이의 신청 방법, 공개 여부에 관한 조정 및 심판 과정, 이것을 담당하고 있는 공공 기관이나 권위의 명시, 공개 예외 조항으로 구성되어 있다. 우리나라의 정보 공개법은 공공 기관의 정보에 대한 정의와 범위, 공공 기관의 정보 공개 의무, 정보 공개 절차와 시기적 제한, 공개에서 면제(exempt)될 수 있는 정보의 구체적인 명시, 공공 정보의 공개나 비공개 결정 시 이의 신청과 조정 절차 등을 그 내용으로 하고 있다.

정보 공개법에서 핵심적으로 중요한 내용은 공개 면제 정보에 관한 규정이다. 미국의 경우 공개되지 않을 수 있는 연방 정부의 공공 정보는 다음과 같다. (1)호 : 국방 또는 대외 정책을 위해 대통령령의 비밀 정보 지정 대상 범주에 속하는 것으로 승인된 사안과 그 대통령령을 실행하기 위해 실제로 비밀 정보로 지정된 사안. (2)호 : 기관 내부의 인사에 관한 규칙 및 기관의 업무 관행에 관련된 사안. (3)호 : 정보 자유법 이외의 다른 법률에 의해 일반 국민에게 공개하지 못하도록 한 사안으로서, 그 법률 규정에 당해 사안에 대해 일임하지 않는 방식으로 그 사안이 일반 국민에게 공개하지 않도록 규정되어 있거나, 공개 제한의 특정 기준이 수립되어 있거나, 공개 제한할 특정한 형태를 언급하는 경우. (4)호 : 특수 지위에 있는 사람으로부터 획득한 기업 거래상의 비밀, 상업상·금융상의 비밀 정보. (5)호 : 정부 기관 상호 간의 각서 및 서신으로서 그 행정 기관과 소송 중인 기관 이외에 제3자에게 공개하지 않도록 법률에서 정해진 사안. (6)호 : 공개될 경우 개인의 프라이버시를 명백히 부당하게 침해하는 사안으로서 개인 정보 및 의료 정보 또는 그와 유사한 기록. (7)호 : 법 집행을 목적으로 수집된 기록 및 정보, 단 그러한 법 집행 기록이나 정보가 생산되는 수준이 (A)절 법 집행 절차를 방해할 것으로 예상되거나, (B)절 공정한 재판을 받을 권리나 공정한 판결을 받을 권리를 박탈하거나, (C)절 개인의 프라이버시를 부당하게 침해하거나, (D)절 주 정부 기관·지방 정부 기관·외국 기관·공공 기관·민간 기관을 포함한, 비밀 규정에 기초하여 정보를 작성한 기관의 비밀 출처가 밝혀질 것으로 예상되거나, 또한 형법 집행 기관에 의해 범죄 수사를 진행하는 과정 중에 비밀 출처에 의해 작성된 정보, 또는 합법적인 국가 안보 첩보 업무를 수행하는 기관에 의해 비밀 정보 출처에 의해 작성된 기록과 정보의 경우에 비밀 출처가 밝혀질 것으로 예상되거나, (E)절 법 집행을 위한 수사나 검찰 기소를 함에 있어서 수사 기술과 절차를 노출시키거나 지침을 노출시킬 때 그러한 노출이 법망의 허를 찌를 위험성이 높을 것으로 예상되거나, (F)절 어떤 개인의 신체적 위해나 생명을 위협할 것으로 예상되는 경우에 한한다. (8)호 : 금융 기관을 감독·규제하는 기관이 생산하거나, 사용하기 위해 생산된 조사 운영 실태 보고서를 포함하고 있거나 그와 관련된 사안. (9)호 : 유정에 관한, 지도를 포함한 지질학상 및 지구 물리학상의 정보와 데이터이다.

프랑스는 행정 기록 접근 이용법(1978)에 의해 공공 기록 정보를 공개한다. 의회 회의록, '국가 위원회(Counceil d'Etat)'의 권고안, 행정 판결문, 감사원 기록은 행정 기록에 해당되지 않는다. 프랑스에서는 개인 사생활 정보, 무역이나 제조업상의 비밀, 개인에 대한 가치 판단 정보, 개인의 행태에 대한 정보 등은 당사자에게만 제공한다. 프랑스 행정 기록 접근 이용법의 공개 제외 조항은 다음과 같은 사항을 훼손할 수 있는 기록을 공개 제한하도록 하고 있다. ① 정부 기관 업무 절차의 비밀성 ② 국가 방위 비밀 ③ 외교 수행 ④ 국가 안보, 공공 안전, 개인의 안전 ⑤ 통화와 공공 재정 ⑥ 재판 전 적법한 업무 수행이나 그 업무 수행을 위한 예비 활동 ⑦ 적법한 기관에서의 탈세 및 세관 범죄 조사 ⑧ 법률에 의해 보호되는 비밀.

캐나다 정보 접근법(1983)에 의한 정보 공개 예외 조항은 다음과 같다. ① 외국 정부, 국제 기구, 지방 정부로부터 비밀로 규정하고 획득한 정보 중 연방-지방 정부 관계, 국제 관계, 국가 방위를 손상시킬 수 있는 정보 ② 법률적 조사(수사), 무역 비밀, 정부가 소유한 재정·상업·과학 기술 정보나 캐나다의 재정적 이익을 손상시킬 수 있는 정보 ③ 사생활 보호법상의 개인 정보 ④ 제3자의 무역 비밀이나 기밀 정보를 포함하고 있는 정보 ⑤ 20년 이하의 기간이 경과한 정부 운영 관련 기록 ⑥ 내각에서 비공개로 지정한 기록은 20년간 정보 자유법의 적용 대상이 되지 않으며 비밀로 취급한다. 캐나다의 '내각 비공개(Cabinet confidence)' 지정 기록은 내각 기관의 광범위한 자의적 판단을 허용한 까닭에 법원에서 제동을 걸어, 이 제외 조항을 근거로 비공개로 지정한 기록은 법원이나 정보 위원회에서 적정성 여부를 재검토하도록 명령을 내렸다. 2003년 2월 연방 재심 법원은 "정책이 결정된 후에는 정책 배경 설명, 문제와 분석, 정책 대안에 관한 회의 기록을 공개하라"고 판결을 내렸다. 이에 캐나다 정부는 이들 회의록을 '내각 메모'라고 명명하고, 예외 조항의 적용을 중지시켰다.

호주 연방 정보 자유법(1982)의 공개 예외 규정에는 국가 안보 사항, 국방, 외교, 내각 국무 회의에 제출되거나 생산된 기록, 기관 내부 운영에 관한 기록, 법 집행 및 공공 안전에 관련된 기록, 개인 사생활 정보, 국가 경제 관련 기록 정보, 법률적 특권, 비밀 기록이 공개 예외 대상 기록 정보로 규정되어 있다.

정보 공개 시 공개 예외 조항을 보다 객관적으로 적용할 수 있도록 사례와 훈련을 제공하는 교육 프로그램이 필요하다.

정보 자유법의 전 세계적 추세는 공개와 투명성이다. 민주 정부의 근간이라 할 수 있는 설명 책임을 보장하기 위해 엄정하고 과학적인 기록 관리와 공개 지향적인 정보 공개 제도가 필수적으로 요구된다. 멕시코나 아르헨티나의 경우에서 보듯이 특히 제3세계에서 정보 자유법을 보다 강력하게 시행하려는 움직임을 보이고 있다. '공공의 이익 테스트'를 통해 비공개 결정의 효과성을 검증하는 체계적인 제도의 도입이 강조되는 추세이다. 정보 공개 정책을 수립하고, 기관에서의 정보 공개 업무 수행에 대한 평가와 감독을 수행하고, 이의 신청을 조정하는 독립적인 정보 공개 위원회 혹은 정보 감독원(Information Commissioner)이 설립 운영되고 있다. 정보 공개 위원회는 대개 의회에 의해 임명되는 옴부즈맨 형태가 가장 많다. 캐나다에서는 정보 위원회가 정보 자유법의 시행을 감독한다. 캐나다 도서관 기록관(Library and Archives Canada)은 20년 이상 된 공공 비밀 기록의 해제를 담당하고, 기록 정보의 공개를 제공한다. 캐나다 도서관 기록관장은 현재 2명으로 되어 있는 '정보 챔피언(Information Champion)' 중의 1명이다.

정보 관리

㉢ information management   ㉥ 信息管理   ㉧ 情報管理

기관의 업무 수행을 지원하기 위해 효과적으로 정보를 수집·보관·열람 허용·활용·처리하는 관리 업무를 말한다. 기록 관리보다는 그 증거성과 설명 책임의 보장과 관리에 취약하다. 최소의 비용으로 최대한 정보를 활용하는 것을 목적으로 하며, 업무의 생산성과 효율성의 향상이 우선적인 목표이다.

정보 관리 시스템

㉢ information management system; information system   ㉥ 信息管理系統
㉧ 情報管理システム

정보를 저장·검색·조작·분석하고, 재현할 수 있도록 설계된 일련의 절차와 기법을 말한다. 전산 환경에서는 정보를 처리하기 위하여 설계된 하드웨어와 소프트웨어를 정보 시스템이라고 한다. 특히 우리나라 정부 기관에서 사용하는 정보 시스템은 '행정 정보 시스템'이라는 명칭으로 불리며, "행정 기관이 행정 정보를 생산·수집·가공·저장·검색·제공·송신·수신 및 활용하기 위한 하드웨어·소프트웨어·데이터베이스와 처리 절차 등을 통합한 시스템"으로 정의된다. 〔사무 관리 규정 제3조〕

정보 모형

㉢ information model

디지털 아카이브에 관한 기본 사항을 정한 OAIS 참조 모형이 전자 기록을 포함한 디지털 정보의 개념과 그 구성 요소를 모형화한 것을 가리킨다. 보존해야 할 기록 정보의 내용을 구성하는 디지털 신호열인 '데이터 객체(data object)'와 컴퓨터를 통하여 인간이 육안으로 그 정보를 식별할 수 있도록 하는 정보인 '표현 정보(representation information)'를 구분하였다. 디지털 정보의 복잡한 회귀적 속성을 명료하게 정리했다는 점에서 중요한 의미를 갖는다.

정보 시스템 → 정보 관리 시스템

정보 자원 관리

영 information resources management 중 信息資源管理 일 情報資源管理

정보를 재정, 인력, 자연 자원 같이 자원으로 보는 관리 원칙을 말한다. 기록 역시 기관의 자원으로 인식되어야 한다. 정보의 효율적이고 효과적인 취급을 강조한다.

정보 자유법 → 정보 공개법

정보 제공 면담

영 reference interview

아키비스트가 이용자와의 대화를 통해 이용자가 원하는 기록을 찾고, 이용자의 요구를 충족시킬 수 있도록 지원하는 활동. 면담 과정은 우선 이용자의 신분을 확인하고, 이용자의 정보 요구와 목적을 확인한 후 적절한 검색 도구나 관련 정보원으로 안내하고, 이용 및 복제를 위한 기본적인 절차와 제한 사항을 안내해주며, 이용이 끝나면 서비스를 평가받는

것으로 진행된다. (Pearce-Moses(2005), p. 337)

정보 제공 서비스

🟢 reference service 🟠 咨詢處 🟡 レファレンスサービス

넓은 의미에서 정보 제공 서비스는 이용자의 요구를 충족시킬 수 있도록 기록과 이용자를 연결시켜주는 모든 활동을 의미한다. 기록관에서 수행하는 정보 제공 서비스의 유형은 ① 기록관에 대한 정보 제공 ② 소장 기록에 대한 정보 제공 ③ 소장 기록에서 추출한 정보 제공 ④ 기록 생산자에 관한 정보 제공 ⑤ 다른 기록관이나 정보원으로의 안내 ⑥ 저작권, 프라이버시, 보안, 정보 공개, 기타 관련법에 관한 정보 제공 ⑦ 기록 활용법과 연구 절차 안내 ⑧ 소장 기록에 대한 물리적 접근 제공 ⑨ 소장 기록의 복제 ⑩ 소장 기록의 대출 등으로 나눌 수 있다. (Pugh(1992)) 협의의 정보 제공 서비스는 이용자와의 면담을 통해 이용자가 원하는 기록이나 정보를 찾을 수 있도록 안내해주는 과정을 의미하며, 대출이나 복사 서비스 등은 제외된다.

정보 제공 아키비스트

🟢 reference archivist 🟡 レファレンスアーキビスト

기록관에서 기록 정보 제공 서비스를 담당하는 아키비스트. 도서관의 정보 제공 사서(reference librarian)와 대응되는 개념이다.

정보 통신망

🟢 computer network

전기 통신 설비를 활용하거나 전기 통신 설비와 컴퓨터 및 컴퓨터의 이용 기술을 활용하여 정보를 수집·가공·저장·검색·송신 또는 수신하는 정보 통신 체제를 말한다.

정보 패키지 모형
🌐 information package model

디지털 아카이브에 관한 기본 사항을 정한 OAIS 참조 모형이 보존해야 할 정보(content information)와 이를 보존하도록 지원하는 정보(preservation description information)를 하나로 묶어주는 정보(packaging information), 그리고 보존한 정보를 이용하도록 지원하는 정보(descriptive information) 사이의 관계를 개념화한 모형이다. 정보 모형 및 디지털 아카이브의 기능 모형과 함께 전자 기록을 포함한 디지털 정보의 장기적 보존 방법을 구체화하기 위한 개념틀로서 그 의의가 널리 받아들여지고 있다.

정부 공문서 규정(1961)

[법] 1961년 9월 13일 제정된 각령(閣令) 제137호로, 총 67개조로 구성되어 있으며, 공문서의 종류, 서식, 결재 절차, 문서 수·발신, 보존 기간, 편찬 등이 상세하게 규정되어 있다. 정부 공문서 규정은 이후 1963년 11월 20일(각령 제1645호), 1966년 5월 21일(대통령령 제2538호), 1984년 11월 23일(대통령령 제11547호) 3차례 전문 개정되었으며, 1991년 6월 19일(대통령령 제13390호) 폐지되었다. 사무 관리 규정 제정 이전까지 공문서 관리 기본 규정으로 사용되었다. 1963년 정부 공문서 규정은 공문서의 작성, 처리 및 통제에 관한 규정으로 구체화되고, 같은 해 12월 16일 각령 제1759호로 제정된 공문서 보관·보존 규정은 완결된 문서의 정리, 편찬 및 보존 관련 규정으로 분화되었다는 점에서 의미가 있다. 또한 1963년 정부 공문서 규정은 공문서에 분류 기호 개념을 적용하기 시작했다는 점에서 의미가 있다. 당시 사용하였던 공문서 분류 기호는 기관 기호와 문

서 분류 번호로 구성되어 있으며, 기관 기호는 국·과별 보조 기관을 단위로 하여 정하고, 문서 분류 번호는 공문서의 종류에 따라 연도별 또는 누년 일련번호를 사용하였다.

→ 공문서 규정(1950), 공문서 보관·보존 규정(1963), 공문서 보존 기간 종별 책정 기준에 관한 건(1964), 공문서 보존 기간 종별 책정 기준 등에 관한 규칙(1979), 공문서 분류 및 보존에 관한 규칙(1992)

정부 기록 보존소

1969년 8월 23일 총무처 장관 소속하에 설치된 기록물 관리 기구이다. 정부의 영구 및 준영구 보존의 문서, 인쇄물, 서적, 지적도, 계획서, 도안, 사진, 마이크로필름, 영사 필름, 녹음 기록, 기타 중요한 기록물의 수집·관리 및 보존을 위해 설치되었다. 정부 기록 보존소는 수집·관리 및 보존의 업무만을 담당하였으며, 기록 관리와 관련된 정책 결정 및 제도 개선, 연구 기능은 행정 관리국 행정 능률과, 사무 관리과 등에서 담당하였다.

→ 국가 기록원

정부 처무 규정(1949)

[법] 1949년 7월 15일 제정된 대통령 훈령 제1호. 공문서 처리에 관한 내용을 포함한 최초의 규정으로, 총 7장으로 구성되어 있으며, 이 중 제3장이 공문서 처리 관련 규정이다. 제3장은 '문서 접수 및 배부', '성안(成案) 및 결재', '성안의 시행', '편찬 및 보존' 등의 절로 구성되어 있다. 그런데 정부 처무 규정은 문서건 명부, 성안의 요령 및 기호 표시, 완결 문서 편철 방식, 편찬 구분 및 보존 종별에 따른 공문서 분류, 보존 기간 책정 등 상당 부분이 조선 총독부 처무 규정의 영향을 받고 있다.

정수 점검

🅔 inventory

기록 서고 관리의 한 절차로, 기록의 수량을 주기적으로 점검하는 행위를 말하며, 우리나라 공공 기록물 관리법에 의하면 2년마다 실시하도록 하고 있다. (공공 기록물 관리법 시행 규칙 제31조)

→ 기록 조사

정확률 → 검색 효율

제목

🅔 title 🅒 標題 🅙 タイトル

기록의 정체성을 확인할 수 있는 이름으로 단어나 구로 이루어짐. 제목의 유형으로는 본제목(title proper), 부제목(subtitle), 대등 제목(alternative title) 등이 있다. 도서관 목록에서는 보통 '서명(書名)'이라 부른다.

→ 대등 제목

제본

🅔 binding

묶여 있지 않은 기록이나 낱장의 문서를 한데 모아 책으로 묶는 것을 말한다. 명주실과 아교풀을 사용하여 기록 내용물을 접합하고 단단한 표지를 붙여 양장본으로 만드는 것과 간단한 기계를 사용하여 스프링이나 플라스틱으로 기록을 한데 묶는 간이 방식이 있다. 팸플릿이나 뉴스레터 등 단명 기록의 경우에는 스테이플로 고정하여 대량으로 묶는 방식도 있다. 우리나라 공공 기관의 기록철은 기록 정리 시에 편철이라는 명목으로 낱장의 종이에 구멍을 뚫어 굵은 끈으로 연결하는 방식으로 제본되었다. 여러 번의 제본 과정을 거치면 종이에 많은 구멍을 남기고 심한 경우 기록의 내용을 손상시키기 때문에 이러한 방식은 금지되었다.

제습

㊀ dehumidification ㊂ 除濕 ㊃ 除濕

공기 중 습기를 제거하는 과정.

제적

㊀ deaccessioning

기록관에서 소장하고 있던 보존 기록을 더 이상 소장하지 않기로 결정하여 원래 기관으로 돌려보내거나 다른 기록관에 보내거나 폐기하는 것을 말한다. 영구 보존 기록으로서의 가치가 제대로 평가되지 않은 채 기록이 이관·인수 또는 수집되었을 때나 혹은 기록관의 수집 정책이 바뀌었을 때, 혹은 기록의 물리적 상태가 너무 나빠서 보존하거나 이용할 수가 없을 때, 재평가 등에 의해서 이러한 결정을 할 수 있다.

제한 공개

㊀ confidential ㊂ 密件

허가받은 특정 집단이나 사람에게만 공개하도록 하는 것을 의미한다. 제한 공개 정보의 경우, 보통 관련된 특정 집단의 권리를 보호하기 위해 접근을 제한한다.

조습 처리(調習處理)

㊀ humidification

장기간 동안 건조 상태로 방치된 접히거나 말린 종이 기록을 펼칠 때 발생하는 훼손을 막기 위한 가습 처리.

조직 구조

영 organizational structure 중 組織機構 일 組織の構成

조직 내외부의 관계와 정책, 모(母)기관 내에서 기록관의 위상, 내부 계층과 자문 위원회 같은 부속 구조와의 관계를 말한다. 조직 구조를 수립하는 것은 모든 기록관 경영자의 근본적 책무이다. 한 기록관을 효과적으로 운영하기 위해서는 반드시 그 조직 구조를 공식화해야 한다. 정책, 조직 구조, 그리고 보고 계통이 현직 아키비스트나 감독자의 그때그때의 기분에 따라 정해질 수는 없다. 공식적 구조가 없다면 직원, 연구자, 그리고 기증자 사이에 혼란이 초래될 것이다. 도서관에서와 같이 기록관의 내적 조직 구조는 크게 기술 서비스 부서와 이용자 서비스 부서로 구분할 수 있다.

조직 도표

영 organizational chart 중 組織機構圖

조직 구조를 도표로 정리한 경영 도구이다. 기록관의 모든 기능적인 부서들을 하나의 도표 안에 담고 있다. 이러한 부서들은 공식적 커뮤니케이션 통로를 보여주는 선으로 연결되며, 각 부서의 지휘와 감독을 누가 맡는가를 지시하는 계층 형식으로 배열된다. 조직 도표는 기관 내의 보고와 커뮤니케이션 관계를 정의한다. 이러한 문서가 꼭 필요하지 않다고 생각하기 쉬운 소규모 기록관에서조차 조직 도표가 커뮤니케이션 라인을 문서화하는 유용한 도구가 된다. 이렇듯 규모가 작은 기록관에서도 활용할 수 있는 조직 도표는 특히 대규모 기록관 환경에서는 필수 요소이다.

종결 → 기록철 종결

종결 기록군
🔵 closed records group 🟠 封閉文件全宗

기관이 폐지되거나 행정 기능이 재편되는 등의 이유로 더 이상 기록이 추가되지 않는 기록군을 의미한다. 이를테면, 조선 총독부와 같이 더 이상 기능하지 않는 조직의 기록은 다수의 종결 기록군으로 구성된다.

종결 기록철
🔵 closed file; closed folder 🟠 保密案卷 🟢 完結ファイル

해당 업무가 완료되어 더 이상 기록이 추가되지 않는 기록철을 의미한다. 'closed file'은 접근이 허가되지 않는 기록철, 즉 '비공개 기록철'이라는 의미도 있다.

주기
🔵 note 🟠 札記 🟢 短信, 注記, 通牒

기록을 기술할 때 다른 요소에서 설명하지 못한 사항이 있을 경우 이를 추가로 설명하기 위한 요소.
→ 범위 설명

주요 생산 시기
🔵 bulk dates

기록 집합체에 속한 기록 중 다수 기록이 집중적으로 생산된 시기. 기술된 기록 집합체 중 가장 최초의 기록건이 생산된 시점에서부터 가장 최근의 기록건이 생산된 시점까지의 기간을 표시하는 '생산 시기'가 오해를 불러일으킬 소지가 있으면, '주요 생산 시기'를 기술해주는 것이 바람직하다.

→ 생산 시기

주제명 표목

영 subject heading

기록이나 문헌의 내용을 표현하는 색인어로서, 색인어 작성 시 이미 몇 개의 주제어나 개념어가 조합되는 매우 통제된 형식을 가진다. 즉, 전조합 색인의 일종이다. 주제어와 함께 시기나 지역 범주를 표현하는 색인어가 조합되기도 한다. 이러한 주제명 표목을 체계적으로 수록한 '주제명 표목표'의 사례로는 미국 의회 도서관의 '미국 의회 도서관 주제명 표목표(LC Subject Headings)'를 들 수 있고, 의학 분야의 경우 미국 국립의학 도서관의 'MeSH(Medical Subject Headings)'가 있다.

→ 색인 작성, 색인

준영구 위탁

영 semi-permanent deposit 중 半永久寄存

구체적인 사유가 발생되었을 때에 한하여 파기할 수 있는 위탁 계약으로, '영구 위탁'이라고도 한다.

→ 위탁, 계속 위탁

준전문 직원

영 paraprofessionals

전문 지식 수준은 아니지만 기록 관리에 고유한 지식을 필요로 하는 업무를 담당하는 직원을 말한다. 도서관 환경에서는 2년제 전문대학의 문헌정보학과를 졸업하여 준사서 자격증을 취득한 인력을 준전문 인력으로 간주한다. 한편 미국 도서관 협회(American Libraries Association)가 인가한 문헌정보학 대학원에서 석사 학위를 취득한 것을 전문 직원의 기초 자격으로 보는 미국에서는, 대학을 졸업하고 일정 기간의 훈련을 받아 정리, 기술 등 도서관 고유의 업무를 수행하는 도서관 보조 인력(library assistants, library associates)을 준전문 인력으로 분류한다.

준현용 기록

영 semi-current records; semi-active records 중 半現行文件 일 半活性文書

일상 업무에서 가끔 사용되는 기록으로서, 업무 현장이 아닌 별도 공간에 저장하는 편이 더 나은 기록.

중국 당안 분류법

중 中國檔案分類法

[중] 중국 당안 정보의 분류 표준이다. 『중국 당안 분류법』 편집 위원회가 편찬하여 1987년에 중국 당안 출판사에서 제1판이 출판되었으며, 이어 1997년에 제2판이 출판되었다. 편제 목적은 통일적인 당안 분류 검색 방법을 건립하여 검색 체계를 규범화하고, 당안 정보 자원을 개발하기 위해서이다. 주로 당안의 분류 색인 작업과 당안 분류 목록의 조직에 적용된다. 1987년의 제1판은 통일적인 당안 분류 방법에 대한 사회적 요구에 부응하기 위하여 임시방편으로 편찬된 것이었으므로, 국가 당안국은 제1판의 출판과 동시에 그에 대한 수정·보완 작업에 들어갔다. 전문 업표(專業表)의 질을 높이기 위하여 각각 해당 전문 편찬 위원회를 구성하여 책임지고 작성하도록 하였으며, 중국 제1 역사 당안관과 중국 제2 역사 당안관이 각각 편제한 '청대 당안 분류법'과 '민국 당안 분류법'을 보

완하는 한편, 중앙 당안관으로 하여금 '신민주주의 당안 분류표'를 새로 편제하도록 하였다. 그리하여 1997년 『중국 당안 분류법』 제2판이 정식 발행되었다.

제1판과 비교하여 제2판의 특징은 첫째, 중화인민공화국 당안 분류표, 신민주주의 당안 분류표, 민국 당안 분류표와 청대 당안 분류표라는, 별도로 사용될 수 있는 4개의 분류표를 확정한 것이다. 이 4개의 표는 각각 중화인민공화국 시기(1949년~현재), 신민주주의 혁명 운동 시기(1919~1949년), 민국 시기(1911~1949년), 명·청 시기라는 서로 다른 역사 시기, 서로 다른 역사 조건하에서 형성된 당안에 적용되지만, 그 편제의 원칙과 방법은 일치한다. 즉, 당안 정보 센터의 건립에 유리하고 당안의 검색 이용을 편리하게 하려는 목적에서 통일적인 계획 협조, 통일적인 분류 표준, 통일적인 번호 제도하에 통일적인 분류법(一法)을 편성하였던 것이다. 이와 같은 '일법 사표(一法四表)'의 기본 구조를 확정한 것은, 제1판의 '1주표(主表) 2부표(附表)'(1개의 주표에 '청대 당안 분류표', '민국 당안 분류표'가 부록으로 딸려 있었다) 체계에 비하면 가장 중요한 수정이자 개선이다. 제2판은 제1판 주표를 '중화인민공화국 당안 분류표'로 변경하여 포괄 범위를 분명하게 함으로써 오해가 발생하지 않도록 하였다. 또 '신민주주의 당안 분류표'를 증보하여 당안 분류 영역의 공백을 메우고, 『중국 당안 분류법』의 적용 범위를 확대하였다. 둘째, 제2판은 제1판을 기초로 하여 유목급을 연장·확대하였고, 기본 유목(類目)을 조정·보충하였다. 그리하여 유목의 총량이 제1판에 비하여 20배나 증가하였으며, 책의 분량도 국판 364쪽에서 4×6배판 1,367쪽으로 대폭 증가하였다. 주로 국민 경제 관리와 농업·공업 및 과학 기술 연구 방면의 유목이 크게 증가하였는데, 이것은 중국이 경제 건설을 중심으로 하여 경제·과학 기술 당안이 대량 생산되고 있는 실제 수요와 상응하는 것이다. 셋째, 복분(複

分), 방분(仿分), 주석(註釋), 참견(參見) 등 현대 문헌 분류 기술의 사용을 늘리고, 분류표의 개괄 기능과 검색 기능을 높였다. 코딩 측면에서는 2급 유목상 두 글자의 한어 병음 부호(예를 들면 LC, LD)를 더 많이 사용하여 각급 유목 간의 기본 평형을 유지하여 검색 응용을 위한 방편을 제공하였다. 최근 중국 사회가 개혁·개방에 박차를 가하면서 급격하게 변화함에 따라, 유목의 설치 등 구체적인 내용은 앞으로도 꾸준히 개정 보완되어 나갈 것으로 판단된다.

『중국 당안 분류법』 제2판의 체계는 4개의 분류표로 구성되어 있으며, 기본 구조는 서로 비슷하여 기본 대류, 주표(상세표 혹은 유목표라고도 함), 그리고 주표와 배합해서 사용할 수 있는 몇 개의 보조표(복분표라고도 함)로 구성되어 있다. 그중 기본 대류는 유목 설치의 기초이며, 주표가 연장하여 세분하는 근거이다. 주표는 분류표의 주체로서 방대한 숫자의 상호 관련·종속된 다계층 유목군체들로 구성되어 있어, 실제 분류 색인 작업을 진행하는 데 조작 표준이 된다. 유목의 서열은 정치, 사회 문화, 경제 순으로 배열되었다. 보조표는 통용(通用) 복분표와 전용(專用) 및 전류(專類) 복분표로 나뉘며, 통용 복분표에는 종합 복분표, 세계 각지와 지역표, 중국 행정 구획표, 민족표, 과학 기술 당안 복분표가 포함된다. 전용 복분표와 전류 복분표는 분류표 중 어떤 기본 대류나 혹은 기본 대류 중의 부분 유목을 다시 한 번 더 분류할 때 사용하는 복분표이다. 이들 보조표는 4개의 분류표가 근거하는 편제 수요에 따라 구체적으로 설립되기 때문에 완전히 똑같지는 않다. 보조표는 당안을 한 번 더 세분하기 위한 것이며, 필요한 경우 주표의 관련 유목과 함께 조직 배치하여 사용하며, 그중 종합 복분표를 제외하면 기타 보조표는 주표 중에 사용이 지정된 부분에서만 사용할 수 있다. [『中國檔案分類法』, pp. 1~3; 김유리(2003b), pp. 123~125)

중국 제2 역사 당안관

🔵 中國第二歷史檔案館

[중] 전신은 1951년에 성립된 중국 과학원 역사 연구소 제3소(第三所) 남경 사료 정리처이다. 1964년 현재의 명칭으로 개명하였다. 문화 대혁명 기간 동안 강소성(江蘇省)에 귀속되었다가 1977년에 다시 중국 사회 과학원 근대사 연구소에 귀속되었고, 1979년 국가 당안국에 예속되었다. 민국 시기(1911~1949년) 중앙 정권 기구 및 그 직속 단위의 당안을 소장하는 종합 당안관이 되었다. 남경에 소재한다. 남경 임시 정부, 광주 대원수부, 광주 국민 정부, 무한 국민 정부, 북경 정부, 남경 국민 정부, 왕정위 괴뢰 정부(汪僞政府)의 당안 및 손중산(孫中山) 등 저명 인물의 당안 897개 전종, 157만여 권을 소장하고 있으며, 중화민국 시기 중앙에서 지방에 이르기까지 내정·외교·재정·금융·군사·문화 및 풍속·인정 등의 기본 상황을 기재하였다. 손중산의 임시 대총통 취임과 원세개(袁世凱)의 칭제(稱帝), 남북 의화, 선후 회의, 장훈(張勳) 복벽, 조곤(曹錕)의 뇌물 선거 및 직(直)·봉(奉)·환(皖) 군벌의 혼전, 5·4 운동, 국공 합작, 10년 내전, 항일 전쟁, 제3차 국내 혁명 전쟁 등의 제1차 사료를 포함하고 있다. 〔『檔案學詞典』, p. 622〕

중국 제1 역사 당안관

🔵 中國第一歷史檔案館

[중] 전신은 1925년 10월에 성립된 고궁 박물원 도서관 문헌부(文獻部)로, 북경에 소재한다. 1927년 장고부(掌故部)로 이름을 바꾸었으며, 1928년 문헌관, 1951년 고궁 박물원 당안관, 1955년에는 제1 역사 당안관으로 개명하였으며, 국가 당안국의 지도하에 귀속되었다. 1958년 명청 당안관으로 개명하였으며, 1959년 중앙 당안관에 편입되어 명청 당안부로

불렸으나, 1963년부터 대외 활동에는 제1 역사 당안관이라는 명칭을 그대로 사용하였다. 1970년 고궁 박물원 명청 당안조, 1980년에는 다시 국가 당안국에 귀속되었으며, 지금과 같은 명칭으로 바뀌었다. 명청 봉건 왕조 중앙 기구의 당안을 소장하는 종합 당안관이 되었다. 명 홍무 4년(1371)부터 청 선통 3년(1911)간 역대 중앙 기구와 소수 지방 정권의 당안 총 74개 전종, 1,125만 건, 자료 17만여 책을 소장하고 있다. 그중 명대 당안은 3,700여 건으로 대부분 말기(천계·숭정 시기)의 병부(兵部) 문건이며, 초기(홍무·영락 연간)의 당안이 소량 있다. 청대 당안은 권질(卷帙)이 많아서 천명 9년(1607)에서 선통 3년(1911)까지가 모두 소장되어 있으며, 그중에는 150여만 건의 만주 문자 당안과 소량의 장족 문자 당안, 몽고 문자 당안 및 기타 소수 민족 문자 당안이 있다. 1980년대 이래 소장 당안을 사회에 개방하고 있다. 〔『檔案學詞典』, pp. 621~622〕

(중국) 중앙 당안관
中央檔案館

[중] 1954년 11월 건설을 계획하고 1959년 10월에 정식 성립된, 중국 공산당 중앙과 국무원 직속의 종합 당안관으로, 북경에 소재한다. 소장된 당안은 205개 전종, 58만여 권이며 자료는 135만여 책이다. 그 내용은 ① 1919년 5·4 운동에서 1921년 중국 공산당의 성립 기간 동안, 중국 신민주주의 혁명의 선구자들이 신문화 운동에 종사하고 중국 공산당을 건설하는 등 혁명 활동을 하는 가운데 형성된 당안·자료 ② 중공 중앙 및 그 소속 기구와 파출 기관 및 당 지도하의 인민 혁명 단체 중앙 기구의 당안·자료 ③ 1927년부터 1949년까지 각지 소비에트 정권, 항일 민주 정권, 해방구 민주 정권의 당안·자료 ④ 중화인민공화국 최고 국가 기관의 당안·자료 ⑤ 중국 공산당과 중화인민공화국의 주요 지도

자, 저명한 사회 활동가의 수고(手稿), 서신, 일기 등 당안·자료를 포괄한다. 〔『檔案學詞典』, p. 621〕

중복 원본

영 duplicate original 일 デュプリケーティングオリジナル

서명을 포함하여 원본의 핵심적 요소를 모두 지니고 있는 사본으로서, 원본과 동일한 내용과 형식을 가지고 있기 때문에 사실상 원본과의 구분이 불가능하다. 예를 들어, 편지를 작성한 후에 동일한 방식으로 편지를 다시 작성하는 경우에 중복 원본이 만들어진다.

중성지

영 acid-free paper 중 无酸紙 일 中性紙

pH(수소 이온 농도) 7.0 이상의 종이. 종이 제작 과정 중 목재 섬유 분쇄 시 사용되는 산 잔유물을 담고 있는 종이와 대별된다. 산 잔유물은 종이 섬유를 침식하고 종이를 바스러지게 한다. 알파 셀룰로오스(alpha cellulose)로 만들어지는 보존 기록용 종이에는 일반적으로 리그닌(lignin)이 없고 산 잔존물에 대한 알칼리 중화 완충제가 들어 있다. 보존 용지로 중성지는 10% 미만의 알칼리성 물질(탄산칼슘)을 포함하며, pH는 7 이상의 약알칼리성이 될 때 높은 보존성을 갖는다. 예컨대 미국의 보존용 기록 용지의 규격에서는 알칼리 물질인 탄산칼슘이 2% 이상 포함되어 있으며, 100% 화학 펄프를 사용한 종이로 규정하고 있다.

중앙 관리 기록

영 central files; central records 중 集中管理卷

한 기관의 여러 부서에서 생산되지만 중앙의 한 부서에서 관리·감독되는 기록을 말한다. 여러 부서의 기록철이 하나의 같은 편철 시스템으로 관리되는 중앙 집중화된 기록철 관리는 기록철 편철을 회계나 판매 업무와 마찬가지로 하나의 독자적인 기능으로 인정해야 한다는 것에서 비롯되었다. 그러한 기록철 중앙 집중 관리는 분산 관리에서는 얻을 수 없는 이익을 전문화와 체계화로부터 얻을 수 있게 한다.

중앙 기록물 관리 기관

[법] 기록물 관리 업무를 총괄·조정하는 기록물 관리 기관으로 행정자치부 소속 기관으로 설치되어 있다. 기록물 관리에 관한 기본 정책의 수립 및 제도의 개선, 기록물 관리 표준화 정책의 수립 및 기록물 관리 표준의 개발·운영, 기록물 관리 및 기록물 관리 관련 통계의 작성·관리, 기록물의 전자적 관리 체계 구축 및 표준화, 기록물 관리에 관한 지도·감독 및 평가 등의 업무를 수행한다. (공공 기록물 관리법 제9조)

→ 국가 기록원

중화인민공화국 당안법

中華人民共和國檔案法

[중] 1987년 9월 5일 제6계 전국 인민 대표 대회 상무 위원회 제22차 회의에서 통과되어 중화인민공화국 주석령으로 반포, 1988년 1월 1일부터 시행되었다. 이후 1996년 7월 5일 제8계 전국 인민 대표 대회 상무 위원회 제20차 회의에서 통과된 '중화인민공화국 당안법을 수정하는 것에 관한 결정'에 근거하여 수정되었다. 수정된 당안법은 전체 6장 27조로 구성되어 있다. 제1장은 총칙으로 당안법 제정의 목적, 국가가 관리하는 당안의 범위, 모든 국가 기관·무장 역량·정당·사회 단체·기업의 사업 단위 및 인민이 모두 당안을 보호해야 할 의무, 각급의 인민 정

부는 당안 사업의 건설을 국민 경제와 사회 발전 계획에 포함시킬 것, 당안 공작의 '통일(統一) 영도와 분급(分級) 관리'의 원칙 등을 규정하였다. 제2장은 당안 기구 및 그 직책이다. 국가와 현급 이상 각급 당안 행정 관리 부문, 기관·단체·기업의 사업 단위 및 기타 조직의 당안 기구 혹은 당안 공작 인원과 국가의 각급 각종 당안관의 성질과 직책을 규정하였다. 제3장은 당안의 관리이다. 기관·단체·기업의 사업 단위는 입권(立卷), 귀당(歸檔)할 재료는 반드시 규정에 따라 정기적으로 각 단위의 당안 기구나 혹은 당안 인원에게 이관하여 집중 관리하고, 어느 누구라도 당안을 자기 것으로 할 수 없음을 규정하고 있다. 또 각 단위는 반드시 국가 규정에 따라 정기적으로 당안관에 당안을 이관해야 함을 규정하고 있다. 단체와 개인이 소유한, 국가와 사회에 대해 보존할 가치가 있는, 혹은 반드시 보호하고 기밀로 해야 하는 당안은 당안의 소유자가 적당히 보관해야 한다. 당안의 소유자는 관련 당안관에 기증하거나 혹은 판매할 수 있다. 그러나 투기적으로 거래하여 이익을 취하는 것은 엄금하며, 사사로이 외국인에게 매도하는 것을 엄금한다. 개인적으로 휴대하고 국경을 넘는 것을 금지한다. 제4장은 당안의 이용과 공포이다. 국가 당안국이 보관하는 당안은 일반적으로 만 30년이 되면 사회에 개방하는 제도를 규정하였다. 중화인민공화국 국민과 조직은 합법적인 증명을 가지고 있으면 이미 개방된 당안을 이용할 수 있다. 기관·단체·기업의 사업 단위와 기타 조직 및 국민은 업무상 필요에 근거하여, 관련 규정에 따라 당안관이 미공개한 당안 및 관련 기관·단체·기업의 사업 단위와 기타 조직이 보존하고 있는 당안을 이용할 수 있다. 국가 소유에 속하는 당안은 국가로부터 권한을 받은 당안관이나 혹은 관련 기관이 공포하며, 당안관이나 관련 기관의 동의를 거치지 않으면 어떤 조직과 개인이라도 공포할 권한이 없다. 단체와 개인이 소유한 당안은 당안의 소유자가 공포할 권한을 갖는다. 제5장은 법률 책임이다. 위법 행위에 대해서는 사안의 경중에 따라 행정 처분을 내리고, 손실을 조성한 경우는 손실에 대한 배상을 청구한다. 범죄를 구성한 경우는 법에 따라 형사 책임을 추궁한다고 규정하였다. 제6장은 부칙이다. 〔『檔案學詞典』, pp. 45~46; 임춘수(2002), pp. 417~424〕

중화인민공화국 당안 분류표

中華人民共和國檔案分類表

[중] 중화인민공화국 시기(1949년~현재)에 생산된 당안 기술 조목에 대한 분류 표준으로, 『중국 당안 분류법』 제2판의 대부분을 차지한다. 중국 공산당 당무, 국가 정무 총류, 정치 법률 등 19개 기본 대류를 설치하였으며, 각각의 기본 대류마다 약간의 속류(屬類)를 분설하였다. 기본 대류의 분류 번호는 한어 병음 자모(ABC…)를 사용하는데, '중화인민공화국 당안 분류표'만은 내용이 방대해서 제2급 유목(類目)의 명칭으로 쌍자모 표시를 채용하였다. 이를테면 'BA'는 B류(국가 정무 총류)의 하위 유목인 '인민 대표 대회 공작'을 대표한다. 한어 병음 자모 뒤의 분류 번호는 아라비아 숫자로 표시하는데, 숫자의 위치는 일반적으로 유목의 층위를 표시한다. 이를테면 'BA113'은 'B 국가 정무 총류 → BA 인민 대표 대회 공작 → BA1 대표 대회 → BA11 회의 → BA113 주석단 회의'를 표시한다. '중화인민공화국 당안 분류표'는 17개의 전용 복분표(專用復分表)를 1급 대류나 2급류의 뒤에 설치하였으며, 124개의 전류 복분표(專類復分表)를 소속 유목 아래에 설치하였다. 또 주표의 후면에는 종합 복분표, 세계 각국과 지구(地區)표, 중국 지구표, 중국 민족표, 과기 당안 복분표의 5개 보조표를 설치하였다. 〔『中國檔案分類法』, pp. 1~1297; 『中國檔案分類法使用手冊』, pp. 151~158〕

증거 가치

㉡ evidential value ㊥ 證据价值 ㊐ 証據価値

2차 가치에 속하는 것으로서 기록 생산자의 기원 · 기능 · 활동에 관한 정보를 제공하는 데 있어서의 유용함과 중요함. 증거 가치는 기록의 내용보다 생산 과정에 부합되며, 기록을 생산한 기관의 활동을 증빙한다는 의미가 있으나 어디까지나 이는 기관의 역사를 밝히는 데 있어서 필요한 용도를 의미한다는 점에서 1차 가치와 구별된다.

지방 보존 기록관

㉡ local archives ㊥ 地方檔案館 ㊐ 都道府縣 · 政令指定都市等公文書館

지방 자치 단체나 기타 지역의 권한 주체가 공식적으로 설립한 보존 기록 관리 기관. 우리나라의 2006년 개정 공공 기록물 관리법에서는 '지방 기록물 관리 기관'이라 칭하고 있는데, 특별시 · 광역시 · 도 또는 특별자치도 단위로 설치하여야 한다고 규정하고 있다. 관할 공공 기관의 기록물 관리에 관한 기본 계획의 수립 · 시행, 관할 공공 기관의 기록물 관리 및 기록물 관리 관련 통계의 작성 · 관리, 관할 공공 기관의 기록물 관리에 관한 지도 · 감독 및 지원 등의 기능을 수행한다. 〔공공 기록물 관리법 제11조〕

지속적 가치

㉡ continuing value; enduring value

기록을 만들게 된 직접적인 목적에 의한 상황이 종료된 후에도 해당 기록의 계속적인 보존을 정당화할 수 있는 유용함에 기반한 가치. '영구적' 가치가 아닌 '계속적' 또는 '지속적' 가치라는 말이 의미하는 바는 기록 생애 주기에 따라 가치의 성격이 변경된다는 것이며, 나아가 하나의 평가 결과는 평가할 당시의 기준이 반영된 것으로서 미래의 평가에서 다른 결과가 나올 수도 있다는 불확정의 함의가 담긴 것이기도 하다. 지속적 가치는 기록으로부터 보존 기록을 선별하는 데 있어 중요한 기준이 되는데, 관점에 따라 지속적 가치가 기록 생산자의 입장이 반영된 생산 맥락을 보다 중시해야 한다는 입장과 생산자와 직접 관계없는 이용자의 입장에 기반해야 한다는 주장으로 구분되기도 한다. 그렇지만 생산자의 입장을 반영한 것이라고 하더라도 그것은 생산자들에게 필요한 기록이라는 것이 아니라 후세의 기록 이용자를 위한 기록이라는 점에서는 다르지 않다.

지시 문서 → 공문서

지역 출처

영 territorial provenance 중 地區來源

지리적 요인에 기반한 출처 개념이다. 지역 출처 개념은 하나의 보존 기록으로서의 가치를 갖는 자료가 그것이 만들어진 지역의 문서로 구성된 기록 집합에서 다른 곳으로 옮겨져서는 안 된다는 원칙과 연관된다.

(Bellardo(1992), p. 35)

지적 통제

영 intellectual control 중 智能控制 일 知的制御

출처 확인 및 분류·기술 과정을 통해 기록의 내용과 생산 맥락을 파악할 수 있도록 통제·관리하는 것을 의미하며, 물리적·행정적 통제와 대비되는 개념이다. 지적 통제의 주요한 활동은 이용자가 원하는 기록을 찾고, 이해할 수 있도록 도와주는 다양한 검색 도구를 생산하는 것이다. 보존 기록관에서 이러한 검색 도구들은 기본적으로 소장 기록 및 기록 생산자를 안내해주지만, 이 밖에도 기록관 자체에 대한 정보, 소장 기록으로부터 추출한 정보, 기록관 외부의 정보원을 안내해주는 정보도 체계적으로 제공해줄 필요가 있으며, 이러한 영역도 지적 통제에 포함된다.

→ 물리적 통제, 행정적 통제

직무 기술

영 job description 중 工作著錄

직위마다 담당할 업무와 책무, 자격 요건, 보수 등을 개별 직위마다 기술하여 인적 자원 관리의 기초가 되는 문서이다. 채용부터 평가, 승진에 이르기까지 모든 과정에서 의사 결정의 기준이 된다.

진본성

영 authenticity 중 眞實性

기록의 물리적 특징, 구조, 내용과 맥락 등을 포함하여, 내적·외적 증거로부터 추론할 수 있는 기록의 품질로서, 어떤 기록이 위조되지 않은 원래 그대로의 것이며, 훼손된 바 없는 상태인 것을 지칭하는 용어이다. 국제 기록 관리 표준 ISO 15489는 신뢰성, 무결성, 가용성과 함께 진본성을 기록이 갖추어야 할 기본적 속성으로 정의하고 있다. 그러나 진본성에 더 포괄적인 의미를 부여하는 사람들도 있다. 즉, 가용성, 해독 가능성, 무결성 등을 아우르는 광범위한 개념으로 진본성을 정의하고, 기록이 본질적으로 갖추어야 할 가장 기본적인 조건으로 파악하기도 한다. 예를 들어, 달러(Dollar)는 "읽을 수 있고, 기계로 해독할 수 있고, 식별할 수 있고, 그 논리적이고 물리적인 객체가 하나의 보호막 안에 담겨 있고, 검색할 수 있으며, 동일한 논리적·물리적 구조와 지적인 내용을 재구성할 수 있고, 인간이 이해할 수 있고, 인증받지 않은 방식으로 수정되거나 훼손되지 않은 기록"으로 정의하였다. (Dollar(2000)) 맥닐(Heather MacNeil) 등도 그 기록이 자임하는 바 그대로이며, 부당하게 변경 또는 변조되지 않은 기록이 진본 기록이라고 명시하여 진본성이라는 용어를 기록의 전반적 품질을 판단하는 포괄적 기준으로 간주하고 있음을 확인할 수 있다.

진본 기록을 판단하는 기준으로 ISO 15489가 제시하는 요건은 기록이 원래 의도되었던 바대로 존재하고 있으며, 이를 생산하거나 보낸 것으로 되어 있는 바로 그 사람이나 조직이 생산하거나 보냈는지, 또 명시된 시간에 생산되거나 보내졌는지를 확인할 수 있는지의 여부이다. 기록의 진본성은 어떤 문서가 진본임을 증명하는 확실한 증거를 확인하여 판정하기보다는 일정한 조건을 갖추었을 때 진본임을 추정할 수 있다는 것이다. 예컨대, 미국 연방 증거법은 일상적으로 업무 활동을 실행하는 과정에서 생산된 기록과 문서로, 그 신뢰성을 의심할 만한 두드러진 사유가 없는 경우에 진본임을 추정할 수 있도록 정하고 있다. 보통 그 기록이 생산된 연원, 무결성, 내적 완전성에 기반하여 기록의 진본성을 판단하며, 그 판단을 신뢰할 수 있을지의 여부는 같은 배경에 있거나 동일한 유형의 정보원 사이에 존재하는 일관성과 통일성을 검토하는 것을 통해서 생기는 것이라고 할 수 있다. 진본성 추정에 관한 논의는 법적·문서학적·역사학적 차원으로 구분하여 살펴볼 수 있다. 우선 법적 차원에서는 공적인 권위를 가진 개인이나 조직이 과거에 생산되었거나 현재 생산 중인 어떤 문서가 진짜임을 확인하는 기록을 진본으로 추정한다. 문서학(diplomatic) 차원에서는 생산 및 유지 과정의 적격성, 즉 일정한 자격을 갖춘 개인의 서명이 기록에 첨부되어 있는지, 또 기록에 표시된 시간과 장소에서 해당 기록이 생산되었는지 등이 진본성 여부를 판단하는 가장 중요한 기준이 된다. 역사적 차원의 진본성은 기록이 가리키는 사건이 실제로 발생하였는지, 또는 기록이 담고 있는 정보가 사실에 부합하는지를 입증할 수 있는 경우에 확인된다. (Pearce-Moses(2005), pp. 41~42; Duranti(1998))

특히 전자 기록의 진본성 추정 기준으로는 InterPARES 프로젝트에서 제안한 '전자 기록의 진본성 판정을 지원하는 지표 요건'과 '전자 기록의 진본 사본 생산을 지원하는 기본 요건'이 있다. 지표 요건(benchmark requirements)은 생산 기관으로부터 보존 기관으로 전자 기록이 이관되기까지의 기간 동안 진본성을 유지하기 위하여 기록 관리 시스템이 갖추어야 할 요건을 정한 것이며, 기본 요건(baseline requirements)은 보존 기관으로 이관된 이후의 기록을 진본으로 보존하고 진본과 동일한 가치를 갖는 사본을 생산하기 위한 요건이다.

진본 인증

영 certification 중 證件

기록의 진본성을 검증하여 어떤 기록이 진본임를 제도적으로 확인해주는 조치를 의미한다. '진본 확인(authentication)'과 동의어로 사용되는 경우도 많으나, 두 용어를 구분하여 사용하기도 한다. 두 용어를 구분하는 경우, 진본 확인은 진본임을 확인하는 과정을 지칭한다. 한편, 진본 인증은 그러한 과정의 결과로 어떤 기록을 진본으로 판단하고 인증하는 제도 및 기술적 장치를 가리킨다. 진본임을 인증받은 기록의 원본이나 사본은 '인증본(certified copy)'이라고 한다.

진본 확인

영 authentication 중 認證 일 証明, 証明書

기록이 자임하는 바 그대로이며, 부당하게 변경 또는 변조되지 않았으므로 진짜(genuine)이거나 원래 그대로임(original)을 확인하는 과정을 말한다. 진본성(authenticity)은 '진본임' 또는 '진본과 등가인 상태'를 지칭하는, 기록의 질에 관한 개념인 반면, 진본 확인(authentication)은 기록의 진본성을 확인하거나 증명하는 행위나 과정을 가리킨다. 진본인 상태를 유지하여왔음을 확인하는 방법론이자 실제적인 기법이라고 할 수 있다. 종이 기록의 진본성을 판정하는 데에는 2가지 접근 방식이 있다. 첫째, 관리 연속성(chain of custody)을 보장하는 것이다. 실제로 기록이 생산자로 명시하는 기관이 그 기록을 작성하였으며, 그 기관과 당해 기록 관리 기관에서만 보관되었음을 단언할 수 있을 때 진본임을 판정할 수 있다. 둘째, 형태 서지학(diplomatics)의 기법을 활용하여 기록의 형태나 구조와 같은 본질적 속성을 파악하고, 문제가 되는 기록이 명시하는 시대에 생산된 것인지를 판정하는 방식이다. (Hirtle(2000), 서혜란·서은경·이소연(2003)에서 재인용) 전자 기록에서는 기록 관리 메타데이터를 충실하게 확보하여 관리함으로써 이루어질 수 있다. 진본성은 기록의 생산자와 긴밀한 관련이 있다. 생산자로 표시된 개인이나 조직에 의하여 생산되었음이 진본 기록을 결정하는 가장 중요한 증거이다. 서명이 생산자를 확인하고 생산자와 기록의 관계를 수립하므로 서명의 존재가 진본성에 대한 본질적인 증거가 된다. 기록의 물리적이고 공식적인 특징을 검증하는 과정을 통하여 진본성을 증명할 수도 있다. 그러나 진본성만으로 기록의 내용이 갖는 신뢰성을 자동적으로 보증할 수는 없다. 확인보다는 대체로 추정으로 기록의 진본성을 판단한다. 미국 연방의 증거 규칙에 의하면 정규 업무 과정에서 생산되고 그 신뢰성(trustworthiness)을 의심할 만한 명백한 이유가 없으면 진본으로 추정할 수 있다. (Pearce-Moses(2005), p. 42) 진본성을 추정하는 데 도움이 되는 질문들로는 '이용자가 원하는 것이 바로 이 기록인가? 이용자가 원래 확인한 기록과 같은 것인가? 생산되거나 마지막으로 확인한 후에 변경된 적이 있는가?' (Lasinger(2001), p. 89) 등이 있다. 이 질문들에서 확인할 수 있는 바와 같이 진본성과 무결성은 서로 밀접히 관련되어 있다.

무결성을 확보함으로써 진본성을 보장할 수 있게 된다. 그리고 진본성을 보장하기 위해서는 기록의 무결성을 확보할 수 있는 전략을 수립하여 실행하여야만 한다. 진본성이 목표라면 무결성을 보장하는 일은 진본성을 확보하기 위한 기본적 처리 과정이라고 할 수 있다.

진본 확인 사본

영 authentic copy 중 眞本

공인된 과정을 통해서 만들어진 것으로서 증거로 인정될 수 있도록 재생산된 기록.

진행 기록철

영 open file 중 未結辦案卷 일 継続ファイル

현재 진행 중인 업무와 관련된 기록을 모아놓은 기록철을 의미한다. 여기에는 기록건이 계속 추가될 수 있다. 'open file'은 접근 제한이 없는 '공개 기록철'을 의미하기도 한다.

진행 문서 파일

공공 기록물 관리법 시행 규칙에서 규정하는 기록물 보존 용품의 일종으로, 기록물이 생산되어 편철·정리가 확정되기 전까지 사용하는 기록물 보관 용구를 의미한다. 〔공공 기록물 관리법 시행 규칙 제9조〕

질산 섬유소 필름

영 cellulose nitrate film

1890년대에서 1950년대까지 사용된 필름 원판용 네거티브 필름. 매우 불안정하고 연소성이 강하다. 통상 안전 필름으로 복제하여 사용한다.

집중 생산 시기 ➡ 주요 생산 시기

집합적 기록군

영 collective records group 중 聯合全宗

행정적·기능적 관련성을 가진 일정 수의 소규모 또는 단기 존속 기관들의 기록을 모아놓은 인위적 집합. 집합 레코드 그룹 내에서 각 기관은 대체로 서브 그룹 또는 기록 시리즈로 분리된다.

➡ 기록군

ㅊ

참고 사본

영 reference copy 중 參考副本 일 閲覧用コピ—

(1) 기록의 현물 가치나 증거적 가치와는 관계없이 그 기록에 포함된 정보를 쉽게 이용할 수 있도록 하기 위해 보존하는 기록 사본을 의미한다. (2) 다른 사본의 질을 점검하기 위한 벤치마크로 사용되는 사본을 뜻하기도 한다. (Pearce-Moses(2005), p. 337) (3) 열람용 사본과 동의어로, 원본의 마모나 도난을 막기 위해 열람용으로 만든 복사본을 뜻하기도 한다.

→ 열람용 사본

참조 기호

영 reference code 중 編號 일 レファレンスコ—ド

기록건이나 기록 집합체를 식별하기 위해 부여하는 고유한 기호로서, 보통 문자와 숫자의 조합으로 구성된다. 참조 기호는 보통 계층성을 가지며, 기록군·기록 시리즈·기록철·기록건에 대한 번호가 합쳐져 구성되는 경우가 많다.

처리과

[법] 문서의 수발 및 사무 처리를 주관하는 과·담당관 또는 계를 말하며, 우리나라 기록물 관리법 및 사무 관리 규정에서 사용하는 용어이다. 〔사무 관리 규정 제3조〕

처리 미정 기록 → 가변 시점 처분 기록

처분

영 disposition; disposal   중 處置   일 最終處置

기록의 사용 가치 분석, 법률적 요구 사항 분석, 보존 가치 평가를 통해 기록을 유지하거나 파기·이관 등을 실행하는 과정을 말한다. 기록의 처분은 미리 정해진 '처분 지침(disposition authority)'이나 기타 법규에서 정하는 바에 따라 이루어진다.

　기록의 처분 일정, 방식 등의 내역을 작성하고 그것을 최종 확정하는 절차는 각 나라의 법 체계나 관행에 따라 약간의 차이가 있지만 본질적으로 공공 기록의 처분이 국가의 기록 관리를 담당한 관청의 장, 즉 국가 기록 관리 기관장의 권한이라는 점에서는 모두 같다. 대부분 국가의 보존 기록 관리에 관한 법률에서는 국가 기록 또는 공공 기록을 국가의 자산으로서 간주하여 각 생산 기관조차 함부로 처분하지 못하며, 국가의 중앙 기록 관리 기관의 장이 승인하는 일정과 방법에 따라 처분하도록 규정하고 있다.

　'통상 처분(disposition)'과 '처리(disposal)'라는 말이 같이 쓰이지만, 미국에서는 전자를 기록의 폐기와 영구 보존을 위한 이관을 포함한 법적 취급이라는 의미로, 후자는 주로 파기를 의미하는 것으로 한정하여 사용하기도 한다. '보유 일정'이라는 말은, 업무·재무·법무 등 현용의 목적에서 최소한 기록을 가지고 있어야 하는 기간을 의미하는 경우에는, 보존 기록 관리 분야보다는 현용 기록 관리(records management)에서 보다 중요한 의미를 지닌다. 처분 결정을 위해서는 처분의 시기와 방법을 규정하는 지침이 수립되어 있어야 하며, 대상 기록을 생산하는 기록 관리 시스템에서 이러한 지침을 적시에 정확한 방법으로 이행할 수 있도록 지원해야 한다.

　기록 처분 결정은 기록의 특성과 가치를 포괄적으로 고려한 신중한 판단을 요구하는 매우 어려운 일이다. 따라서 시스템 설계 표준에서는 소수의 허가받은 사용자만이 처분 지침을 생성·변경·삭제하거나 기록에 부여하는 기능을 수행하도록 하는 것이 일반적이다. 이에 관한 국제 기록 관리 표준 ISO 15489의 원칙은 다음과 같이 4가지로 요약할 수 있다. 첫째, 체계적이고 일상적으로 기록에 처분 지침을 적용할 수 있어야 한다. 둘째, 기록을 이전할 때는 호환성을 고려하고, 관련 메타데이터도 함께 이전해야 한다. 셋째, 파기는 미리 승인을 받은 경우에 한정하고, 기록이 포함하고 있는 모든 정보의 기밀성을 보존하는 방식으로 수행해야 한다. 넷째, 처분 활동과 관련된 모든 정보를 기록하여 처분에 관한 기록된 정보도 기록 자체와 마찬가지로 관리해야 한다.

처분 동결 기록

영 frozen records　중 文件凍結　일 廢棄凍結記錄

처분 대상 기록이지만, 소송·조사·감사 등 특별 상황으로 인해 처분이 유보된 기록.

→ **처분 동결 명령**

처분 동결 명령

영 hold order

필요한 상황이 발생하여 처분 지침의 보유 기간보다 더 오래 보존하게 해주는 조치.

→ 처분 동결 기록

처분 명령

영 disposition instruction 중 處置細則 일 最終處置命令

기록의 처분 방식을 다룬 특정한 지시 사항. 처분 명령에는 기록이 보존 기록관으로 이송되기 전에 조사 검토하는 절차 및 파기 방식이 포함된다.

처분 목록

영 disposal list 중 處置目錄 일 最終處置リスト

파기 또는 보존 기록관으로의 이송 대상 목록으로서, 제도적으로 결정되어 상시적으로 참고하는 처분 일정표와 달리 한 차례 인가되는 처분 인가 문서를 말한다.

처분 일자

영 disposal date; disposition date 중 處置日期 일 最終處置日

기록 처분 일정상 파기 또는 보존 기록관으로 이송될 시점을 지칭한다.

처분 지침

영 disposal authority; disposal schedule; disposition authority; records schedule; retention schedule

처분 지침은 기록 생산 기관이 영구 보존하기로 정한 기록을 국립 보존 기록관으로 이관하거나 한시적 보존 대상 기록을 파기할 수 있는 권한을 부여하는 법률적인 허가이다.

국가마다 이와 같은 처분을 위한 수단을 지칭하는 말은 서로 다른데, 미국에서는 (미국) 국립 기록 관리처(NARA)에서 발령하거나 승인하는 처분 지침 문서를 'records schedule'이라고 하며, 영국에서는 'disposal schedule', 캐나다에서는 'disposition authority', 호주에서는 'disposal authority'라는 말을 사용한다. 이 밖에 '보유 일정(retention schedule)'이라는 말을 쓰기도 한다. 우리나라는 1999년에 제정된 공공 기관 기록물 관리법의 '기록물 분류 기준표'가 처분 지침의 역할을 하며, 국가 기록원이 승인하도록 규정된 바 있다.

처분을 위해서는 그 시기와 방법을 결정하는 처분 지침이 미리 수립되어 있어야 하며, 이 지침을 적시에 정확한 방법으로 이행하도록 기록 관리 시스템이 지원할 수 있어야 한다. 처분 지침의 핵심은, 기록의 보유 기간이 종료된 이후 시스템 내에서 기록의 생산 이전에 미리 정한 처분 결정에 따라 기록을 이관하거나 파기하는 데 있다. 이는 기록의 특성과 가치를 포괄적으로 고려한 신중한 판단을 요구하는 매우 어려운 결정이다. 따라서 시스템 설계 표준에서는 소수의 허가받은 사용자만이 처분 지침을 생성·변경·삭제하거나 기록에 부여하는 기능을 수행하도록 하고 있다.

처분 판정

영 sentencing 일 處置判定

해당 기록의 처분 지침에 따라 각 기록에 처분 사항을 적용하여 판단하는 과정. (DIRKS Manual)

청대 당안 분류표

🔵 淸代檔案分類表

[중] 청대에 생산된 당안 기술 조목에 대한 분류 표준이다. 이 표는 청대 당안의 내용과 특징에 근거하고, 청대 당안 관리 업무의 경험을 총결산한 기초 위에, 『대청회전(大淸會典)』중 각 부서(衙署)의 직능 규정을 참조하고, 사학계·도서계·정보계의 관련 성과들을 종합하여 제정한 것이다. 이 분류표의 제정 과정에서 중국은 유물 사관에 따라 청대 당안을 봉건 사회 후기에서 반봉건·반식민지 사회로 전화되어가는 역사 배경하에서 생산된 것으로 파악하였다. 청대 국가 기구·사회 조직의 실천 활동 및 인민 투쟁 활동의 특징을 분석하고, 청대 당안의 내용을 게시한 위에 분류 표준을 선택하고, 분류 표준의 운용 순서를 규정한다. 또한 당안 정보 자원의 구성 실제에 의거하여 유목(類目)을 설치하고, 유목 간의 관계를 처리하여 분류 체계 구조를 건립하였다. '청대 당안 분류표'의 주표(主表)는 정무 총류, 궁정·황족 및 팔기 사무, 관직·이역(吏役) 등 18개 기본 대류를 설치하였다. 주표 뒤에는 종합 복분표, 세계 각국과 지역표, 청대 행정 구획표와 중국 민족표 등 4개 보조표가 있다. (『中國檔案分類法使用手冊』, pp. 166~169: 김유리(2003b), pp. 128~130)

총무 기록군

🔵 general records group 🔵 綜合文件組合

기관의 행정 관리 부서 또는 그 밖의 조직 전반에 관한 사안을 다루는 부서의 기록 집합. 총무 기록군에는 행정·예산·인사에 관한 기록이 포함된다.

최선의 실무 → 모범 실무

추가 이관 → 추가 인수 기록

추가 인수 기록

영 accretion; accrual 중 館藏積累, 新增加的接受文件 일 追加受入

기록 관리 기관이 이미 소장하고 있는 기록 집합체(기록군, 컬렉션, 기록 시리즈 등)에 추가하게 될 기록을 의미한다. '이관 증가분'이라고도 한다. 하나의 기록 집합체를 한번에 인수받지 못할 경우에 추가적으로 기록을 인수할 수 있다.

추적

영 tracking

기록의 이동과 사용에 관한 정보를 생산하고 획득하며 유지하는 과정이 추적이다. 기록 관리 시스템은 ① 시스템 내에서 어떤 행위가 이루어졌는지를 확인하고, ② 기록을 검색할 수 있게 하고, ③ 기록의 손실을 방지하고, ④ 사용을 감시하고, 기록 처리 과정을 감사할 수 있는 단서를 유지하며, ⑤ 시스템이 통합되거나 마이그레이션(migration)이 이루어진 경우 개별 기록에 대한 식별력을 유지하기 위해서 기록의 이동과 사용을 추적할 필요가 있다. 이러한 과정을 통하여 시스템 안에서 관리되는 기록의 손실과 훼손을 방지할 수 있으므로, 추적은 전자 기록의 무결성 유지를 위한 중요한 수단이 된다. 각국의 전자 기록 관리 시스템 설계 표준은 '추적'이라는 용어 대신 '감사를 위한 흔적'이라는 의미의 '감사 증적(audit trail)'이라는 용어를 사용하고 있다. 감사 증적은 "이전 활동의 재구성을 허용하는 정보, 혹은 날짜·시간, 행위자 등의 속성이 변경된 내역을 저장함으로써, 그로 인해 일련의 사건을 올바른 순서로 재구성할 수 있게 하는 정보"(PRO 표준)이며, "개체(기록, 메타데이터, 기록 관리 정보 등)에 영향을 주거나 변화시키는 활동에 관한 정보로서, 충분히 상세하게 유지되어 이전 행위를 재구성하는 것"(Moreq 표준)이다. 즉, 활동의 흔적을 남겨 그 흔적으로부터 역추적할 수 있도록 하는 정보라고 할 수 있다. ISO 15489는 기록 관리 과정에서 수행된 행위와 기록물 자체의 이동을 추적해야 한다는 원칙을 제시하였다.

출처

🇬🇧 provenance 🇨🇳 來源 🇯🇵 出所

기록관이나 보존 기록관, 매뉴스크립트 보존소로 이관되기 전, 기록을 생산 · 축적 · 유지 · 활용한 조직이나 개인. 최근 들어 출처의 개념을 기록을 생산 또는 유지한 실체 자체가 아니라 그러한 조직이나 개인이라는 실체와 기록 사이의 관련성으로 보는 입장이 강한데, 이러한 사고는 기능 출처 개념과 맥을 같이하는 것이다. (Pearce-Moses(2005), pp. 317~318)

출처 접근

🇬🇧 provenance access

기록의 출처나 생산자의 특징을 기반으로 원하는 정보의 위치를 찾아내는 기법. 기록 생산자나 기록 산출과 관련된 업무 기능 등의 정보를 활용한 검색 기법으로, 기록의 내용 정보에 기반한 검색과 대비되는 기법이다. (Pearce-Moses(2005), p. 318)

출처 주의

🇬🇧 principle of provenance 🇨🇳 來源原則 🇯🇵 出所原則

같은 출처의 기록이나 보존 기록은 다른 출처의 그것과 뒤섞이면 안 된다는 원칙. '퐁(fonds) 존중 원칙'이라고 불리기도 한다. (Pearce-Moses(2004), p. 213)

기록의 생산 출처(조직) 및 기능에 따라 기록을 분류 · 정리 · 보관해야 한다는 원칙을 말한다. 현대의 기능 출처 주의에 따르면 생산자나 생산자가 속한 조직보다 생산된 기관의 기능에 관련된 기록 집단의 출처를 존중하여 기록을 정리하는 것이 유용할 수 있다. 기능 출처 주의는 조직 및 행정의 잦은 변천으로 인해 여러 생산 출처를 가진 기록 시리즈를 지적 통제를 할 수 있게 해준다. 잦은 기관 변천과 처리과가 변경되는 환경에 적합한 기록 분류 개념이다.

출판

영 publishing; compilation 중 出版 일 出版

기록관이 소장 기록을 널리 홍보하고 기록관 서비스를 알리기 위해 각종 팸플릿, 리플릿, 기관지 등을 간행하는 활동. 최근에는 웹 사이트, 동영상, CD-ROM, 비디오 테이프, 녹음 테이프 등의 형태로 출판되는 경우도 많다. 넓은 의미의 출판에는 기록에 기반한 편찬도 포함된다.

→ 편찬

출판 주기

영 publication note 중 出版注釋

국제 보존 기록 기술 규칙(ISAD(G))이 지정한 관련 자료 영역에 있어서의 기술 요소의 하나로, 기술 단위의 활용 · 연구 또는 분석에 관한 출판물 또는 이를 토대로 한 출판물을 명시한다. (ISAD(G), 3.5.4)

ㅋ

캐나다 도서관 기록관

🌐 Library and Archives Canada

[캐] 캐나다 도서관 기록관은 문화 유산부(Ministry of Canadian Heritage) 산하 차관급 기구이다. 2004년 국립 도서관과 기록관이 통합하여 기록 유산 관리청으로 발족했다. 2002년 문화 유산부 장관이 캐나다에 관한 지식에 대한 증가된 요구를 대변하기 위해 현대적이며 역동적인 기관을 설립하여 이 기관을 통해 모든 캐나다의 역사 문화를 접할 수 있도록 양 기관을 통합하였다. 그 후 약 2년간 실무적으로 가능한 분야부터 단계적으로 기관 통합을 추진하다가 2004년 4월 캐나다 도서관 기록관 설치 법안이 통과되고, 통합 청장으로 윌슨(Ian Wilson)이 임명되었다.

캐나다 도서관 기록관은 본부, 연방 기록 센터와 개티뉴(Gatineau) 보존 서고로 구성되어 있다. 본부에는 정부 기록 관리국, 민간 기록 관리국, 보존국, 열람국, 행정 지원국, 정책 관리팀, 미술관 조직이 있다. 1997년에 첨단 보존 전문 시설인 개티뉴 센터가 건축되었다. 개티뉴 전문 보존 센터에서는 기록을 처리하고 보존한다. 캐나다 도서관 기록관의 소장 기록은 종이 기록이 166km이다(개인 기록 45km). 3.5테라바이트의 전자 기록도 소장되어 있다. 오타와(Ottawa) 시내에 있는 열람실에서 원본으로 열람 청구된 자료는 개티뉴 센터에서 정기적으로 이송된다. 연방 기록 센터는 밴쿠버(Vancouver), 에드먼턴(Edmonton), 위니펙(Winnipeg), 토론토(Toronto), 몬트리올(Montreal), 퀘벡(Quebec), 핼리팩스(Halifax), 오타와 등 8개 지역에 설치되어 있다.

캐나다 기록관 당시 인력은 약 650여 명(기록 센터 100명 포함)인데, 아키비스트 100여 명(정부 기록 담당 70명, 개인 기록 및 멀티미디어 담당 30명), 보조 아키비스트 약 10~15명, 보존 전문가 80명(복원 45명, 보존 35명), 기타 기능직 10여 명(열람 서비스·수집 관리 담당)이다. 기관 통합 후에는 전체 직원이 약 1,100여 명으로 증가했다.

캐나다 도서관 기록관은 정부 및 공공 기관 기록과 함께 민간 기록도 수집한다. 민간 기록의 범주에는 문서 기록은 물론 시청각 기록과 그림까지 포함되어 있다. 미술품의 경우 예술성을 기준으로 하여 미술관과 분담하여 관리하지만 기본적으로 미술품 역시 일정한 정보를 담은 '도큐먼트'로 규정하여 기록관 관리 영역에 포함하고 별도의 전담 아키비스트를 배치하고 있다. 매체에 관계없이 캐나다 및 캐나다인에 관한 모든 종류의 정보가 담긴 자료, 즉 기록 유산 모두가 캐나다 도서관 기록관의 수집 및 관리 대상이 된다.

수상 기록을 포함한 정부 기록 수집·이관은 '기록 처분 지침(Records Disposition Authority, RDA)'에 의하며, 이러한 지침은 각 기관이 작성하여 관장의 승인을 받아 집행한다. RDA에 의한 이관은 관장의 승인을 받도록 되어 있으나, 2001년 이전까지 캐나다의 정부 기록 수집 관리는 상대적으로 정부 기관이 기록 처분에 관한 재량권을 갖고 있었기 때문에 상당한 분량의 기록이 이관되지 않았다. '캐나다 연방 정부 내 문화 유산 보호'에 관한 감사원의 보고서에 미이관 및 관리 부실 기록 문제가 지적

되어, 이를 계기로 '기록 처분 일정 제도(Government Records Appraisal and Disposition, GRAD)'에 대한 대폭적인 재설계가 추진되었다.

GRAD 프로그램은 캐나다 도서관 기록관장이 허가한 RDA에 따라 정부 기관의 기록이 처리될 수 있도록 통제하기 위한 것이며, RDA는 기록 관리청이 캐나다의 공공 기록 유산 수집·보존에 관하여 위임받은 권한을 충분히 행사할 수 있도록 하기 위한 것이다. GRAD 프로그램은 160여 개 연방 정부 기관의 기록이 RDA에 의해 일관성 있게 처리되도록 하려는 것을 목표로 1991년부터 시작되었지만, 실제 2003년까지는 그 계획이 완결되지 못하고 있었다. 이에 따라 2003년 GRAD 프로그램 재설계 작업단이 설치되었고, 각 기관과 기록 관리청 관계 직원 간 실무 협의가 진행되었다.

GRAD 프로그램의 구성 내용은 ① 기록 처분을 위한 전 정부 차원의 계획(Government-Wide Plan) ② 기록 처분 양해 각서(MOU) 제도 ③ 보존 대상 기록 평가·선별 ④ 이관 조건 및 상태(Terms and Conditions, T&C) ⑤ 기록관장 브리핑 노트(Briefing note) ⑥ 기록 처분 지침 관리 시스템(RDA Control System, RDACS) ⑦ RDA 관리 점검 ⑧ RDA 구축 등이다.

① 기록 처분을 위한 전 정부 차원의 계획에는 정부 기관에 대한 기록 처분 지침 작성 작업에서 우선순위 설정에 관한 준칙(14개항)과 모든 캐나다 기관에서 기록 처분 업무에서 도입할 우선순위가 정해져 있다.

② 기록 처분 양해 각서를 통해 기록관과 정부 기관 사이에 기록의 처분 및 수집에 대한 책무와 설명 책임을 분담하는 파트너십을 창출하고, 기관의 기능과 기록을 위한 시의 적절하고 편리한 처분 계획을 제공한다. 계획 기대치와 추진 결과를 정기적으로 점검하기로 합의가 되었다. 이는 정부 기관과의 의견 불일치를 해소하기 위한 장치이기도 하다.

③ 보존 대상 기록 평가·선별 : 거시 평가(macro appraisal)와 정부 기관

의 기능 분석(functional analysis)에 기초한 평가 방식이다.

④ 이관 조건 및 상태(T&C) : 아키비스트는 보존 기록 평가 보고서를 완성한 후, RDA, 이관합의서(Agreement for transfer) 등과 함께 T&C 초안을 작성한다. T&C 문건에 보존 대상 기록으로 확인된 기록은 T&C 문건에 담겨 있는 바에 따라 기록을 생산·보유한 클라이언트 기관으로부터 캐나다 도서관 기록관의 관리 및 통제 아래로 이관한다.

⑤ 기록관장 브리핑 노트 : 기관 및 기능에 대한 맥락 정보, 평가에 대한 전제 및 결정 사항을 요약하고, 평가 과정에서 확인된 문제점과 문제점 해결을 위한 시행 방침, 캐나다 기록관 도서관이 취해야만 하는 주도적 또는 조정 활동과 권고 사항 등이 담겨 있다.

⑥ 기록 처분 지침 관리 시스템 : 캐나다 기록관 도서관의 RDA 관리 정보 시스템이다. 캐나다 기록관 도서관이 승인한 모든 기록 처분 지침의 내용에 용이하게 접속하게 하고, RDA, 이관 합의서, T&C, 평가 보고서 등의 문서에 대한 원문을 온라인으로 제공한다.

⑦ RDA 관리 점검 : 캐나다 기록관 도서관의 정부 기록과에서 RDA 관리 점검을 수행하는 업무 절차를 개발했다(2004~2005년). 이에 따라 캐나다 정부 기관이 RDA를 적용하여 정부 기록을 캐나다 기록관 도서관으로 이관했는지를 추적하고 점검할 수 있다. RDA 관리 점검 체계를 개발하는 데 있어서 RDACS가 중요한 도구로 활용된다.

⑧ RDA는 복수 기관 적용 처분 지침(Multi-Institutional Disposition Authorities, MIDA)과 기관 처분 지침(Institution-Specific Disposition Authority, ISDA)으로 구성된다. MIDA는 기존의 GRDS(General Records Disposal Schedule)를 갱신·대체한 것으로, 모든 또는 다수의 기관에서 관리하는 기록을 대상으로 한다. ISDA는 개별 정부 기관에서 관리하는 기록을 대상으로 하는 RDA이다.

(캐나다) 보존 기록 기술 규칙

🟠 RAD(Rules for Archival Description)

[캐] 보존 기록을 일관성 있고 표준화된 형식으로 기술하기 위한 캐나다의 표준 기술 규칙(RAD)이다. 캐나다 아키비스트 사무국(Bureau of Canadian Archivists)의 기술 표준 기획 위원회(Planning Committee on Descriptive Standards)가 캐나다 보존 기록관 협의회(Canadian Council of Archives)의 캐나다 보존 기록 기술 위원회(The Canadian Committee on Archival Description)와 협력하여 개발하였다. RAD는 영미 목록 규칙 제2판 수정본(AACR2R)을 기반으로 하지만 보존 기록 기술에 적합하게 조정하였고, 퐁(fonds) 존중 원칙에 따라 보존 기록에 대하여 집합적 기술을 하도록 제시하고 있다. 제1판은 1990년에 제정되었고, CUSTARD 프로젝트, 즉 보존 기록 기술에 관한 북미 프로젝트의 결과를 반영하여 2003년에는 제2판(RAD2)이 발간되었으며, 지속적인 수정이 이루어지고 있다.

캘린더 ➜ 일지형 목록

컨저베이터 ➜ 보존 처리 전문가

컨테이너 리스트 ➜ 보존 용기 목록

컬렉션

🟠 collection 🟠 文件集 🟠 コレクション

(1) 공통적 특성을 지닌 자료들의 집합. (2) 어떤 기록관이 소장하고 있는 기록이나 자료 전체. (3) 개인이나 조직, 기록 관리 기관이 다양한 출처로부터 수집한 인위적인 기록 집합물(artificial collection). 보존 기록관에서

는 정리 및 기술 업무와 관련하여 동일한 출처를 갖는 기록군과 인위적 컬렉션을 구분하게 된다. 즉, 동일한 출처를 갖는 기록군은 출처와 함께 생산자가 수립한 원질서를 반영하여 정리·분류 작업을 수행해야 한다. 그러나 인위적 컬렉션의 경우, 생산자가 수립한 원질서를 확인할 수 없는 경우가 대부분일 뿐 아니라, 생산자보다는 해당 컬렉션 수집자의 의도나 주제가 정리나 분류 작업에서 더 중요한 기준이 된다. 그러나 컬렉션은 동일 출처를 갖는 기록군과 인위적 컬렉션을 모두 포함하는 개념으로 사용되는 경우가 많다. [Pearce-Moses(2005), p. 76]

→ 매뉴스크립트 컬렉션

컬렉션 개발

영 collection development 중 館藏建設 일 コレクション開發

기록 관리 기관이 수집할 기록을 선정하는 데 적용할 정책이나 절차를 수립하는 기능. 이때 생산자나 주제, 형태 등을 분석하여 해당 기록관의 주요 수집 범주를 정하게 된다.

도서관에서는 오래전부터 장서 개발이라는 용어로 사용해왔으며, 이제는 기록관에서도 기록을 체계적으로 수집하기 위해 컬렉션 개발 개념을 채용하고 있다. 컬렉션 개발을 수집 정책과 동일한 개념으로 사용하는 경우도 있다. 그 기록관이 주력해야 할 핵심적인 범주가 소장 기록에 포함되고, 전체적으로 체계적인 구성을 유지하기 위해서는 성문화된 컬렉션 개발 정책을 마련해야 한다. 또한 기록 관리 기관들이 수집 영역을 분담함으로써 불필요한 경쟁을 줄일 수 있는 컬렉션 개발 정책을 마련하는 것이 바람직할 것이다.

컴퓨터 출력 레이저 디스크 → COLD

컴퓨터 출력 마이크로 자료 → COM

컷오프 → 분철

키워드

㊁ keyword ㊥ 關鍵詞 ㊀ キーワード

기록의 내용을 표현하기 위해 제목이나 내용에서 추출한 단어나 구절로서 기록을 검색할 때 접근점으로 쓰인다. 키워드는 기록의 제목이나 초록, 전문(full text)에서 그대로 추출하거나, 해당 개념에 상응하는 단어를 통제 어휘집에서 추출하게 된다. 후자의 경우는 보통 디스크립터(descriptors)라고 한다.

키워드 AAA → Keyword AAA

ㅌ

탄화칼슘 성분
🅟 calcium carbonate reserve

종이의 대량 생산 과정의 산성 잔존물이나 대기 속에 존재하는 산화물을 중화시키기 위해 종이 제작 과정에서 종이에 첨가하는 알칼리.

탈산제
🅟 buffering agent 🅒 緩冲劑

종이의 산성을 완화시키는 알칼리성 물질.

탈산 처리
🅟 deacidification 🅒 去酸

pH(수소 이온 농도)를 최대 7.0까지 올림으로써 종이 문서의 훼손을 지연하는 보존 기술.

텅스텐-할로겐 등

백열전등의 일종으로 유리 안에 할로겐 물질을 주입하여 텅스텐의 증발을 억제한 등. 광도를 자유로이 조절할 수 있고 빛의 느낌도 좋아 많이 사용하지만, 자외선이 방출되는 단점이 있기 때문에 자외선 차단 필터를 조합하여 사용한다. 텅스텐-할로겐 등은 특수 열 반사식의 반사 갓에 저전압 할로겐 캡슐을 장착시킨 램프이다. 광화학적으로 정위치한 캡슐로 인해 깨끗하게 정돈된 빛을 내어 종이 기록을 전시하는 데 사용되기도 한다. 직접 열을 받아서는 곤란한 장소에 사용되며 적외선 방사(열)는 뒷면 반사 갓을 통해 방출하고 가시광선(빛)만 전면으로 투사한다. 앞면이 막힌 타입과 개방된 타입이 있다.

토탈 보존 기록관

⑬ total archives ⑮ 綜合檔案館

한 사회의 중요한 역사적 사건을 기록하기 위해서 공적 행정 기록만이 아니라 개인 문서나 기업 기록에 이르는 광범위한 보존 기록을 수집하는 전략. 캐나다에서 발전한 개념이다. (Pearce-Moses(2005), p. 386)

통기성(通氣性)

⑬ porousness; poromeric

공기가 유통하는 성질. 보존 용품에 이용되는 종이는 코팅 처리된 것이 많다. 코팅 처리된 종이는 통기성이 없기 때문에 기록에서 발생되는 유해 물질이 배출되지 않아 오히려 기록의 보존성에 악영향을 미친다.

통제 어휘집

⑬ controlled vocabulary ⑮ 規範化詞受控詞表 ⑭ 制御語彙

통제되고 표준화된 용어를 열거한 어휘 목록으로서 색인 작성의 일관성과 통일성을 높이고, 검색 효율을 증진시키는 데 사용하기 위한 도구.

일반적으로 용어 간의 관계도 포함한다. '주제명 표목'이나 '시소러스'는 통제 어휘집의 일종이다.
→ **주제명 표목, 시소러스**

특수 기록관
공공 기록물 관리법에 의해 통일·외교·안보·수사·정보 분야의 기록을 생산하는 공공 기관이 소관 기록물을 장기간 관리하고자 하는 경우, 중앙 기록물 관리 기관의 장과 협의하여 설치·운영할 수 있는 기록관을 말한다. 과거 공공 기관 기록물 관리법에서는 '특수 자료관'으로 불렸다.

특수 자료관 → **특수 기록관**

ㅍ

파기 → 폐기

파일

영 file 중 案卷 일 ファイル

(1) 논리적으로 관련된 레코드들의 집합. 이를테면, 기록을 기술한 레코드(description record)들이 모여 하나의 파일을 구성한다. (2) 컴퓨터에 저장된 데이터의 집합체. 기록 관리의 관점에서 보면 하나의 기록건이나 컴포넌트에 해당한다. (3) 업무나 주제, 용도 등을 기준으로 하나의 폴더에 모아놓은 문서의 집합. 기록철과 동의어.

→ 기록철

파일 플랜

영 file plan; filing system 일 ファイルプラン

기록 분류 체계와 같은 개념으로서, 서로 다른 기록철들을 어떻게 분류하여 어디에 저장할지, 검색을 위해 어떻게 색인할지 등을 기재한 분류 체계이다. 파일 플랜에서는 기록철들을 분류하는 데 알파벳, 숫자, 알파

벳과 숫자 혼용, 10진 체계 등과 같이 코드 형태를 사용하여 구분한다. (영국) 전자 기록 관리 시스템 표준에서는 파일 플랜을 기록 분류 체계와 동일한 개념으로 사용하고 있지만, (미국) 국방부 전자 기록 관리 시스템 설계 표준 DoD 5015.2-STD에서는 파일 플랜을 영국과 유럽연합의 개념과 다르게 설명하고 있다. DoD 표준에서 파일 플랜이란 사무실 내에서 유지·이용되는 파일의 식별 번호, 제목, 기술, 처분 지침을 담고 있는 문서를 말하며, 파일 플랜의 구성 요소로 ① 기록 범주명 ② 기록 범주 식별 기호 ③ 기록 범주 설명 ④ 처분 관련 지시 사항 ⑤ 처분 지침 ⑥ 보존 기록 지시 기호 ⑦ 핵심 기록(vital records) 여부 ⑧ 핵심 기록 검토 및 갱신 주기 ⑨ 사용자 정의 필드 등을 제시하고 있다.

파트 → 기록권

편찬

영 publishing; compilation 중 出版 일 出版

특정 주제나 사건에 관한 기록을 편집하거나 영인하여 출판하는 활동. 기록관에서는 소장 중인 희귀 자료나 역사 자료로서 가치가 인정된 기록을 대상으로 역사학자와 아키비스트가 협력하여 편찬하는 활동을 하게 된다. 이러한 활동을 통해 일반인들은 접근하기 힘든 기록을 쉽게 이용할 수 있고, 학술 활동을 자극하며, 기록 원본을 물리적으로 보호할 수 있다. 편찬 시 기록을 그대로 영인하는 경우도 있지만 기록의 내용을 해석하고 재편집하는 경우도 있다. 공공 기록 편찬 사례로 미국 국무부가 공문서, 전신문, 보고서 등을 기초로 주기적으로 편찬하는 『미국의 외교 관계(Foreign Relations of United States)』를 들 수 있다.

→ 출판

편철

🇰 filing 🇨 立卷 🇯 ファイリング

기록을 체계적으로 보관하고, 필요로 할 때 신속하게 검색하고, 적시에 적절하게 처분 조치를 할 수 있도록 잡다한 문건들을 관련된 동일한 성격을 가진 기능과 용도를 나타내도록 정리하고 분류하여 기록철로 모으는 과정이다. 정해진 기준에 따라 동종 업무의 문건을 합해 하나의 기록철로 만드는 것을 말한다. 편철은 기록의 성격에 따라 기능 시리즈별 분류, 시기적 번호순(접수 번호·신청서·허가서 등), 특정한 번호순(운전 면허 번호·주민 등록 번호 등), 주제별 분류, 이름이나 지명에 의한 분류 등 다양한 방식으로 수행할 수 있다. 기록 편철은 종이 기록을 물리적으로 끈이나 철핀으로 묶는 것을 의미하는 것이 아니라, 관련된 동일한 성격의 기록을 전자 기록이든 종이 기록이든 하나의 단위로 모으는 것을 의미한다. 편철의 일반적인 원칙은 다음과 같다. ① 기록은 기록철로 편철할 필요가 있을 때에만 편철한다. 비기록, 사기록, 사본, 사소한 첨부 인쇄물, 불필요한 초안 등은 편철하지 않는다. ② 검색 이용과 처리(이관 혹은 폐기)가 용이한 방식으로 편철한다. ③ 일관된 방식으로 편철한다. 특히 기록철명은 기록의 내용을 반영할 수 있게 정확하게 작명하고 일관되게 유지해야 한다. ④ 기록철을 구성하는 문건을 일관되게 유지한다. ⑤ 새로 추가되는 문건이 기록철명에 적합한지 검토해야 한다. ⑥ 대체로 생산 접수 시기 순서대로 편철한다.

평가

🇰 appraisal 🇨 鑑定 🇯 評価

(1) 현용 단계가 종료된 후 기록을 보존 기록관으로 이관할 가치가 있는지 여부의 결정. (2) 법적인 요건 및 활용 필요성에 따라 특정 기록을 보

존해야 하는 기간의 결정. (3) 기록에 대한 금전적 가치의 산정. (4) 기록을 얼마 동안 유지할 것인가를 결정하기 위한 목적으로 이루어지는 업무 활동의 평가. 기록의 평가에서 가장 중요한 요소는 기록이 만들어진 직접적인 목적을 넘어서는 계속적인 가치의 확인이다. 기록 평가에서의 분석 대상으로는 기능, 내용(content), 맥락(context), 접근성(accessibility), 비용 타당성(cost-benefit) 등 5가지를 들 수 있다. 먼저 기능 분석에서는 개인이나 집단 또는 조직이 기록을 생산 또는 입수한 목적을 가늠하고 그러한 목적들의 상대적 중요성에 우선순위를 두고 판단한다. 기능 분석에서는 조직적 위계에서의 기록 생산자의 위상, 기록 생산자의 기능 중요성에 따른 중요 도큐멘테이션 등에 대한 분석이 이루어진다. 내용 분석은 기록 속에 담긴 정보의 질과 중요성에 우선순위를 두어 판단하는 것으로서, 기록에 포함된 주제의 중요도, 중요도에 따른 주제의 완전성, 시간 포괄성 등 도큐멘테이션의 질에 대한 분석이 진행된다. 맥락 분석은 다른 기록 정보원과의 관계를 통해 기록의 지속적 가치를 판단하는 것으로서, 물리적 사본의 존재 여부, 동일 정보를 담은 다양한 형식의 기록 중 최적의 형식을 가진 기록의 검토, 원본을 대체할 수 있는 기록의 존재 여부, 다른 기록과의 내용적 연관성, 동일한 주제에 관한 기록으로서의 희소성 등에 관한 분석을 말한다. 접근성 분석은 기록에 접근하는 데 작용하는 물리적·지적·법적 조건에 우선순위를 두고 기록의 지속적 가치를 판단하는 것이다. 접근성 분석에서는 보존 기록관 이용자, 이용자의 정보 요구, 현재까지의 이용을 토대로 한 잠재적 유용성, 기록 접근에 대한 물리적·지적·법적 장애 요인 등에 대한 분석이 이루어진다. 비용 타당성 분석은 기록에 담긴 정보 가치 대비 보존 비용의 타당성 여부를 판단하는 것이다. 비용 타당성 분석에서는 기록의 확인·평가·이관에 드는 비용, 정리 및 기술 등의 처리 비용, 보존 비용, 매체 수록

비용, 재평가 비용 등에 대한 검토가 이루어진다. 이 밖에도 기록 평가 기법에는 기록이 만들어진 기능이나 사회적 요인 등과 같은 거시적 요소에서 출발하여 개별 기록으로 내려가는 하향식 접근 방법과 개별 기록으로부터 상층의 요소로 진행하는 상향식 접근 방식 등이 있다. (Pearce-Moses(2005), pp. 22~23; DIRKS Manual; Ham(1993))

평가 표본 추출

영 appraisal sampling 중 鑑定抽樣 일 評價標本抽出

일정한 기법을 동원하여 특정 기록의 집합을 대상으로 그 집합을 대표하는 기록을 선택하는 기법. 기록 평가 · 선별 기법으로서의 표본 추출은 대체로 높지 않은 균일한 가치를 가진 방대한 분량의 기록을 축소 선별하기 위해 사용할 수 있는 기법이지만 그 적용은 신중해야 하며, 충분한 포괄성과 신뢰도에 기초한 대표성을 지닌 기록이 선택될 수 있도록 주의해야 한다는 것이 보존 기록 전문가들의 공통된 지적이다. 종래의 기록 표본을 추출하는 일은 내용적인 질에 기반하였으나, 근래 들어 통계학적 접근을 통한 분석 방법이 도입되었다. 또한 최근에는 표본 추출을 통해 단지 소장물의 양을 줄이는 것만이 아니라 평가 결정의 토대로 삼을 수 있는 데이터의 수집과 분석이 시도되기도 하였다. (Ham(1993))

표본 추출(sampling)은 선별(selection)과 구별된다. 선별이 전체에 대하여 신뢰할 수 있는 중요한 몇몇 특징적인 질을 반영한 기록을 보존하기 위해 기록들 가운데 하나의 전형이 되는 건을 선택하는 것이라면, 표본 추출은 모집단 전체에 대한 신뢰를 위한 대표를 뽑아내는 것이다. 그런 점에서 사례(example) 추출도 표본 추출과 다르다. 사례 추출은 형태, 절차, 의사 결정 수준, 정보의 내부 흐름 등 행정적인 경험 등을 설명하기 위해서 사안 파일들 가운데 단순히 한 개 또는 몇 개의 견본을 뽑아내는 것으로서, 거기에는 전체를 대표하거나 반영하려는 의도는 없다.
〔Cook(1991)〕

기록 표본 추출은 그 방법에 따라 예외(exceptional) 표본 추출, 전형(exemplary) 표본 추출, 예시(illustrative) 표본 추출, 규칙적(systematic) 표본 추출로 구분할 수 있다. 예외 표본 추출은 이례적이거나 또는 주목되는 특성에 기초한 부분 집합을 선택하는 것으로서, 논란이 되는 주제, 유명인사, 최초의 것 등을 뽑아낼 때 적용한다. 예외 표본 추출은 다른 표본 추출 기법에 비해 이용자가 요구하는 기록이 포착될 가능성이 상대적으로 높다. 전형 표본 추출은 전체를 대표하는 전형적인 파일 일부를 선택하는 기법이다. 다수의 지역 사무소 전체의 활동을 유추할 수 있다고 판단되는 특정 지역 사무소의 파일 모두를 선택하는 것이 표본 추출의 예이다. 예시 표본 추출에서는 특정 기준에 의해 특징지을 수 있는 선택자의 판단에 기초하여 기록 시리즈 전체에서 보존 대상 기록 일부를 선별한다. 예시 표본 추출은 비(非)임의적이며 비규칙적인 표본 추출 방식이다. 규칙적 표본 추출은 내용을 고려하지 않고 일정한 형식적 특징에 기초한 집합으로부터 개별 건을 선택하는 기법이다. 정해진 규모나 정해진 문자로 시작하는 파일에 적용하는데, 인적 카드군에서 성명의 머리글자를 기준으로 카드를 뽑아내는 것이 규칙적 표본 추출의 사례이다. 다른 표본 추출에 비해 상대적으로 실행하기 용이한 방식이지만, 그만큼 충분히 만족스러운 효과를 거두기는 어렵다. 〔Pearce-Moses(2004)〕

→ **규칙적 표본 추출**

폐기

영 destruction 미 disposal 중 銷毀

더 이상 보존할 필요가 없는 기록을 제거하는 것으로, 주로 기록의 물리적인 파괴 혹은 폐기를 의미한다. 업무 보안을 위해 작업 중인 초안 기록을 파기하는 것은 법제상의 기록 폐기가 아니다. 기록의 폐기는 보안 등급에 따라 재활용·분쇄·펄프화·절단·소각 등의 방법으로 수행된다. 개인 정보가 포함되어 있는 기록을 재활용할 때에는 반드시 분쇄나 펄프화 등 수록된 정보를 삭제하는 방식을 취해야 한다. 한 기록관에서 더 이상 보존할 필요가 없다고 판단된 기록의 처리 방식에는 폐기 외에 양도나 매각도 있다. 이 가운데 양도는 필요 없는 자료의 처리를 위해 이루어지기도 하지만, 2개 이상의 기록관에 분산된 하나의 컬렉션을 결합하기 위해서 실행되기도 한다. 이 경우 아키비스트에게는 개별 기록관의 개별적 이해를 넘어서는 관점과 자세가 필요하다.

폴더

영 folder 중 卷夾 일 フォルダ—

(1) 기록을 하나의 기록철로 모을 때 사용하는 물리적인 편철 용구로서, 보통 두꺼운 종이로 만들어진다. (2) 여러 개의 전자 기록이 모여서 구성하는 전자 기록철.

→ 기록철, 파일

퐁

영 fonds 중 全宗 일 同出所資料群

하나의 조직이나 가족, 개인이 생산·수집한 전체 기록을 말한다. 기록의 최상위 집단으로서 '기록군(records group)'과 유사한 개념이다. 기관이나 개인의 기능을 수행하기 위해 기록을 생산하는 여러 부서나 개인을 총괄하는 최상위 조직이나 개인의 모든 전체 기록을 하나의 기록 퐁(fonds)으로 모을 수 있다. 이는 기록을 서고에서 보존할 때나 분류·기술할 때 존중해야 할 하나의 출처가 된다. 그러나 퐁 개념은 기록의 물리적인 구성체라기보다는 지적인 구성물에 더 가깝다. 퐁 아래 계층으로 기록 시리즈, 기록철, 기록건 등의 다층적 구조가 있고, 기록의 기술은 이 다계층 기술 규칙에 따라 수행된다. 퐁 계층 기술에서는 기관이나 개인의 역사, 주요 기능, 사명과 역사적·법률적 맥락 등이 통일적으로 작성되어야 한다.

표목

🟢 heading 🟡 標目 🟡 標目

목록의 상단에 위치하여 배열 기준과 접근점이 되는 단어나 구, 기호를 지칭한다. 이는 사전에서의 표제어와 같은 기능을 하며, 표제어를 기준으로 관련 항목이나 주제를 배열하고 동시에 접근점으로 사용된다. 접근점이라는 용어는 표목보다 포괄적인 의미로 사용되어왔으나 기계 가독형 목록에서는 이론상 어떤 데이터 요소도 접근점이 될 수 있기 때문에 최근에는 표목이라는 용어 대신 접근점이라는 용어를 주로 사용한다. 〔김태수(1999), p. 48〕

→ 접근점

표제 → 제목

(프랑스) 중앙 정부 기록 관리 기관

🟡 La Direction des Archives

[프] 프랑스 정부의 기록은 중앙 정부 기록 관리 기관(La Direction des Archives)에서 총괄한다. 중앙 정부 기록 관리 기관은 문화부 산하 차관급 기관이며, 조직의 구성과 운영은 독립적이다. 중앙 정부 기록 관리 기관

의 모체인 국립 보존 기록관(les Archives nationales)은 프랑스 대혁명 직후인 1790년 9월 7일 제정된 칙령에 의해 설립되었다. 프랑스 기록 관리법은 1794년 6월에 제정되었다. 1897년 국립 보존 기록관은 내무부 기록관과 합쳐져 정부 기록 관리 기관(direction des archivess)이 되었다가, 1936년 중앙 기록 관리 기관으로서의 중앙 정부 기록 관리 기관으로 다시 설립되었다. 프랑스의 대문호 말로(André-Georges Malraux)가 문화부 장관으로 재직하던 1959년에 중앙 정부 기록 관리 기관은 문화부에 소속되었다. 1979년 개정된 기록 관리법에 따라 중앙 정부 기록 관리 기관은 행정부·입법부·사법부의 기록을 보존하고 국민에게 활용을 제공한다. 기록 관리법은 중앙 정부 기록 관리 기관의 설립과 기록 관리 정책 원칙만을 간략히 제시하며, 중앙 정부 기록 관리 기관의 공공 기록 폐기 승인, 영구 기록 이관 보존, 공공 기록 이용과 제한에 관한 일반적인 원칙을 제시한다. 중앙 정부 기록 관리 기관의 기관장은 역사학자나 문화 행정 전문가로 임명한다. 중앙 정부 기록 관리 기관 산하에 중앙 기록 관리 집행 기관으로 현대 역사 기록관, 마이크로필름 보존소, 식민지 기록관, 노동 기록관이 있어 국가 역사 기록을 통일적으로 관리하되 분산적으로 보존 관리하고 있다. 중앙 정부 기록 관리 기관의 주업무는 행정 기관의 기록 관리 총괄, 기록 관리 정책의 수립, 기록 관리 감독, 영구 기록의 보존과 활용, 기록 관리 전문 인력 국가 양성 학교 운영, 대통령 기록관으로의 직원 파견 등이다. 중앙 정부 기록 관리 기관은 103개에 달하는 도 기록관(archives de departments)의 관장을 직접 파견하며 급여를 지불한다. 기타 중앙 행정 기관의 기록 관리 기관으로는 외무부 역사 기록관과 국방부 역사 기록관이 별도로 존재한다. 프랑스에서 지방 기록 관리 기관으로는 103개의 도 기록관과 120개의 시립 기록관이 있다. 중앙 정부 기록 관리 기관의 조직은 일반 관리 문서국, 도큐멘테이션 보존 센터, 감사관실, 국제국, 국립 기록관 신축 프로젝트, 제도 인력국, 인사국, 정보국, 재정국, 지역 기록국, 대민·공보국, 영구 기록 관리 기관 조정국, 법사 및 기록 공개국, 교육국, 수집국, 기술국, 보존국으로 구성되어 있다. 프랑스의 중앙 정부 기록 관리 기관은 행정부와 입법부의 기록을 수집·관리한다. 대통령 기록 관리에 관한 별도의 규정은 없으나 중앙 정부 기록 관리 기관의 직원이 파견되어 있으며, 실제로 대통령 기록은 별도로 철저히 관리한다. 중앙 정부 기록 관리 기관에 이관된 기록은 중앙 정부 기록 관리 기관이 공개를 재분류한다. 비밀 비공개 기록은 30년, 대통령 기록은 50년, 의료·개인 정보 기록은 기록물 격에 따라 60년 이상 비공개할 수 있다.

필수 기록

영 essential records; vital records 중 緊要文件 일 基幹文書

(1) 유사시에 조직을 재건하거나 기타 다른 필요에 대비하기 위하여 분산 보존이 필요한 재정, 조직 등에 관한 기록. 비상사태 기간 중이나 비상사태 이후에 기관의 업무 수행을 재개하기 위해, 또 기관의 법적·재정적 권리를 수호하기 위해 필수적으로 필요한 기록으로서, 이것 없이 그 기관의 기능을 효과적으로 지속적으로 수행할 수 없는 기록을 말한다. (2) 개인의 신분을 확인하는 데 필요한 출생 기록, 결혼 증명서, 사망 기록 등. 미국에서는 'vital records'라는 표현을 주로 사용한다.

보통 비상 대비 계획과 필수 기록 프로그램에서는 (1)의 뜻으로 쓰인다. 비상 상황이나 재난 시 기관이 수행해야 할 필수 핵심 업무를 수행하는 데 필요한 기록에는 비상 대비 계획 기록, 비상 연락망, 비상 조치 기록, 비상시 업무 수행 지침 기록, 재난 복구 계획 기록, 재난 복구 지침 기록 등이 있다. 기관의 업무·권한·존재 근거를 증거해주는 기록, 그리고 기관의 법적·재정적 권리를 보호하는 데 필요한 기록으로는 법규 원본·계약서·보험 증권·증권·회계 기록·급여 기록·인사 기록·중요 회의록 등이 있다. 기관의 업무에 의해 영향을 받는 타기관이나 국민의 권리를 보호하는 데 필요한 기록으로는 주민 등록·호적 기록·병적 기록·연금 기록의 원본 등이 있다. 폐기되거나 훼손되지 말아야 할 중요 국가 기록 유산 역시 필수 기록이 될 수 있다. 민간 부문의 필수 기록에는 직원 및 고객의 권리를 보호하는 데 필요한 기록(예를 들면, 신상 기록·급여 기록·연금 지급 기록·고객 개인 정보 기록), 조직 소유자나 이사진의 법적 권리를 보호하는 데 필요한 기록과 자산 관련 기록(예를 들면, 자격증·면허증·특허장·자산 목록·계약서), 조직의 법적·재정적 지위와 권리를 보호하는 데 필요한 기록(예를 들면, 채권 기록·부채 기록·회사 소유 증권·특허 및 상표 관련 기록·등기 권리증·신개발 계획·납세 기록·회사 주식 소유자 관련 기록), 그리고 위와 같은 기록이 수록되어 있는 컴퓨터 저장 장치와 그 사본이 포함된다.

→ 필수 기록 관리

필수 기록 관리

영 essential records program; vital records management 중 緊要文件管理
일 基幹文書の管理

재난이나 비상시 조직이나 기관이 수행해야 할 조치를 결정하고 이용할 수 있게 문서화한 기록과, 조직의 업무를 재개하고 정상적으로 운영하는 데 꼭 필요한 기록을 관리하는 업무를 말한다. 이러한 기록을 필수 기록이라고 한다. 필수 기록 관리 프로그램은 재난 대비 계획 기록을 작성·유지하고 그 책임을 할당하며, 재난이나 비상시 관리해야 할 필수 기록을 선별하고 관리하는 방식을 결정하여 재난에 대비하는 업무를 말한다.

필수 기록의 식별과 관리, 백업본 보존 및 복구 방식이 필수 기록 관리 업무의 가장 중요한 부분이다.

필수 기록 사본

영 security copy 중 安全副本 일 危機管理コピー

원본의 손상에 대비하여 정보를 보존하기 위해 재생산한 기록. 필수 기록 사본은 통상 별도로 보관되며, 오직 필수 기록만이 포함된다는 점에서 '백업'과는 구별된다.

ㅎ

하드 카피
영 hard copy 중 放大復印件 일 ハードコピー

육안 식별이 가능한 내구성 있는 매체를 사용한 문서 또는 종이로 프린트된 문서.

하위 기록군
영 subgroup 중 分組合 일 サブグループ

하나의 기록군이나 컬렉션의 일부로서 그 기록을 생산한 기관의 하위 조직으로부터 생산된 기록의 집합. 경우에 따라 지리·시기·기능·유사 매체 유형에 기초하여 하위 기록군을 설정하기도 한다. 계층이 복잡한 경우, 하위 기록군은 이를 반영할 수도 있다.

하위 기록 시리즈
영 sub-series 중 屬類 일 サブシリーズ

하나의 기록 시리즈를 구성하는 기록의 집합으로, 파일의 정리 상태·유형·형식·내용 등에 따라 구분한다.

하위 풍 → 하위 기록군

하향식 평가

영 top-down appraisal 중 管理嚴密的鑑定 일 下向式評價

기록 평가에서 기록이 파생된 기능 또는 사회적 맥락에서 출발하여 개별 기록으로 나아가는 평가·선별 접근 방식. 거시적인 평가나 기능 평가가 취하는 방식이다.

학교 기록관

영 educational institution archives 중 教育機構檔案館

대학이나 학교 등 교육 기관이 보존 기록을 관리하기 위해 설립한 보존 기록관.

한국 목록 규칙

영 KCR(Korean Cataloging Rules)

목록을 일관성 있고 통일적으로 작성하기 위해 한국 도서관 협회가 제정한 표준 지침. 영미계 목록 규칙의 영향을 받아 1964년에 제1판을, 1966년에는 수정판을 발행하였다. 그러나 목록 이론의 발전과 국제 표준 서지 기술법(International Standard Bibliographic Description, ISBD)의 출현을 반영하고, 우리의 언어 구조와 사고 체계를 고려하여 1983년 한국 목록 규칙 제3판(KCR3)을 간행하였다. (김태수(1999), p. 25) 2003년에는 새로운 정보 환경을 고려한 한국 목록 규칙 제4판이 발행되었다.

한시 기록

영 temporary records; disposable records 중 短期文件 일 有期限記錄

영구적으로 보존할 가치가 없는 기록으로서, 정해진 기한이 경과되면 즉시 파기할 수 있는 기록.

항구성 종이 ➡ 보존 용지

항균성
🟢 antibiosis 🟧 抗菌性

종이를 손상시키는 미생물로부터 저항하는 성질. 보존 용기로 사용할 종이는 항균성을 가져야 미생물의 공격으로부터 기록을 보호할 수 있고, 보존 용지로 적합하다.

해싱
🟢 hashing

'해시(hash)'는 잘게 자른 조각을 뜻하며, 전산 처리에서 '해싱(hashing)'은 디지털 숫자열을 원래의 것을 상징하는 더 짧은 길이의 값이나 키로 변환하는 것을 의미한다. 짧은 해시 키를 사용해 항목을 찾으면 원래의 값을 이용하여 찾는 것보다 더 빠르기 때문에, 해싱은 데이터베이스 내의 항목들을 색인하고 검색하는 데 사용된다. 해싱은 빠른 속도의 데이터 검색 외에도, 전자 서명을 암호화(encoding)하고 복호화(decoding)하는 데에도 사용된다. 해시 함수를 이용해 전자 서명을 변환한 다음, '요약 메시지'라고도 부르는 해시 값과 전자 서명을 별도로 전송한다. 수신자는 송신자가 사용한 해시 함수와 같은 것을 사용하여, 서명으로부터 요약 메시지를 뽑아내어 그것을 이미 수신한 요약 메시지와 비교한다. 그 비교 결과가 같아야만 전자 서명이 유효한 것이다. 〔텀즈 컴퓨터 용어 사전〕

행정 연혁

🌐 administrative history 🇨🇳 行政史 🇯🇵 組織變遷

기록을 생산하거나 수집한 조직의 간략한 역사를 제공함으로써 기록의 맥락을 이해할 수 있도록 해주는 기술 요소. '기관 변천사', '조직사'라고도 한다. 기관명의 변화, 설립 및 해산 연도, 주요 기능과 임무, 모(母)기관 및 하부 기관 등 조직 위계 정보, 기관장, 활동 위치, 합병이나 분할 등의 변천 내력 등이 일반적으로 포함된다. 이러한 정보는 기록을 이해하는 데 매우 중요하기 때문에 기록을 기술할 때 기록 자체에 대한 정보와 함께 포함되는 경우가 많다. 전거 레코드에서는 행정 연혁에 포함된 내용이 여러 개의 요소로 분화되어 기술된다.

행정적 통제

🌐 administrative control

기록 관리 기관이 소장하는 기록을 법적·제도적 요건에 맞게 관리할 수 있도록 보장하는 모든 활동을 말하며, 물리적 통제나 지적 통제와 구분되는 개념이다. 여기에는 기록의 인수, 보존 기록 관리 기관으로의 이관 및 폐기, 권한과 접근 제한의 관리, 이용 추적, 보존 조치 등의 활동이 포함된다. 또한 이러한 조치나 행위가 모두 문서화되어야 행정적 통제가 제대로 이루어질 수 있다.

→ 지적 통제

헌법 기관 기록물 관리 기관

[법] 국회, 대법원, 헌법 재판소, 중앙 선거 관리 위원회에 설치되는 영구 기록물 관리 기관. 이에 해당하는 기관들은 자체적으로 보존 기록관을 세워 영구 기록물을 관리할 수 있다. (공공 기록물 관리법 제10조)

헥토그래프
영 hectograph 중 膠版印刷

아닐린(aniline) 염료를 사용하여 문서를 복사하는 19세기 복사 방법.

현용 기록
영 current records; active records; records 일 現用文書

현용 기록은 기관이나 조직에서 현재의 종결되지 않은 업무를 수행하는 데 사용되고 있는 기록을 의미한다. 따라서 현용 기록은 해당 업무 수행 부서에서 관리된다. 업무의 수행을 위해 얼마나 자주 참고되는가를 결정하는 것이 현용 기록 여부를 판단하는 기준이 될 수 있으나, 이것은 주관적인 판단이 되기 쉽다. 관련 업무가 계속 진행 중이고 그 기록이 업무 수행에 필요한 경우, 그 기록을 현용 기록이라고 정의할 수 있다. 업무가 종결된 후 참고로 활용하는 기록은 현용 기록이 아니라 준현용 기록이다. 등록부 등과 같이 계속해서 기록의 내용이 추가되거나 수정되는 경우는 현용 기록이라고도 할 수 있으나, 일정 기간 경과 후 종결되어 편철되는 경우에 편철이 완료된 기록은 비현용 기록으로 본다. 현용 기록에는 일정 기간 사용한 뒤 폐기하는 한시 보존 기록(비영구 기록)과 역사적으로 보존할 가치가 있어 영구 보존하는 영구 보존 기록이 혼합되어 있다. 생산된 기록이 현용 기록으로서의 역할을 수행한 후에는 기록 관리 기관(기록관이나 보존 기록관)의 가치 평가 작업에 의해 영구적으로 보존할 가치가 있는지의 여부가 결정된다. 생산 기관은 비영구 현용 기록을 보유 기간이 만료된 시점에 폐기하고, 영구 보존 기록을 법규에 규정된 이관 시점에 전문 보존 기록관으로 이송한다. 따라서 생산 기관은 영구 기록을 이관 시점까지 적절한 보존 환경에서 보존하여 그 기록이 영구적으로 보존될 수 있도록 해야 한다. 영구 기록은 역사적 보존 가치의 감정에 의해 결정되므로 반드시 역사학 연구의 맥락에서 전문가에 의해 선별되어야 한다. 한시 보존 기록이라 할지라도 기관의 업무와 역사를 잘 알고 있는 기록 관리자의 신중한 검토에 의해 1차적으로 폐기 대상에서 제외될 수 있다.

→ 보존 기록

현용 기록 관리 → 기록 관리

호주 국립 보존 기록관

NAA(National Archives of Australia)

[회] 호주 국립 보존 기록관(NAA)은 '통신·정보 기술·예술부' 포트폴리오 소속(Senior Minister)이다. 통신·정보 기술·예술부 포트폴리오의 '예술·스포츠 장관(Minister for the Arts and Sport)'이 감독 책임을 지니고 있다. 현직 장관은 상원 의원으로서 기관 운영에 관해 법령에 위배되지 않는 지시를 내릴 수 있으며, 기관 운영에 관해 의회에 보고한다. 2001년 책임 운영 기관으로 전환했으며(1999년 정부 조직법 제65조), 관장(Director General)은 예술·스포츠 장관이 임명하는 임기제 기관장으로, 계약 임기는 5년이며 연임할 수 있다. 2008년 1월 현재 관장은 깁스(Ross Gibbs)이다. 기관장 밑에 1명의 부관장과 5개 국이 있으며, 각 국은 업무 프로젝트에 따라 2~6개의 팀으로 나누어져 있다. 부관장이 7개 주·지역 분소(State·Territory Branch Office)를 운영한다. 지역 분소는 지역의 연방 기록을 수집·관리한다. 장관과 국립 보존 기록관장에게 자문을 제공하는 자문 위원회를 1983년에 구성했으며, 자문 위원회는 독자적으로 의회에 보고서를 제출한다. NAA의 정원은 2004~2005년 총 490명으로, 450명이 정규직이다. 본부 지역인 캔버라(Canberra)에 380명이 근무한다. 기

관 내 조직, 인력, 직급은 배정된 예산 한도 내에서 기관장이 결정한다. 2005~2006년 예산은 8,979만 호주달러이고, 그중 정부 지원 예산은 6,638만 호주달러이다. 2004년에 299만 호주달러의 순수익을 창출했다. 기관 총예산 개념으로 예산을 집행하며, 우선순위 사업에 예산을 우선적으로 배정한다. 예산 중 기록 보존 시설 유지 관리비가 3분의 1, 인건비가 3분의 1을 차지한다. 기관 내 전문 인력이 없는 분야의 업무를 수행하기 위해 2004~2005년에 총 69개의 외부 컨설팅 용역을 수행했으며, 이에 약 100만 호주달러의 비용을 지출했다. NAA는 1901년 이후 생산된 연방 정부 기록을 소장하고 있다. 1901년 이전에 생산된 연방 정부 관련 기록(우편·관세 기록)을 주 기록관으로부터 이전받아 소장하고 있다. 이민 국가로서의 역사적 특징으로 인해 원주민 정책 관련 기록 및 원주민 인적 기록에 관한 업무가 중요 업무로 인식되고 있다. 따라서 NAA에서의 족보 연구 및 가족사에 관한 일반 국민의 관심이 매우 높다. 1993년 기록법이 제정되기 전에는 내각 명령에 의해 기록 관리를 수행했다. 당시 강력한 기관이었던 인사 관리처(Public Service Board)가 기록철 등록을 관장하고, 기록철 등록을 연방 기관에 강제했다. 1990년대 이후 NAA는 연방 기록 관리 혁신 사업을 10년간 추진했다. 최대 중점 사업은 1998년 이후 시행한 전 직원의 전문직화였는데, 특정 직급 이상 전체 전문 직원을 모나시 대학 등 외부 대학 및 교육 과정에 1년간 위탁 교육하였다(1년간 1주일에 2일 교육. 정부 기록 관리 중심). 당시 NAA의 발전 전략 목표는 '설명 책임력 강화 기관' 및 '문화 유산 기관'으로서의 기관 위상 정립이었다. 1998년부터 소장 기록 가치 재평가 작업을 시작하여, 500km의 소장 기록 중에서 150km를 감축했다. 이 중에는 한시 보존 기록이 다수 포함되었다. 연방 기관의 조직 변동이 잦은 호주에서는 출처 주의에 의한 기록 관리 방식이 적합하지 않아서 1964년부터 기록 시리즈를 중심으로 관리하는 CRS 시스템(Commonwealth Record Series System)을 채택했다. CRS 시스템을 채택한 이후부터 기록의 지적 통제가 가능해졌고, 1970년대 이후 본격적으로 기록 기술 작업을 개시했다. 문화·문화 유산 부처 장관들로 구성된 위원회(Cultural Ministers Council, CMC)에서는 문화 유산 컬렉션을 공통으로 정리하기 위한 네트워크를 형성하고, 호환 가능한 메타데이터를 채택하고, 메타데이터 DB를 구축하였다. 이 과정에서 더블린 코어(Dublin Core)를 채택했다(Australian Government Locator Service, AGLS). NAA는 AGLS를 통제한다. 2000년부터 정부 기록 관리 분야의 표준과 가이드라인을 제정하고 공표하기 시작했다. 그 결과 AS 4390, ISO 15489 등의 표준을 개발했다. NAA는 1990년대 기록 관리 표준화 작업에 주력했으나 기록법에 의해서도 표준을 강제로 이행할 권한이 없어 마케팅과 홍보·훈련, 감사원의 협력에 의존했다. 그 중 NAA를 가장 강력하게 지원한 기관은 호주 감사원(AGO)이었다. 감사원에서는 기록 관리 표준 이행 여부를 기관 업무 평가에 반영하고 의회에 보고함으로서 강력하게 표준의 보급과 이행을 지원하고 있다. NAA는 영국식 기록 관리의 영향을 받아, 30년 후 기록 이관 및 공개 원칙을 고수하고 있다. 현재 NAA의 가장 강력한 권한은 기록 처분 지침(RDA)을 결정하고 승인하는 권한이다. NAA는 기존 기록 보유 기간표를 폐기하고, 각 연방 기관이 업무 기능을 조사한 후 보유 기간을 결정하도록 지침을 내렸다. NAA는 뉴사우스웨일스(NSW) 주 기록관과 공동으로 DIRKS 매뉴얼을 개발하고, 이를 기관에서 사용하도록 훈련시켰다. 연방 기관에서 기록 처리분을 작성해서 승인받지 않으면, NAA에서는 기록을 이관받지 않는다. 현재에는 정부 기록 관리 지도·감독과 훈련에 전략적으로 집중하고 있으며, 이를 위해 홍보·교육 프로그램·마케팅을 강화하고 있다. NAA는 예술·스포츠 장관에 소속되어 있는 책임 운영 기관으로서 현실적으로 자율적으로 운영되고 있지만, 예산 확보 등 주요 전문 업무를 수행하기 위해 상급 부처와 협의해야 하는 경우가 많다. 이는 연방 국립 도서관과 국립 박물관이 연방 정부로부터 독립적이며, 연방 정부가 통제하기 어려운 위상과 구조를 지니고 있는 것과 대비된다.

호주 아키비스트 협회

영 ASA(Australian Society of Archivists)

[회] 1975년 설립된 호주 아키비스트들의 전문직 협회이다. 아키비스트의 전문성 향상과 보존 기록 관리 교육 기회의 제공, 보존 기록 관리 지식과 기술의 개발을 위해 활동한다. 협회의 정책·전략·활동을 심의하고 결정하는 기관은 상임 운영 위원회(Council)이다. 각 주 단위로 지부가 있고, 분야별로 관심 그룹이 있다. 현재 아키비스트의 자격 검증 제도를 도입 중이다.

확장 서비스

영 outreach program 중 擴展服務項目 일 普及事業

기록관이 현재의 이용자들뿐만 아니라 잠재적 이용자들의 기록 이용을 활성화시키기 위한 서비스 프로그램으로, '기다리는' 서비스가 아니라 '다가가는 서비스'라 칭할 수 있다. 도서관에서의 확장 서비스 프로그램으로는 수감자, 노인, 외출 불가능자, 신체 장애자, 비이용자 등 서비스가 잘 미치지 않거나 적절한 서비스를 받지 못하는 사람들의 정보 요구를 충족시키기 위한 홍보 활동, 이동 도서관, 우편 대출, 가정 순회 봉사 등의 관외 서비스 활동이 포함된다. 기록관에서는 인터넷이나 대중 매체 등을 활용하여 기록관이나 기록을 홍보하는 활동, 교육, 전시, 출판 활동 등이 포함된다.

환수

🅔 replevin 🅗 發還 🅙 動産占有回復訴訟

부적절하거나 불법적인 방법으로 획득하였거나 유실된 기록을 법적으로 회수하는 것. 개인이 가지고 있는 공공 기록에 대한 회복 조치를 의미한다.

황변

🅔 yellowing 🅗 變黃

주로 저급지(低級紙)에서 발견되는 현상으로 펄프에 포함된 리그닌(lignin) 성분이 빛(자외선)을 받아 광화학 반응을 일으켜서 노란색으로 변하는 것을 말한다.

획득

🅔 capture 🅗 獲得

기록이 생산되는 바로 그 시점에서 전자 기록 관리 시스템으로 기록을 확보하는 행위를 말한다. 디지털 정보의 휘발성으로 인하여 일단 생산 시점에서 기록을 확보하지 않으면 등록·분류·저장 등 이후의 기록 관리도 불가능하다는 점에서 가장 중요한 관리 과정이라고도 할 수 있다. 따라서 종이 기록에서처럼 이미 생산된 기록을 수동적인 입장에서 '접수'한다기보다는 극히 동적인 성격을 갖는 전자 기록을 그 생산과 동시에 포착하여 시스템으로 거두어들이는 의미가 강조되는 개념이다. 전통적인 종이 기반의 기록 관리 상황에서는 등록 과정을 통하여 일단 생산된 기록의 존재를 명시하여 두기만 하면 정해진 절차에 따라 이를 기록 관리 기관으로 이관시킬 수 있었다. 반면에 전자 환경에서의 기록은 물리적이라기보다는 논리적인 존재 형태를 취하므로 시스템이 먼저 그것을 확보해 안전하게 저장해두지 않으면 쉽사리 사라지거나 변형되고 만다. 따라서 기록의 생산 시점에서 시스템이 자동적으로 행하는 획득은 전자 기록을 장기적으로 보유하고 효과적으로 관리하는 데 가장 필수적인 단계이다. ISO 15489는 기록 획득의 원칙으로 다음 3가지를 제시하고 있다. 첫째, 기록의 포맷에 상관없이 조직이 생산하고 접수하는 기록을 모두 획득 대상으로 포함해야 한다. 둘째, 기록을 획득하는 시점에서 이와 연관되어 있는 메타데이터도 함께 획득해야 한다. 셋째, 기록의 생산과 획득 시점에서 그 기록에 대한 접근 권한과 보유 기간에 대한 결정도 함께 이루어져야 한다.

후조합 색인 → 색인 작성

훈증 소독

영 fumigation 중 熏蒸 일 燻蒸

진공이나 유독 기체를 사용한 멸균 소독. 훈증 처리하여 입고한 기록을 서고로 입고한 후에도 공조 과정, 기록의 반출·반입, 인원의 입출 과정에서 오염원이 전파될 수 있다. 서고 내에 부착형 분사 장치로 살충·살균 약제를 분사하여 방제 효과를 얻을 수도 있다.

흡습제

일 吸濕劑

습기를 빨아들이는 약품. 넓은 공간에서는 제습기를 사용하며, 좁은 공간에서는 주로 실리카겔을 사용한다.

A~Z

A2A 데이터베이스
🅔 A2A Database(Access to Archives Database)

[영] (영국) 국립 보존 기록관의(TNA) A2A 데이터베이스는 900년 이후 현재까지 영국에서 생산되고 보존되고 있는 영구 기록에 대한 기술 정보가 있는 카탈로그이다. 2005년 3월 현재 383개 기록관에 있는 영구 기록 750만 개에 관한 카탈로그 정보가 있다. 그간 600만 건의 검색과 1,410만 건의 카탈로그 다운로드 활용이 있었다.

AACR(Anglo-American Cataloguing Rules) ➜ 영미 목록 규칙

ACA(Academy of Certified Archivists)

1989년 설립된 북미의 아키비스트 공인 자격 인증 기관이다. 1987년 미국 아키비스트 협회(SAA)의 아키비스트 자격 인증 시험에 관한 결의와 조치에서 비롯되었다. ACA는 비영리 단체로서 아키비스트 자격을 부여하는 전문가 검증 기관의 역할을 수행하고 있다. 일정한 전문 교육 요건과 보존 기록 관리 실무 경험을 갖춘 것으로 인정되는 사람이 ACA의 시험을 통해 일정 수준 이상의 전문 영역의 지식을 갖추었음을 증명할 때, 공인 아키비스트(certified archivist) 자격을 부여한다. 매년 100명 정도의 아키비스트가 공인되고 있다. 호주 아키비스트 협회(ASA)와 기록 관리자 협회(RMAA)도 이러한 자격 제도의 도입을 검토하고 있다.

APPM(Archives, Personal Papers, and Manuscripts)

[미] 보존 기록에 대한 목록을 만들기 위한 표준으로서 주로 컬렉션 계층의 목록을 위해 개발되었다. APPM은 영미 목록 규칙(Anglo-American Cataloging Rules)에 따라 만들어진 서지 목록과 통합할 수 있는 기록 기술과 접근점을 제공하는 것을 주요 목적으로 삼고 있다. 즉, 이 표준은 기록 기술을 도서관 자료에 대한 '목록'과 상호 교환할 수 있도록 하는 것을 강조하고 있다. APPM은 헨젠(Steven L. Hensen)이 편찬하여, 제1판은 미국 의회 도서관이 1983년 발간하였고, 수정판은 1989년 미국 아키비스트 협회(SAA)가 발간하였다. 이 표준은 2004년 (미국) 보존 기록 기술 규칙(Describing Archives: A Content Standard, DACS)으로 대체되었다.

→ (미국) 보존 기록 기술 규칙(DACS)

ARCHON Directory

[영] (영국) 국립 보존 기록관(TNA)이 국가 등록 기록(National Register of Archives, NRA)을 소장하고 있는 해외 수장처의 연락 접촉 정보를 제공해 주는 주소록을 의미한다.

ARMA 인터내셔널

[영] Association of Records Managers and Administrators International

[미] 1995년 설립된 북미를 기반으로 한 기록 관리자 협회로서 1만여 명

의 회원을 갖고 있는 비영리 단체이다. 기록 관리자의 전문성을 향상시키기 위해 최신 관련 규제 법규의 소개, 가이드라인과 표준을 제정·전파하고, 각종 전문 교육, 훈련 교재, 세미나, 연례 회의를 제공한다. 기록 관리 기술 동향에 대해 분석하고 기록 관리 시장을 개발하고 전문가에게 연결시키는 역할도 수행하고 있다. ISO 15489를 제정하는 데 기여했으며, 미국 기록 관리 표준으로 ANSI 15489의 채택을 추진하고 있다. 기관지로 *Information Management Journal*을 발행한다.

ASA(Society of Australian Archivists) ➜ 호주 아키비스트 협회

CIO(Chief Information Officer)
최고 경영자(CEO)에 견주어 '최고 정보 관리자'라고 번역될 수 있다. 기관이나 조직의 정보 관리를 책임지는 간부급 직원이다. CIO는 조직의 정보 관리 정책을 수립하고, 정보 관리 시스템의 구축을 포함한 정보 관리 업무를 조직하고, 그 실행을 감독한다. 이 정보 관리의 일부분으로 기록 관리가 포함될 수 있다. 또한 CIO는 조직의 새로운 프로젝트 구상과 업무 설계 단계에서 정책 결정을 하는 집행 이사회에 참가하여 새로운 업무의 구상 단계에서부터 정보를 체계적으로 관리할 수 있도록 조치를 취한다.

CITRA(International Conference of the Roundtable on Archives)
➜ 국제 기록 원탁 회의

COLD(Computer Output Laser Disc)
컴퓨터에서 처리된 정보를 광디스크에 저장한 대용량 매체로서, 자동 색

인 작업을 통해 필요시 정보를 즉시 조회하거나 검색할 수 있고, 네트워크를 이용하여 정보를 유통·공유할 수 있다. COLD 시스템은 대형 컴퓨터 등 호스트 컴퓨터로부터 각종 데이터를 전송받아 대용량의 광디스크에 저장한 후 온라인 방식으로 검색 및 보관하는 것이 가능하다. COLD 시스템은 호스트 컴퓨터와 직접 연결되어 있기 때문에 기존의 마이크로필름이나 자기 테이프와 달리 대용량 자료의 자동 갱신 및 온라인 검색이 가능할 뿐만 아니라, 저장 공간을 획기적으로 줄일 수 있는 장점이 있다. COLD는 COM(Computer Output Microfilm)에 비해 이용 편의성이 우수하지만, COM보다 안정성이 높다고 볼 수 없다. 따라서 중기(mid-term) 보존을 목표로 할 경우 선택할 수 있는 매체이다. (Stephens & Wallace(2003), p. 27)

COM(Computer Output Microfilm)

컴퓨터에서 처리한 정보를 직접 마이크로필름에 수록하는 기술에 의해 제작된 마이크로필름. 종이에 출력하는 과정을 거치지 않는다. 전자 기록을 장기적으로 보존할 수 있는 확실한 방법론이 부족할 경우, COM은 안정성과 내구성을 가지고 있을 뿐 아니라 비용 효과가 크다는 점에서 보존 매체로 선택할 수 있는 하나의 대안이다. COM은 COLD(Computer Output Laser Disc)에 비해 이용 편의성은 낮지만 보다 장기적인 보존을 목표로 한다면 COM을 선택할 것을 제안하기도 한다. (Stephens & Wallace(2003), p. 27)

CUSTARD → 보존 기록 기술에 관한 북미 프로젝트

DACS → (미국) 보존 기록 기술 규칙

DIRKS 매뉴얼

㈜ DIRKS Manual(Designing and Implementing Recordkeeping Systems: A Manual for Commonwealth Agencies)

기록 관리 시스템의 설계와 실행을 위한 구체적인 지침이자 도구이며, 호주에서 개발되었다. 공식 표제는 '기록 관리 시스템의 설계와 실행: 호주 연방 정부를 위한 매뉴얼' 이다. DIRKS 방법론은 호주 뉴사우스웨일스(NSW)의 보존 기록 담당 부서(Archives Authority)가 1996년 시작한 전자 기록 관리 프로젝트를 통해 개발되기 시작했고, 이후 호주 국립 보존 기록관(NAA)과 협력하여 2000년 DIRKS 매뉴얼로 발표되었다. 이 매뉴얼은 기록 관리 시스템의 설계 및 구현과 관련하여 ISO 15489가 제시한 8단계(A~H)를 구체적으로 진행하는 지침서로도 활용된다. 각 단계별 분석 결과를 도큐멘테이션 할 수 있는 템플릿을 포함하여 단계별 수행에 필요한 도구들이 DIRKS 매뉴얼의 부록으로 상세하게 제시되고 있다. 호주에서는 DIRKS 매뉴얼 A~C단계를 지원하기 위해 2003년 8월 업무 프로세스 분석 지침(AS 5090: Work Process Analysis for Recordkeeping)을 공표하였다. 이 지침에서는 기능 분석(functional analysis)과 순차 분석(sequential analysis)으로 유형을 나누어 분석 방법을 제시하고 있는데, 주로 B단계(업무 활동 분석)를 지원한다.

→ 업무 분석

DoD 5015.2-STD → (미국) 국방부 전자 기록 관리 시스템 설계 표준

EAD(Encoded Archival Description)

EAD는 XML(eXtensible Markup Language)을 사용하여 보존 기록 검색 도구를 인코딩하는 데 적용되는 데이터 구조 표준으로서, DTD(Document

Type Definition : 문서형 정의)로 구성된다. EAD DTD는 보존 기록의 계층적인 특성을 반영하고 있으며, 기록 컬렉션의 컴포넌트뿐 아니라 컬렉션 전체를 기술하기 위한 데이터 구조를 제공해준다. EAD DTD는 처음부터 국제 보존 기록 기술 규칙(ISAD(G))의 다계층 기술 원칙을 수용하였으며, ISAD(G) 제2판에 포함된 26개 요소들에 상응하는 태그를 모두 가지고 있다. EAD는 1998년에 1.0판이 발표되었으며 SGML(Standard Generalized Markup Language)과 XML을 모두 사용할 수 있도록 하였으나, 개정판인 2002년도판에서는 XML을 사용하도록 하고 있다. 보조 자료로 EAD의 데이터 요소명과 정의를 확인할 수 있는 'EAD 태그 라이브러리(Tag Library)'와 실무 적용을 지원하기 위한 'EAD 적용 지침(Application Guidelines)'이 있다. 이 표준은 미국 의회 도서관의 '네트워크 개발 및 MARC 표준국(Network Development and MARC Standards Office)'이 미국 아키비스트 협회(SAA)와 협력하여 관리하고 있다.

→ MARC AMC

EASTICA(East Asian Regional Branch of the International Council on Archives)
EASTICA는 1996년에 설립된 국제 기록 기구 회의(ICA)의 동아시아 지역 지부이다. 우리나라를 비롯하여 중국·일본·몽고·홍콩·마카오·북한이 회원국으로 참가하고 있으며, ICA의 목표를 지역적 차원에서 추구하고 있다. 2년마다 총회를 개최하고, 총회가 열리지 않는 해에는 전문 세미나를 개최한다.

GMD(general material designation) → 일반 자료 유형

ICA(International Council on Archives) → 국제 기록 기구 회의

ICRM(Institute of Certified Records Manager)

북미에서 공인 기록 관리자 자격을 부여하는 비영리 단체이다. 국제 기록 관리자 협회(ARMA International)에서 파생되어 나온 기구이다. 기록 관리 분야의 일정한 교육과 경험이 있음을 증명한 사람이 ICRM에서 실시하는 6개 분야의 시험 과목에 합격하면 공인 기록 관리자(certified record manager) 자격을 부여받는다.

InterPARES 프로젝트

영 International Research on Permanent Authentic Records in Electronic Systems

진본성·평가·보존 및 전략 등 전자 기록의 기록 생애 주기 전반에 걸친 문제를 해결하기 위해 방안을 모색하는 다국적 연구 프로젝트이다. 캐나다 브리티시 컬럼비아 대학의 듀란티(L. Duranti) 교수가 프로젝트 책임을 맡았으며, 1단계는 1999년에 시작되어 2001년에 완료되었고, 2단계는 2002년에 시작되어 2006년에 종료되었고, 3단계는 2007년부터 시작되었다.

1단계에서는 캐나다·미국·영국·호주·중국·홍콩·프랑스·이탈리아·네덜란드·스웨덴·포르투갈의 기록 관리 전문가가 참여했으며, 참여 연구진은 진본성·평가·보존·전략의 4가지 프로젝트를 분담하였다. 1단계 프로젝트의 결과물인 방대한 보고서가 공식 웹 사이트(www.interpares.org)에 공개되어 있다. 이 보고서는 4가지 프로젝트 전담 팀의 보고서와, 각국 환경에서 이 보고서가 제안하는 전략을 실행할 맥락을 기술한 부분, 그리고 용어집을 포함한 결론 등 크게 3부분으로 구성되어 있다. 2단계 사업은 예술·과학·전자 정부 분야의 복잡한 디지털 기록의 진본성·신뢰성·정확성 유지 문제를 생애 주기 관점에서 분석하였으며, 3단계 사업에는 우리나라 대표도 참여하고 있다.

IRMT(International Records Management Trust)
1989년 영국에 근거를 두고 설립된 공공 부문 기록 관리 국제 지원 기관이다. 유니버시티 칼리지 런던에서 수행된 30여 개 영어권 국가의 기록 관리 연구 경험을 바탕으로 활동을 추진했다. 연구 프로젝트, 교육 프로젝트, 자문 프로젝트를 통해 영연방권 국가의 공공 부문 기록 관리를 지원한다. 국제 기록 기구 회의(ICA)와 협력하여 유명한 공공 기록 관리 부문 교육 교재 시리즈 'Managing Public Sector Records(MPSR)' 학습 모듈을 개발했다.

ISAAR(CPF)(International Standard Archival Authority Record for Corporate Bodies, Persons and Families) ➡ 국제 기록 전거 레코드 규칙

ISAD(G)(General International Standard Archival Description)
➡ 국제 보존 기록 기술 규칙

ISO(International Organization for Standardization) ➡ 국제 표준화 기구

ISO 14721 ➡ OAIS 참조 모형

ISO 15489(국제 기록 관리 표준)
ISO 15489는 현용 기록 및 준현용 기록 관리를 위한 국제 표준으로서 공식 명칭은 '정보와 도큐멘테이션: 기록 관리(Information and documentation: Records management)'이며, ISO/TC 46(정보와 도큐멘테이션 기술 위원

회) 산하 SC 11(보존 기록/기록 관리 분과 위원회)이 주관하여 제정하였다. ISO 15489의 목적은 "모든 기록을 적절히 처리하고 보호하며, 더 효과적이고 효율적으로 기록에 담긴 증거와 정보를 검색할 수 있도록 하기 위해 기록 관리 정책과 절차를 표준화"하는 것이다. 2001년 9월 공식 발표된 ISO 15489는 호주의 기록 관리 표준 'AS 4390-1996: 기록 관리'에 기반하고 있다.

ISO 15489의 적용 대상은 매우 광범위하다. 개인이나 공공 조직, 민간 조직이 생산하고 접수한 모든 형태나 매체의 기록 관리에 적용할 수 있는 지침이다. 여기에는 기록 관리를 위한 조직의 책임에 관한 지침과 기록 관리 시스템의 설계와 실행을 위한 안내도 있다. 또한 ISO 15489는 품질 경영 표준인 ISO 9001과 환경 경영 표준인 ISO 14001에 맞는 기록 관리를 할 수 있도록 지원한다. 다만, ISO 15489는 "보존 기록(archives)을 위한 관리를 포함하지 않는다"고 명시하고 있다. ISO 15489는 의무 표준이 아니며, 모범적인 기록 관리 실무를 위한 권고 표준의 성격을 갖는다.

ISO 15489는 2부분으로 구성되어 있다. ISO 15489-1(제1부 일반 사항)은 본표준 문서로서 기록 관리의 기본 원칙과 틀을 제공한다. ISO 15489-2(제2부 지침)는 보조적인 기술 보고서로서 조직에서 제1부를 실행하는 데 도움을 받을 수 있는 추가적인 세부 사항과 지침을 제공한다.

ISO 15489의 제정에 따라 호주 표준국(Standards Australia)은 2002년 3월 기존 표준인 AS 4390을 철회하고, AS ISO 15489로 대체하였고, 영국 역시 2001년 ISO 15489를 기반으로 한 BS ISO 15489를 국가 표준으로 결정하였다. 우리나라도 2003년 ISO 15489를 KS X ISO 15489로 수용하여 KS 표준으로 제정하였으며, 2007년 한글판으로 개정하였다.

ISO 23081(국제 기록 관리 메타데이터 표준)

ISO 23081은 기록 관리 메타데이터에 관한 국제 표준으로서, 크게 4부분으로 순차적으로 추진되고 있다.

제1부에 해당하는 'ISO 23081-1: 2006 정보와 도큐멘테이션 – 기록 관리 과정 – 기록 메타데이터 – 제1부: 원칙(Information and documentation – Records management processes – Metadata for records – Part 1: Principles)'은 기록 관리 메타데이터를 생산·관리·활용하는 틀을 제시하고, 메타데이터를 통제하는 원칙을 설명하고 있다. 또한 이는 ISO 15489의 틀 내에서 메타데이터를 실행하고 사용하기 위한 지침으로서의 성격도 지닌다. ISO 15489는 기록 관리의 핵심이라고 볼 수 있는 메타데이터 관리에 대한 지침을 직접 제시하고 있지는 않다. 따라서 ISO/TC 46/SC 11이 기록 및 기록 관리 과정을 위한 메타데이터 표준인 ISO 23081 개발 작업을 별도로 추진해온 것이다.

제2부에 해당하는 'ISO/TS 23081-2: 2007 정보와 도큐멘테이션 – 기록 관리 과정 – 기록 메타데이터 – 제2부: 개념상·실행상 쟁점((Information and documentation – Records management processes – Metadata for records – Part 2: Conceptual and implementation issues)'은 ISO 23081-1에서 제시한 원칙과 실행 시 고려 사항을 준수하기 위하여 관련 요소들을 정의하는 틀이다. ISO/TS 23081-2의 목적은 기록 및 기록의 맥락을 표준화된 방식으로 기술할 수 있도록 해주고, 기록의 생애 주기 전반에서 어떠한 공간이나 응용 소프트웨어 환경에서도 메타데이터를 재사용하고 표준화하기 위한 것이다. ISO/TS 23081-2에서는 기록 엔티티(entity)뿐만 아니라 기록의 맥락을 기술하고 이해하기 위하여 필요한 엔티티도 규정하고 있다. 그러나 기록 관리 메타데이터 요소들을 명시적으로 밝히지는 않고, 기록 관리 기능을 충족시키는 데 필요한 메타데이터의 일반적 유형만을 제시하

고 있다.

ISO/TC 46/SC 11의 WG 1(working group 1)에서는 2007년 현재 제3부와 제4부도 준비 중인데, 제3부에는 이제까지 개발된 메타데이터 표준들을 기록 관리 메타데이터 요건에 비추어 비교 분석하는 내용이 포함되고, 제4부에는 제2부와 연계하여 사용될 체크 리스트가 포함될 예정이다.

Keyword AAA: 공통 기능어 시소러스
🔵 Keyword AAA: Thesaurus of General Terms

호주 국립 보존 기록관(NAA)이 채택한 공통 기능어에 대한 시소러스이다. 이 시소러스는 기록 제목 및 분류명을 통일성 있게 부여하고, 분류 체계 관리 및 검색, 기록 검색 등을 지원하기 위한 도구이다.

호주 뉴사우스웨일스 주립 기록관(Archives Authority of New South Wales, 현재 State Records NSW)은 1995년 11월에 키워드 AAA 제1판을, 1998년 6월에 제2판을 발행하였다. 1999년 NAA와 호주 전자 정부 사무국(Office for Government Online)에서 모든 호주 연방 기구에서 이용할 수 있도록 키워드 AAA(1998년판) 판권을 구입하였고, 2001년 호주 연방 정부를 위한 키워드 AAA가 발간되었다.

MAD(Manual of Archival Description) → (영국) 보존 기록 기술 규칙

MARC(Machine Readable Cataloging)
🔵 机讀目錄 🔵 機械可讀目錄

컴퓨터를 통해 목록 데이터를 효율적으로 처리하기 위해서는 모든 데이터를 컴퓨터가 인식할 수 있는 형식으로 변환시켜, 이를 정형화된 형식으로 배열해야 하는데, MARC는 이와 같이 컴퓨터가 목록 데이터를 식별하여 축적·유통할 수 있도록 코드화한 일련의 메타데이터 표준 형식이다.

MARC는 도서관의 자동화된 목록 작성에 사용되는 대표적인 메타데이터 형식 표준으로 도서관 간에 목록 레코드를 상호 교환하기 위해 미국 의회 도서관(Library of Congress, LC)이 개발하였다. 1965년 LC MARC I이 발표되었고, 1968년에 LC MARC II가 개발되어 각국의 목록 자동화 및 표준화에 상당한 영향을 미쳤다. 각국에서는 이를 모델로 국가 표준 형식을 제정하였으며, 우리나라에서도 1980년부터 국립 중앙 도서관이 주관하여 한국 문헌 자동화 목록법(KORMARC) 단행본 형식의 개발에 착수한 이래 2000년까지 총 6종의 형식을 개발하여 KS로 제정하였다.

그러나 2000년 미국 표준(USMARC)과 캐나다 표준(CAN/MARC)의 통합 형식인 MARC 21이 발표되면서 영국 등 여러 나라들이 자국 MARC에서 MARC 21로 전환하거나, 호환성을 갖추기 위하여 노력을 기울이고 있다. 우리나라의 경우, 2005년 통합 서지용 한국 문헌 자동화 목록(KORMARC) 형식이 KS 규격(한국 문헌 자동화 목록 형식 - 통합 서지용)으로 제정되었다. 통합 서지용 KORMARC 형식은 MARC 21을 기본적인 틀로 하여, 기존에 발표된 KORMARC 형식들을 통합한 것이다. 통합 서지용 KORMARC 형식은, 인쇄 또는 필사된 도서, 계속 자료, 전자 자료, 지도 자료, 녹음 자료, 시청각 자료, 고서, 혼합 자료의 서지 정보를 담을 수 있도록 설계되었고, 서지 데이터에는 공통으로 자료의 표제, 저자명, 판 사항, 발행 사항, 형태 사항, 주제, 주기에 대한 정보를 포함하고 있다.

MARC AMC(MARC Format for Archival and Manuscripts Control)

[미] MARC AMC는 보존 기록과 매뉴스크립트의 메타데이터 구조를 지

정하기 위한 포맷 표준으로 MARC의 일종이다. MARC AMC는 1977년 미국 아키비스트 협회(SAA)에서 보존 기록을 위한 국가 데이터베이스 개발을 위해 국가 정보 시스템 연구단(National Information Systems Task Force, NISTF)을 출범시키면서 개발되었다.

국가 종합 데이터베이스를 구축하기 위해서는 공통의 메타데이터 포맷이 필요하였고, 따라서 이 연구단에서는 도서관에서 광범위하게 사용되고 있는 MARC 포맷에 보존 기록 기술에 필요한 요소들을 추가하여 도서관과 기록 관리 기관이 소장하고 있는 보존 기록 및 매뉴스크립트 기술에 적용하고자 하였다. 그 결과 MARC AMC가 개발되어 1983년에 미국 아키비스트 협회와 미국 의회 도서관의 승인을 받게 되었다. MARC AMC는 주로 MARC의 주기 필드(5××)를 확장하여 조직 연혁이나 개인 이력, 기록 관리 내역, 이관 기관 등을 기술할 수 있도록 하였다. 그러나 MARC AMC는 기본적으로 평면 구조로 되어 있어 기록의 다계층성을 반영하기에는 제약이 있었다. 이러한 한계를 극복하고 계층적 기술 구조를 가진 검색 도구를 개발하기 위한 노력의 일환으로 EAD(Encoded Archival Description)가 개발되었다.

Moreq(Model Requirements for the Management of Electronic Records)
→ (유럽연합) 전자 기록 관리 기능 요건 모형

NAA(National Archives of Australia) → 호주 국립 보존 기록관

NARA(National Archives & Records Administration)
→ (미국) 국립 기록 관리처

NDAD(National Digital Archive Datasets)
→ (영국) 국가 디지털 데이터세트 아카이브

OAIS 참조 모형
🌐 Reference Model for an Open Archival Information System

디지털 정보를 장기간 보존하는 데 필요한 시스템, 즉 아카이브를 위한 개념적 구조틀을 마련한 ISO 표준(ISO 14721)이다. ISO의 요청으로 미국 항공 우주국(NASA)의 CCSDS(Consultative Committee for Space Data Systems)가 주체가 되어 개발했다. 1999년 초안이 발표된 후 국제적·다학문적 의견 수렴 과정을 거쳐 2002년 국제 표준으로 확정되었다. 정보 모형, 정보 패키지 모형, 아카이브 기능 모형 등 디지털 아카이빙과 관련된 기본적인 개념틀을 정의하였다. 현재 디지털 아카이빙과 관련된 거의 모든 실험과 프로젝트가 이 표준을 기반으로 진행되고 있을 정도로 커다란 의미를 갖는 성과이다. OAIS 참조 모형의 서문은 이 문건을 "한 아카이브가 디지털 정보를 영구 혹은 무기한 장기간 보존하는 데 있어서 광범위한 의견 일치에 도달하기 위해 개발된 기술적 권고안"이라고 소개하고 있다. 광범위한 의견 일치란 디지털 정보를 장기간 보존하는 활동을 수행하는 모든 기관들 사이의 의사소통 기반을 마련해 앞으로의 협력을 활성화시킨다는 의도를 요약한 것이다. 따라서 이 참조 모형의 가장 즉각적인 의미는 수년에 걸친 개발과 의견 수렴 과정을 통해 디지털 정보 보존에 관한 기본 개념과 용어에 대한 의견 일치를 도출해낸 데 있다. OAIS 참조 모형은 정부 기관, 도서관, 아카이브즈, 그리고 기업체나 대학 등 디지털 정보를 보존하여 이용할 수 있게 하는 모든 기관, 심지어는 현재로서는 스스로가 아카이빙 기능을 수행하고 있다고 믿지 않는 기관들까지 그 적용 대상으로 상정하고 있다.

PRO(Public Records Office)

공공 보존 기록관을 통칭하며, 영연방권에서 사용되는 용어이다. 홍콩과 호주의 빅토리아 주가 'PRO'라는 용어를 보존 기록관의 명칭으로 채택했다. 영국은 2003년 4월 PRO와 역사 기록 위원회(Historical Manuscripts Commission)가 통합되어 국립 보존 기록관(TNA)이 되었다.

→ (영국) 국립 보존 기록관, 공공 보존 기록관

PRO 전자 기록 관리 시스템 표준(PRO Functional Requirements for Electronic Records Management System) → (영국) 전자 기록 관리 시스템 표준

RAD(Rules for Archival Description) → (캐나다) 보존 기록 기술 규칙

RIM(records and information management) → 기록 정보 관리

RMAA(Records Manager Association of Australia)

[회] 호주 기록 관리자 협회이다. 기록 관리자의 기록 관리 전문성을 향상시키기 위한 각종 교육과 세미나를 제공한다. 주로 주 정부 기록관과 협력하여 지속적인 전문성 개발(CPD) 교육 훈련을 제공한다.

SAA(Society of American Archivists) → 미국 아키비스트 협회

SMD(specific material designation) → 상세 자료 유형

TNA(The National Archives) → (영국) 국립 보존 기록관

VERS(Victorian Electronic Records Strategy)
→ 빅토리아 주 전자 기록 관리 전략

XML(eXtensible Markup Language)
웹 문서를 구조화하는 사실상의(de facto) 표준 형식으로 W3C(World Wide Web Consortium)가 제안하였다. 인터넷의 대중화에 기여한 HTML(Hyper-Text Markup Language)이 발전한 형태라고 할 수 있다. 원래 '마크업(Markup)'은 전통적 인쇄 과정에서 식자공이 제목이나 소제목, 그리고 본문에 쓰일 활자체와 크기 등을 알아볼 수 있도록 인쇄할 초고에 편집자가 기입한 표시를 의미하였다. 웹 환경에서 HTML은, 웹 브라우저에서 웹 문서의 각 부분이 보여질 형식, 특히 하이퍼링크를 할 대상인 웹 문서 등을 표시하는 데 사용된다. HTML은 단순하고 쉬워서 널리 사용되고 있으나, 특수 문자나 기호 등 복잡한 기능을 수행하지 못하는 단점이 있다. 이를 보완하기 위하여 SGML(Standard Generalized Markup Language)이 개발되었다. SGML은 특정 문서의 기술에 필요한 태그를 임의로 생성하여 문서 구조를 정의할 수 있으나 너무 복잡하여 활용하기 어렵고 이를 지원하는 소프트웨어를 개발하기가 어렵다는 문제가 있다. 다시 이를 해결하기 위하여 나온 것이 XML이다.

디지털 아카이빙에서 XML은 디지털 객체의 보존을 위한 포맷 형식으로 논의되고 있다. 디지털 보존에 있어서 XML이 갖는 의미는 디지털 문서의 내용과 구조, 그리고 외관을 분리하기 때문에 디지털 정보의 결정적인 취약점인 운영 체제나 애플리케이션 소프트웨어 의존성을 극복할 수 있게 해주었다는 점이다. 특정 하드웨어나 소프트웨어 없이 파일을 직접 XML로 변환시키거나 XML로 직접 파일을 생성하는 것이 가능하며, XML로 변환하면 일반적인 마이그레이션(migration) 기법보다 훨씬 효과적인 보존 처리를 할 수도 있다. 또한 XML은 다른 보존 전략과 연계하여 사용될 수 있다. 그리고 데이터베이스나 스프레드시트와 같이 구조화된 데이터들은 XML로 쉽게 마이그레이션 할 수 있다. 하지만 생산 이후 XML로 자동적으로 마이그레이션을 수행하는 것이 아니므로 생산 당시부터 XML 포맷을 사용하는 것이 유리하다. 즉, XML은 플랫폼과 프로그램으로부터 독립적이며 개방 표준이고, 내용·구조·폼의 분리 개념에 실제적으로 접근할 수 있다. 또한 확장 가능하며 통제적이고, 인간과 기계 모두 가독할 수 있으며 무료로 접근할 수 있는 장점이 있다. 미래 세대는 XML의 구체적인 사양(specification)만 입수할 수 있다면 XML로 구조화된 문서의 내용, 구조와 외관을 그대로 재현할 수 있을 것이다.

하지만 XML은 역사가 짧고 발전의 초기이기 때문에 XML이 디지털 보존의 모든 문제를 해결할 것으로 믿는 것은 비현실적이다. XML의 디지털 보존 적용 가능성에 대한 테스트가 이루어지지 않았으며, XML을 선호하는 주장은 다분히 이론적인 수준에 머물러 있기 때문이다. 현재 진행 중인 프로젝트들은 각각의 목적에 맞는 독자적인 스키마를 개발하는 경향이 있으며, 이로 인한 스키마의 다양성은 위험성을 내포하고 있다. XML 스키마의 범람은 다른 데이터 포맷과 마찬가지로 재사용성과 상호 운용성뿐만 아니라 디지털 보존에도 방해가 된다. 또 XML과 XML 스키마 모두 디지털 객체의 의미를 표현하기에는 부족하다는 점과, 많은 수의 데이터 유형은 합리적인 방식으로 XML로 변형하기 어려운 데이터 유형이 다수 존재한다는 점도 제한점이다. 한편, 압축적인 XML 레코드 생산 전략을 개발하는 것도 중요한 향후 과제가 될 것이다. 하지만 압축적인 코드는 인간의 가독성을 저해시킬 것이므로 적절한 도큐멘테이션을 통한 연결이 필요할 것이다.

2부 전근대 기록 관리

기록학 용어 사전

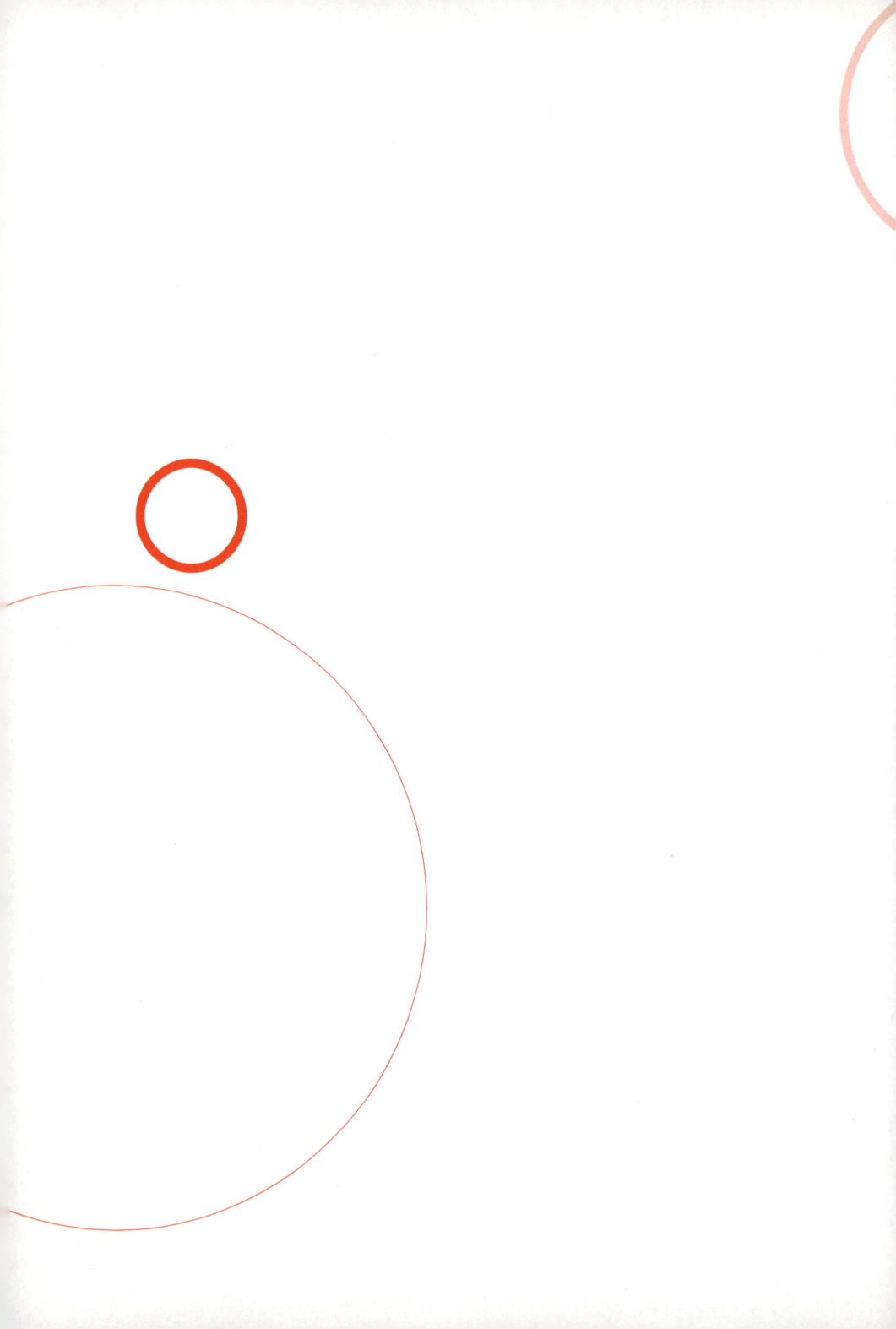

ㄱ

각사수교(各司受敎)

조선 중기 중앙 각 관서(官署)의 수교(受敎)를 모아 만든 법령집(法令集)이다. 수교란 각 관서에서 받은 왕명(王命) 가운데 행정 집행에 꼭 필요한 것들을 추려서 법령(法令)의 형식으로 다듬어놓은 것이다. 각 관서에서 국왕의 재가를 바라는 사항을 계본(啓本)이라는 문서 형식으로 올리면, 그에 대해서 국왕이 최종 판단을 내려 계본을 올린 관서에 다시 내려주는데 이를 전교(傳敎)라 하며, 해당 관서에서 받은 전교를 승전(承傳)이라 한다. 각 관서에서는 승전 가운데서 중요한 것들을 추려서 법령의 형식을 갖추어 정리한 것이 수교이다. 그때그때 특정 사안에 대하여 내린 국왕의 명령을 정리한 개별 법령인 수교를 각 관서별로 모으고, 이를 다시 한데 모은 법령집이 『각사수교』이다. 해당 관서는 이조(吏曹)·호조(戶曹)·예조(禮曹), 병조(兵曹)·형조(刑曹)·공조(工曹)의 육조(六曹)와 한성부(漢城府)·장예원(掌隸院) 등 8개 관서이다. 『각사수교』에는 이조수교(吏曹受敎) 7건, 호조수교(戶曹受敎) 14건, 예조수교(禮曹受敎) 32건, 병조수교(兵曹受敎) 21건, 형조수교(刑曹受敎) 29건, 공조수교(工曹受敎) 5건, 한성부수교(漢城府受敎) 15건, 장예원수교(掌隸院受敎) 15건과 추후에 추가한 추록(追錄) 5건, 모두 합하여 143

건이 수록되어 있다. 8관서의 수교는 1546년(명종 1)부터 1571년(선조 4)까지 내린 것이고, 추록은 1628년(인조 6)부터 1636년(인조 14) 사이의 것이다. 이로 보건대 원 『각사수교』는 1571년 직후 어느 때 만들었다가 1636년 병자호란(丙子胡亂) 직후에 다시 재정비하여 행정 실무에 활용하였음을 알 수 있다. 수교의 원문을 그대로 수록하였다는 점, 다른 기록에 없는 내용을 풍부히 담고 있다는 점에서 임진왜란(壬辰倭亂) 이전의 기록 문서로서 가치가 크다.

감결(甘結)

상급 관서(官署)에서 하급 관서로 내리는 문서 양식이다. 내용은 지시·명령이 주를 이룬다. 감결 중 대부분은 관찰사가 관하 고을에 내리는 것이다. 지방 행정상 같은 내용의 감결을 몇 개의 고을에 내리는 경우도 있고, 때로는 한 고을에 내리는 수도 있다. 또한, 암행어사도 임무 수행과 관련해 수령에게 내릴 수 있다. 그때에는 관인(官印) 대신 마패(馬牌)를 감결의 몇 군데에 찍는다.

경주인문기(京主人文記)

고려·조선 시대 경주인(京主人)의 권리를 매매하는 문서이다. 중앙과 지방의 연락 기관으로서 서울에는 각 주(州)·부(府)·군(郡)·현(縣)의 저사(邸舍), 즉 경저(京邸)가 설치되어 있었다. 이 경저를 맡아 경영하는 자를 경주인 또는 경저리(京邸吏)·경저주인(京邸主人)·저인(邸人)이라고 불렀다. 이 제도는 고려 중엽부터 조선 말기까지 계속되었다. 원래 경주인의 역(役)은 지방에서 상경하여 일정 기간 종사한 뒤 교체되는 것이었으나, 대동법(大同法) 실시 이후에는 서울 사람들이 나라에서 역가(役價)를 받아 경저를 경영하였다. 경주인의 임무는 상경하는 지방민·이례(吏隷) 등에게 숙식의 편의를 제공하고, 중앙과 지방의 문서 연락, 금전의 대여, 세공(稅貢)의 대납 등이었다. 경주인문기의 내용은 ① 문기의 작성 연월일 ② 매수자 성명 ③ 매도 사유 ④ 전 경주인 성명 ⑤ 매도 가격 ⑥ 매수인에게 인도할 구문기(舊文記) 및 관계 문서의 유무 ⑦ 매도인[재주財主]·증인·필집(筆執)의 성명과 수결(手決) 등이 기재된다. 매도자는 정한 값을 받고 신·구 문기 및 관계 문서를 매수자에게 인도하여 경주인으로서의 권리의 매매가 성립된다.

계목(啓目)

조선 시대 중앙의 관부에서 국왕에게 올리는 문서 양식이다. 중대한 일을 보고[계계啓]할 때는 계본(啓本)의 서식을 썼고, 작은 일을 보고할 때는 계목을 사용하였다. 계목은 담당 승지가 국왕에게 올리고, 왕이 윤허를 내리면 계하인(啓下印: 계자啓字를 새긴 도장)을 찍고, 윤허한 날짜와 담당 승지의 성(姓)을 적고 수결(手決)한 다음, 계목을 올린 관서(官署)에 그 사실을 하달하였다. 그런데 1625년(인조 3) 호패청(號牌廳)에서 계하여 시행을 본 『호패사목(號牌事目)』은 계목의 서식을 따르고 있어서, 계목의 서식이 반드시 작은 일에 대하여 올리는 것이 아님을 알 수 있다. 다른 관청의 이문(移文)으로 내용이 긴 것은 그 문서를 계목에 점연(粘連, 첨부添付)한다.

계본(啓本)

조선 시대 국왕에게 중대한 일로 올리던 문서 양식이다. 외방(外方)의 계본은 그 지방의 관찰사·병마절도사·수군절도사 등이 중요한 일을 왕에게 보고하는 데 쓰는 문서로서 이두를 섞어 썼다. 장계와는 그 서식이 다르나, 사료로서 중요한 것이 많이 있다.

고목(告目)

조선 시대 각사(各司)의 서리 및 지방 관아의 향리가 상관에게 공적인 일을 알리거나 문안할 때 올리는 간단한 문서이다. 상관의 명칭을 대감 대신에 영감(令監)·안전(案前)·사또 등으로 쓸 수 있으나, 반드시 일정한 서식에 맞춰 쓰지는 않았다.

고신(告身)

관원에게 품계와 관직을 임명할 때 주는 임명장이다. 사령장(辭令狀)·사첩(謝帖)·직첩(職牒·職帖)·관교(官敎)·교첩(敎牒) 등으로도 불린다. 고려와 조선 양 시대의 고신 서식이 약간 다르다. 조선 시대에는 문무관 4품 이상 고신과 문무관 5품 이하 고신의 서식이 서로 다른데, 4품 이상의 고신은 교지(敎旨)로 발급되며 시명지보(施命之寶)를 찍었다. 5품 이하의 고신은 문관은 이조, 무관은 병조에서 왕명(王命)을 받아 발급되었으며, '이조지인(吏曹之印)' 또는 '병조지인(兵曹之印)'을 찍었다. 당상관 처(堂上官妻)의 고신과 당하관 처(堂下官妻)의 고신 서식도 서로 달랐다. 고신은 그 가문의 명예와 관계되는 것이므로 고문서 가운데 가장 많이 전해진다.

고음(侤音, 다짐)

관(官)에 대하여 다짐(맹세·증언)하는 문서로, 대개 소송 결과 패소(敗訴)한 사람이 관의 판결대로 이행할 것을 다짐하는 문서이다. 승소자(勝訴者)가 보관하게 되는 문서이며, 관의 휘필(揮筆)과 압(押, 수결手決) 그리고 관인(官印)을 찍게 되어 있다. 개인 사이에 주고받는 다짐[고음侤音]도 있다.

공명첩(空名帖)

조선 시대 수취자의 이름을 기재하지 않은 백지 임명장이다. 관직·관작의 임명장인 공명고신첩(空名告身帖), 양역(良役)의 면제를 인정하는 공명면역첩(空名免役帖), 천인에게 천역을 면제하고 양인이 되는 것을 인정하는 공명면천첩(空名免賤帖), 향리에게 향리의 역을 면제해주는 공명면향첩(空名免鄕帖) 등이 있다. 이 제도는 임진왜란(壬辰倭亂) 중에 나타난 것으로, 군공을 세운 사람 또는 납속(納粟 : 흉년이나 전란 때에 국가에 곡식을 바침)을 한 사람들에게 그 대가로서 주어졌다. 그러나 그 뒤 국가의 재정이나 군량이 부족할 때, 또는 진휼(賑恤 : 흉년으로 곤궁에 처한 백성을 도와줌)을 위해, 심지어는 사찰을 중수하는 비용을 얻기 위해 남발하였다.

공신회맹문(功臣會盟文)

왕세자(王世子) · 왕자(王子) · 공신(功臣) · 공신자(功臣子) 및 적장손(嫡長孫) 등이 모여서 동맹(同盟)을 서약할 때 작성하는 글이다. 회맹문(會盟文) 뒤에는 회맹(會盟)에 참가한 사람의 군호(君號) · 공신호(功臣號) · 직함(職銜) · 성명(姓名) · 수결(手決)이 있다. 이 회맹문은 회맹에 참가한 사람들에게 1부씩 배포(配布)하였다.

공인문기(貢人文記)

공인(貢人)으로서의 권리를 매매하는 문서이다. 공인은 대동법(大同法)의 실시와 더불어 나타난 어용상인(御用商人)으로, 각 관부에서 필요로 하는 물품을 구매 · 납품하는 관수품 납품업자이다. 원공(元貢)의 경우 공인은 관부로부터 공가(貢價)를 미리 받고, 그 관부에 납품할 물품을 시전(市廛) · 수공업자 · 기타 생산자로부터 구매 · 납품하고 일정한 수수료나 차액을 차지하게 되며, 별무(別貿)의 경우 큰 이득을 얻을 수 있는 특혜가 있었다. 문서의 내용에는 ① 문기의 작성 연월일 ② 매수자의 성명 ③ 매도 사유 ④ 전 공인의 성명 ⑤ 납품 관부와 공물의 종류 및 수량 ⑥ 권리 매도 가격 ⑦ 매수인에게 인도할 구문기(舊文記)의 유무, ⑧ 매도인[재주財主]·증인·필집(筆執 : 증인으로 증서를 쓴 사람)의 성명과 수결(手決)이 기재된다.

공초(供草)

조선 시대 형사 사건에서 죄인을 신문한 내용을 초록해놓은 문서이다. 죄인을 신문하는 것을 취초(取招), 자백을 받는 것을 봉초(捧招), 2번 이상 신문하는 것을 갱초(更招), 죄상을 사실대로 진술하는 것을 직초(直招), 신문에 대해 구술로 답변한 내용을 공사(供辭) 또는 초사(招辭)라 하고, 죄인에 대한 신문·답변을 통틀어 공초라고 한다. 죄인 신문은 전적으로 죄인의 자백을 얻는 것을 목적으로 하기 때문에 위에 든 낱말들은 자백의 뜻이 내포되어 있다. 특히, 도죄(徒罪)·유죄(流罪)·사죄(死罪)에 해당하는 사건은, 죄인과 그 죄에 관련된 자나 참고인을 신문하는 경우 반드시 신문 내용인 문목(問目)과 공사를 신문의 진행 순서에 따라 빠짐없이 기록·증거로서 보존한다. 이것은 죄인의 유무죄(有無罪)를 판단하는 기초 자료로서, 이에 따라 최종 판결문인 결안(結案)이 작성되고 형이 집행된다. 특히, 국사범과 같은 중죄인을 신문하는 친국(親鞫)·추국(推鞫) 때의 공초는 내용을 요약하지 않고 그대로 기록해두었다.

교명(敎命)

왕비(王妃)·왕세자(王世子)·왕세자빈(王世子嬪)·왕세제(王世弟)·왕세제빈(王世弟嬪)·왕세손(王世孫)을 책봉할 때 내리는 훈유 문서(訓諭文書)이다. 왕비를 책봉할 때에는 교명과 책보(册寶 : 옥책玉册과 옥보玉寶)를 내리며, 왕세자 이하를 책봉할 때에는 교명과 책인(册印 : 죽책竹册과 인장印章)을 내린다. 교명의 내용은 그 지위의 존귀함을 강조하고, 책임을 다할 것을 훈계하고 깨우쳐주는 것으로 되어 있다. 그 내용이 전사(傳寫)되어 전해지고 있는 책으로 『교명책문등록(教命册文謄錄)』, 『봉세제교명죽책문(封世弟教命竹册文)』 등이 있고, 책봉 의식에 관한 책은 『국조오례의(國朝五禮儀)』를 비롯하여 『책례도감의궤(册禮都監儀軌)』 등이 있다.

교서(教書)

국왕이 내리는 명령서(命令書) · 훈유서(訓諭書) · 선포문(宣布文)의 성격을 가진 문서이다. 황제가 내릴 경우에는 조서(詔書) 또는 칙서(勅書)라고 한다. 한편, 왕이 대리청정(代理聽政)을 할 때 왕세자(王世子)가 내리는 유훈을 영서(令書)라고 하는데, 이것은 왕의 교서와 같은 효력을 가진다. 원나라 지배 아래에 들어가기 전의 고려와 대한 제국 시대에는 조서라 하였다. 교서를 내리는 경우는 매우 다양하다. 교서 또는 조서는 대개 문신(文臣)이 짓고, 왕의 확인을 거치게 된다. 교서는 원래 문서 그대로 전래되는 경우도 있지만, 그 경우는 발급된 교서의 수에 비하면 극히 소수에 지나지 않는다. 『조선왕조실록(朝鮮王朝實錄)』, 『승정원일기(承政院日記)』, 『일성록(日省錄)』 등에 전재되어 그 내용을 알 수 있다.

교지(教旨)

국왕이 신하에게 관직 · 관작 · 자격 · 시호 · 토지 · 노비 등을 내려주는 문서이다. 교지는 매우 다양하게 쓰였다. 관료에게 관작 · 관직을 내리는 교지는 고신(告身 : 사령장), 문과 급제자에게 내리는 교지는 홍패(紅牌), 생원 · 진사시 합격자에게 내리는 교지는 백패(白牌), 죽은 사람에게 관작을 높여주는 교지는 추증 교지(追贈教旨)라 하였다. 이외에도 토지와 노비를 내려주는 교지는 노비토전사패(奴婢土田賜牌), 향리에게 면역(免役)을 인정하는 교지는 향리면역사패(鄉吏免役賜牌)라고 하며, 죽은 신하에게 시호를 내려줄 때도 교지를 썼다. 그 용어도 조선 개국 초에는 왕지(王旨), 대한 제국 시대에는 칙명(勅命)이라고 하였다. 교지는 국왕의 신하에 대한 권위의 상징이라 할 수 있다.

교첩(敎牒)

조선 시대에 5품 이하의 문무 관원을 임명할 때 내리던 사령장(辭令狀, 고신告身)이다. 5품 이하는 낭계(郞階)라 하며, 대간(臺諫)의 서경(署經)을 거친 뒤 왕명(王命)을 받아 이조 또는 병조에서 발령하였다.

가옥문기(家屋文記, 가사문권家舍文券)

가옥의 매매·양도·환퇴를 증명하는 문서이다. 가옥의 처분은 토지와 더불어 오랜 옛날부터 있어온 것이다. 조선 시대의 가옥 매매는 15일이 지나면 변경할 수 없고, 매매 후 100일 이내에 관(官)에 신청하여 관의 인증서인 입안(立案)을 받도록 되어 있다. 문기에는 연호를 사용하였으며, 그 밑에 매수인의 이름을 기재하게 된다. 문기의 내용에는 매도 사유, 매도물의 소재지번, 매도물의 형태와 크기, 매도 가격이 표시된다. 끝에는 매도인[재주財主]·증인 및 문서 작성자인 필집(筆執)의 이름을 쓰고 그 밑에 수결(手決, 화압花押)을 하게 된다. 그런데 천민일 경우에는 수결을 하지 못하고 손마디의 크기를 표시하는 수촌(手寸)을 한다. 가옥의 처분에는 가옥뿐 아니라 가옥에 딸린 가대(家垈)·공대(空垈)·과목(果木)·상목(桑木)·대전(垈田) 등이 함께 처분되는 것이 상례이다.

ㄴ

내지(內旨)

조선 시대 왕비의 명령서(命令書)이다. 국왕이 멀리 거동하여 밖에 머무르고 있을 때, 왕비와 왕세자가 함께 궁궐에 머무르고 있으면 왕세자가 휘지 표신(徽旨標信)을 사용하고, 왕세자도 왕과 함께 있으면 궁궐에 남아 있는 왕비가 내지 표신(內旨標信)을 사용하였다.

노문(路文)

조선 시대 고위 관원이 왕명(王命)을 받거나 휴가를 받아 여행할 때, 이의 편의를 위해 발급하던 문서이다. 여행자의 지위 고하에 따라 차비(差備)에 차이가 있었다. 노문은 여행 일정에 따라 연도(沿道)의 각 읍·역·참에 차례로 전하게 되며, 이에 따라 각 읍·역·참에서는 숙식 제공은 물론 모든 편의를 준비해 제공하였다. 노문은 병조(兵曹)에서 목판으로 인출한 용지에 해당 사항을 기재하게 되어 있다. 기재 사항은 ① 관원의 품계와 여행 목적 ② 의정부 또는 비변사 계하노문(啓下路文) ③ 관원의 관직과 성(姓), 여행 사유와 목적지 ④ 수행하는 군관(軍官)·녹사(錄事)·서리(胥吏)·반당(伴倘)·노자(奴子)·나장(羅將)·고수(鼓手)·기수(旗手)·취수(吹手)의 수

효와 사지마(私持馬) 및 차출하는 역인부(驛人夫)의 수효 ⑤ 경외관(京外官)은 받들어 살펴 각별히 지키라는 내용 ⑥ 연호 연월일, 어디서부터 출발함 ⑦ 목적지 도착까지의 점심 먹고 묵을 읍·역·참 및 일정 등이다.

노비문기(奴婢文記, 노비문권奴婢文券)

노비의 매매(賣買)·양여(讓與)·상환(相換) 등에 관한 문서이다. 노비의 매매·양여·기진(寄進) 등의 행위는 고대 사회로부터 있어온 것이지만, 그에 관한 문서로서 현재 전해지고 있는 것은 고려 후기의 것이 상한(上限)으로 되어 있다. 양반집의 노비 매매에는 양반이 직접 매매에 관계하지 않고, 양반에게 위임받은 노(奴, 대노代奴·차노差奴)가 대행하는 형식을 취하였다.

노인(路引)

여행 허가증(旅行許可證)이다. 군사(軍士)로서 휴가를 얻어 귀향할 경우에 병조(兵曹)에서 노인(路引)을 발급하며, 왜사(倭使)가 조선에 와서 상경할 때도 상경노선(上京路線)을 기재한 여행 허가장(旅行許可狀)이라 할 수 있는 노인을 필요로 하였다. 행상(行商)에게도 노인을 발급하고, 세금을 거두었다.

녹권(錄券)

고려·조선 시대 공신도감(功臣都監)이 왕명(王命)을 받아 각 공신에게 발급한 공신임을 증명하는 문서이다. 고려 초에는 녹권만을 주었으나, 고려 말 중흥공신(中興功臣)에게는 녹권과 공신교서(功臣敎書)를 주었다. 조선 초기에 있어서는 개국(開國)·정사(定社)·좌명(佐命) 3공신의 정공신(正功臣)에게는 교서와 녹권을 아울러 사급(賜給)하고, 원종공신(原從功臣)에게는 녹권만을 사급하였다. 조선 시대에는 30차례에 가까운 원종공신 녹권의 발급이 있었으므로, 조선 중기 이후의 녹권은 각 가문에서 간직하고 있는 것과 여러 도서관에 소장된 것이 많아 그 실물을 쉽게 찾아볼 수 있다. 이 녹권은 공신도감의 성격을 규명하는 데 중요한 자료가 될 뿐 아니라, 간혹 실록에 전하지 않는 사실을 수록하고 있어 그 가치가 크다.

녹패(祿牌)

조선 시대 이조와 병조에서 왕명(王命)을 받아 종친·문무 관원에게 녹과(祿科)를 정해 내려주는 증서이다. 녹패에 기재된 녹과에 의해 호조(戶曹)에서는 녹봉 인수증인 녹표(祿標)를 발급하였다. 관원은 이 녹표를 가지고 광흥창(廣興倉)에 가서 녹봉을 인수하였다. 조선 시대의 녹과는 제1과부터 제18과까지로 구분되어 있었으며, 과에 따라 녹봉 차이가 있었다.

ㄷ~ㅁ

등록(謄錄)

문서를 베껴 적는 행위 또는 적은 책을 말한다. 규격이나 재질이 일정치 않았던 근대 이전에는 문서의 열람과 보존의 편의를 위하여 공책을 만들어 거기에 문서를 베껴 보관하였다. 의정부등록(議政府謄錄), 비변사등록(備邊司謄錄) 등이 그러한 예이다.

등장(等狀)

조선 시대 여러 사람이 연명(連名)하여 관부(官府)에 올리는 소장(訴狀)이나 청원서·진정서이다. 소지(所志)의 일종으로, 소지는 한 사람의 이름으로 올리지만, 등장은 여러 사람의 이름으로 올리는 점이 다르다. 등장은 조선 시대 사서(士庶)들이 생활하는 가운데 일어난 일로서 관부의 결정(판결)과 도움을 필요로 하는 모든 민원에 관한 내용이므로, 그 내용은 매우 다양하며 그 시대의 사회상을 살펴볼 수가 있다. 이와 같은 등장은 그 가문이나 향토의 영예나 이해 관계와 직결되는 것이므로 현존하는 문서가 많다. 등장은 소지의 경우와 같이 관부에 올리면, 관부에서는 이를 검토한 뒤 이에 대한 처분(제음題音 또는 제사題辭)을 등장의 왼쪽 아래 여백에 써서 등장을 올린 사람들에게 되돌려주게 된다. 뎨김[제음題音]이나 제사를 받은 등장은 관부의 처분·판결을 받은 증거 자료로서, 등장을 올린 사람들에 의하여 소중히 보존되었다.

물금첩(勿禁帖)

조선 시대 관부에서 일정한 일에 대한 제제를 내리는 명령 문서이다. 특수한 물품을 운반할 경우, 그 물품과 운반하는 사람의 통행을 허락하라는 통행 명령서의 성격을 가지게 되며, 사냥을 금지하는 곳에서 사냥을 할 경우 이 물금첩을 가진 사람에 대하여는 사냥을 허락하라는 사냥 허가증의 성격을 가지게 된다.

밀교(密敎)

국왕이 비밀리에 내리는 명령서(命令書), 또는 종친(宗親)·중신(重臣)에게 비밀히 뒷일을 부탁하기 위하여 내리는 명령서로서, 교서(敎書)의 일종으로 취급될 수 있다.

ㅂ

백패(白牌)

조선 시대 과거의 생원·진사과 복시(覆試) 합격자인 생원·진사에게 발급한 합격 증서이다.

별급문기(別給文記)

조선 시대 재산을 증여할 때 사용하던 문서 양식이다. 특별한 사유로 재산(토지·노비)을 줄 때 작성되며, 따라서 일반적인 분재(分財)·재산 상속 때에 작성되는 깃급문기[금급문기衿給文記]·화회문기(和會文記) 등과는 구별되는 문서이다. 별급할 때의 재주(財主)는 부(父)에 한정되지 않고, 조부·숙부·처부(妻父)나 기타 인척이 될 수 있으며, 별급의 사유는 과거 급제·생일·혼인·병의 치유·득남·경축·빈곤·정의 표시·감사 등 다양하게 나타난다.

부거장(赴擧狀)

지방관(地方官)이 그 지방의 과거 응시자(科擧應試者)의 명단을 적어서 경시관(京試官)에 보고하는 문서이다.

분급문기(分給文記, 분금문기分衿文記)

전통 시대 재주(財主)가 살아 있을 때에 토지·노비 등의 재산을 자녀들에게 나누어준 문서이다. 분재문기(分財文記)의 일종으로, 분깃문기[분금문기分衿文記]·깃기[깃기衿記]라고도 한다. 부모가 죽은 뒤에 형제자매들이 모여 합의하여 재산을 나누는 문서인 화회문기(和會文記)와는 구별된다. 분급문기의 구성은 문기를 작성한 연월일과 분급 대상자, 분급하는 사유와 당부하는 말, 자녀별로 나누어주는 몫[깃衿], 재주·증인·필집(筆執)의 이름과 수결 등으로 되어 있다. 조선 전기에는 『경국대전(經國大典)』의 분재 규정에 따라 자녀에게 균등 분배를 하였으나 조선 후기에는 남자 우대, 장자 우대로 변화하였다. 당부하는 말에 분급한 재산을 축내지 말 것, 형제 간에 우애하고 도와줄 것, 조상과 부모의 제사를 지성으로 지낼 것 등이 반드시 들어갔다. 아들이 없을 경우 양자(養子)하지 말고 딸들에게 분재하고 제사를 지내줄 것을 당부하는 문서도 있다.

비답(批答)

조선 시대 신하의 상소에 대해 국왕이 내린 답서(答書)이다. 비답 가운데 가장 많이 볼 수 있는 것은 정사(呈辭: 사직 상소)에 대한 불윤비답(不允批答: 신하의 청을 허락하지 않는다는 임금의 답변)으로서, 정사뿐 아니라 국왕에게 올린 소청(疏請)에 대한 불윤비답도 있다. 그러나 의윤비답(依允批答: 신하의 청을 허락한다는 임금의 답변)도 가끔 있다.

비변사등록(備邊司謄錄)

비변사등록(備邊司謄錄)은 조선 중·후기 국방과 재정 문제를 중심으로 국정 전반을 논의하던 합좌기구(合坐機構) 비변사의 회의 내용과 관련 기록을 모은 등록이다. 비변사는 16세기 초엽에 국방 문제에 식견이 있는 고위 관료들이 모여 국방 문제를 논의하기 위한 기구로 출발하였다. 그 이후 점차 논의의 범위가 재정 문제로 넓어졌고, 18세기 후반부터는 팔도구관당상(八道句管堂上) 제도가 시행되면서 팔도의 관찰사(觀察使)들이 올리는 장계(狀啓)를 접수하여 국왕에게 올리는 기능이 추가되어 지방 문제와 더 나아가서는 국정 전반에 대해 포괄적으로 논의하게 되었다. 19세기 세도(勢道) 정치기에 비변사는 세도 가문을 중심으로 하는 권력 집단이 국정을 장악하는 장치가 되어 권력 구조의 핵심에 자리 잡게 되었다. 고종 초년 흥선대원군(興宣大院君)이 권력 장악과 함께 형식상으로 비변사가 폐지되고 의정부(議政府)가 다시 국정의 최고 기구가 되었으나, 실제적으로는 비변사의 체제와 기능은 그대로 유지되며 명칭만 바뀐 셈이었다. 비변사는 비변사 당상(堂上)들이 모여서 제기된 사안에 대해서 논의하는 것이 주된 업무이다. 회의가 있을 때마다 비변사의 낭청(郞廳)이 참석하여 그 회의 내용 및 의결 사항, 그리고 국왕에게 보고한 내용 등을 기록하였다. 비변사 당상들의 논의는 국방·재정에 관련된 문건 및 지방관이 비변사에 올린 장계(狀啓) 등의 공문서를 대상으로 삼아 이루어지는 것으로서, 자연히 이러한 문건들도 베껴 써서 ― 등록(謄錄)하여 비변사등록으로 책을 만들게 되었다. 편년체(編年體) 형식을 따라 날짜순으로 기록하였으며, 매달 첫머리에는 당시 비변사에 참여하고 있는 도제조(都提調) 및 제조(提調) 이하 당상과 낭청의 명단인 좌목(座目)을 기재하였다. 1년치를 1권의 책으로 묶는 것이 원칙이나, 내용과 분량이 많을 때는 2권이나 3권으로 묶은 예도 있다. 비변사가 설치된 초기부터 비변사등록은 작성되었을 것이나, 임진왜란(壬辰倭亂) 이전의 것은 모두 소실되어 현재 남아 있지 않고, 1616년(광해군 8) 이후의 것만 남아 있다. 1865년(고종 2) 비변사의 명칭이 의정부로 바뀐 뒤에도 비변사등록이라는 이름으로 계속 작성되어 1892년(고종 29)까지 이어졌다. 그러나 이 기간 중에도 여러 군데 몇 년치

씩, 도합 54년분의 기록이 빠져 있다. 현재 남아 있는 책수는 총 273책이다. 겉표지의 제목은 "광해조비국(光海朝備局)", "임진등록(壬辰謄錄)", "정부(政府)" 등으로 일정하지 않다. 비변사에서 작성한 등록으로서 다른 문서를 옮겨 쓴 것이 많으므로 원본은 대부분 초서체(草書體)로 쓰여 있다. 국사 편찬 위원회에서 1959년에 탈초·정서 후 축소·영인하여 28책으로 간행하였다. 국사 편찬 위원회에서는 1989년부터 국역(國譯) 사업을 진행하고 있으며, 색인(索引)을 작성하는 사업도 함께 진행하여 전산화(電算化)하고 있다. 비변사등록은 『조선왕조실록(朝鮮王朝實錄)』, 『승정원일기(承政院日記)』, 『일성록(日省錄)』에 비견되는 조선 왕조 국가 차원의 대표적 기록물이다. 위의 다른 자료들에 비해 내용의 분량이나 포괄성에서는 떨어진다고 할 수 있으나, 별단(別單), 사목(事目), 절목(節目) 등을 비롯하여 당시 사회·경제적인 분야에 관련된 1차 자료를 풍부히 담고 있다는 점에서 나름의 가치를 갖고 있다.

사고(史庫)

사고는 실록을 비롯한 공적인 기록과 또 중요한 사적인 기록을 보관했던 시설이다. 조선 초기의 태조실록(太祖實錄), 정종실록(定宗實錄), 태종실록(太宗實錄)은 2벌 등사(謄寫)하여 춘추관(春秋館)과 충주(忠州) 사고에 보관하였다. 1445년(세종 27)에 2벌을 더 베껴서 전주(全州)와 성주(星州) 사고에 보관하였다. 세종실록(世宗實錄)부터는 활자로 인쇄하여 춘추관, 충주, 전주, 성주 사고에 보관하였다. 임란왜란(壬辰倭亂) 당시 다른 사고의 실록은 모두 불에 타 없어지고, 전주 사고의 것만 보존되었다. 전주의 사족인 안의(安義)와 손홍록(孫弘祿)이 태조실록부터 명종실록(明宗實錄)까지 804권과 태조의 어진(御眞) 및 사고의 서적을 내장산(內藏山)으로 운반하였다가 조정에 인수하였다. 이것을 임진왜란 와중에 해주(海州), 강화(江華), 묘향산(妙香山)을 거쳐 다시 강화로 옮겨 보관하게 되었다. 1603년(선조 36) 7월부터 1606년 3월 사이에 실록 804권을 다시 간인(刊印)하여 3부를 제작하였다. 여기에 마지막 교정본(校正本)을 제본한 것과 전주 사고본 원본(原本)을 합하여 5부를 춘추관, 강화 마니산(摩尼山)[전주 사고본 실록], 경북 봉화(奉化) 태백산(太白山), 평북 영변(寧邊) 묘향산, 강원도 평창(平昌) 오대산(五臺山)[교정본

校正本]에 보관하였다. 이후 춘추관에 소장되었던 실록은 1624년(인조 2)에 이괄(李适)의 난으로 소실되고, 묘향산에 보관되었던 실록은 1633년(인조 11)에 전북 무주(茂州) 적상산(赤裳山)으로 이전하였다. 마니산에 보관하였던 실록은 1636년(인조 14) 병자호란(丙子胡亂) 당시 청군(淸軍)에 의하여 크게 파괴되었던 것을 현종(顯宗) 연간에 파괴된 부분을 등사하여 보수하였다가 1678년(숙종 4)에 강화 정족산(鼎足山)에 사고를 설치하고 이전하였다. 인조 이후의 실록은 4부를 인쇄하여 정족산, 태백산, 적상산, 오대산에 보관하였다. 1908년 이후 사고의 자료들은 제실(帝室) 도서로 편입되었다가 정족산 사고와 태백산 사고의 실록은 1929년 규장각(奎章閣) 도서와 함께 조선총독부(朝鮮總督府)로 이관, 경성 제국 대학(京城帝國大學)을 거쳐 서울대학교 규장각으로 이관되었다. 이 중 태백산본은 국사 편찬 위원회에서 실록을 영인할 때 그 저본으로 썼으며, 현재는 국가 기록원에 보관되어 있다. 적상산 사고본 실록은 한국 전쟁 당시 북한으로 가져갔다. 오대산 사고본 실록은 일본인들이 도쿄 제국 대학(東京帝國大學)으로 가져갔는데, 관동(關東) 대지진(大地震) 때 거의 다 타버려서 현재 도쿄 대학교와 서울 대학교 규장각에 극히 일부가 남아 있다. 도쿄 대학교에 보관되었던 오대산 사고본은 2006년 7월에 규장각에 반환되었다.

사관(史官)

사관은 왕조 사회에서 역사를 기록하는 일을 담당한 관원을 말한다. 사관은 넓은 뜻으로는 본래의 관직을 가지고 춘추관(春秋館)의 수찬관(修撰官), 편수관(編修官), 기주관(記注官), 기사관(記事官) 등을 겸직하고 있는 관원 전원을 가리켰다. 이들을 '겸춘추'[겸임사관]라고 한다. 이들은 의정부, 삼사(三司) 등 주요 관청의 관원으로, 정부 각 관청의 기록이 원활히 관리되도록 하려는 목적으로 겸직으로 운영하였다. 좁은 뜻의 사관의 범주는 예문관(藝文館)의 정7품 봉교(奉敎) 2명, 정8품 대교(待敎) 2명, 정9품 검열(檢閱) 4명을 가리켰다. 봉교·대교·검열은 구별하여 한림(翰林)이라고 하기도 하였다. 이들은 관품은 낮으나 청화직(淸華職)으로서 매우 중시되었으며, 후임 사관을 스스로 선발하는 자천제(自薦制)를 통하여 직무의 독립성을 유지하였다. 자천제는 영조 17년에 권점제(圈點制)가 도입되면서 폐지되었다. 한림 8명은 상번(上番), 하번(下番)으로 번을 나누어 왕명(王命)을 출납하는 승지(承旨)와 함께 궁중에 숙직하였다. 이들은 각종 조회(朝會)·조참(朝參)·상참(常參)·경연(經筵) 등 궁중에서 이루어지는 각종 공식적인 행사는 물론, 임금과 신하가 만나는 연석(筵席)에도 모두 참석하여 그 행사와 대화 내용을 기록하였다. 하번(下番) 사관은 입직하는 날로부터 매일 정초책(正草冊)을 정리하여 상번(上番) 사관에게 올린다. 왕과 관원들이 만난 자리에 참석한 뒤에 시정기(時政記)를 수정하는 일도 또한 위와 같이 한다. 하번은 왕과 관원들이 만나는 자리에 참석한 날로부터 매일 저녁에 그 다음 날 상참이나 경연이 있는지 여부와 그날 사헌부(司憲府)와 사간원(司諫院)에서 올린 계(啓)의 개요를 작은 글씨로 적어서 대나무통에 넣어 봉하여 새벽까지 예비 이상 각 관원에게 보낸다. 왕이 신료들을 불러 볼 때 상번 사관과 하번 사관이 붓을 가지고 승지와 주서(注書)를 따라서 들어가 좌우에 엎드려 말과 사실을 적는다(기언서사記言書事). 사관 — 한림이 6품으로 올라간 뒤에는 자신이 작성한 역사 기록에 대한 보고서, 곧 수사장(修史狀)을 이조(吏曹)에 보내야 비로소 다른 관직에 임명되는 절차를 밟을 수 있었다.

사초(史草)

사관(史官)들이 기록한 1차 자료를 사초라고 한다. 사관은 보고 들은 바를 사실 그대로 기록하는 것을 원칙으로 하였다. 이를 직필(直筆)이라 하였으며, 사관의 직필은 국왕이나 고위 관원이라 할지라도 침범할 수 없도록 법령(法令)과 제도로 보장되어 있었다. 사초에는 9종류가 있었는데, 한림의 사무실인 예문관(藝文館)에 보관하는 관장사초(館藏史草)와 사건의 사후 전개 상황이나 풍문, 평가를 적어 집에 보관했던 가장사초(家藏史草)가 있었다. 사초는 사관 이외에는 볼 수도 관리할 수도 없다가 실록을 편찬할 무렵이 되어서야 실록청에 제출하였고, 실록 편찬이 완료된 뒤 세검정에서 세초연(洗草宴)을 통해 세초되었다. 세초된 종이는 재생되었는데, 종이를 만드는 일을 관장하던 관청인 조지서(造紙署)가 바로 세검정 근처에 있었던 것은 이런 정황을 상징적으로 보여준다.

사화(史禍)

당대 기록은 언제나 당시 사람들의 말과 행동, 그리고 그에 대한 평가가 함께 기록되게 마련이었다. 왜냐하면 기록하는 사람과 기록되는 사람 사이의 이해와 관점이 다르기 때문이다. 이로 인하여 갈등이나 다툼이 발행하는 데, 이를 사화(史禍)라고 한다. 조선 시대 사화(士禍) 중에서, 조선 시대 김일손(金馹孫)의 사초에 실린 김종직(金宗直)의 '조의제문(弔義帝文)'으로 발생한 연산군 4년의 무오사화(戊午士禍)가 사화(史禍)의 대표적인 예이고, 인종대의 을사사화(乙巳士禍)도 사화(史禍)의 성격을 띤다. 이런 사화는 제도의 정착과 기록 관리 주체의 역량 강화, 해당 사회의 문화 역량 제고 등을 통해 극복할 수 있다.

상소(上疏)

신하가 왕에게 글로서 자신의 뜻을 전하는 제도이다. 대개 건의 · 청원 · 진정 등의 내용이며, 봉장(封章) · 주소(奏疏) · 진소(陳疏) · 장소(章疏) 등으로도 불린다. 상소문은 아무래도 개인이 작성하는 경우가 많기 때문에 개인 문집에 전재(轉載)된 것을 흔히 볼 수 있으며, 『조선왕조실록(朝鮮王朝實錄)』이나 『승정원일기(承政院日記)』, 『일성록(日省錄)』 등 관청 편찬물에도 수록되어 있다.

서계(書啓)

감사나 암행어사와 같은 봉명관(奉命官)의 복명서(復命書)로, 명령을 받고 수행한 일의 결과를 보고하는 문서이다.

서장(書狀)

흔히 편지(便紙), 간찰(簡札)이다. 서장은 간단한 안부 편지로부터 학문의 토론에 이르기까지 그 내용이 다양하다. 간찰은 다른 고문서와 더불어 많이 전해지고 있다. 더러는 공적인 일에도 간찰로 의견을 주고받기도 했다.

선패(宣牌)

조선 시대 국왕이 관원을 불러들일 때 쓰는 패(牌)이다. 대소인원(大小人員)은 길에 선패가 지나갈 때에는 향축(香祝), 교서가 지나갈 때와 같이 하마(下馬)하여 국궁(鞠躬)하도록 하였다. 패는 붉은 칠[주도朱塗]을 하였고, 표면에는 '명(命)' 자를, 그 뒷면에는 불러들이는 신하의 성명을 기록하여 승정원(承政院)의 서리[하례下隷]로 하여금 송달하게 하는데, 이를 패초(牌招)라고 한다.

소지(所志, 발괄[白活])

관부(官府)에 올리는 소장(訴狀) · 청원서 · 진정서로, 발괄[백활白活]이라고도 한다. 소지는 당시 사람들의 생활 가운데 일어난 일 중에서 관부의 결정과 도움을 필요로 하는 모든 종류의 민원에 관한 문서이므로 그 내용은 아주 다양하다. 또한 소지는 소지를 올린 사람들의 이해 관계와 직결된 것이었기 때문에 그 가문에서 소중히 보관해, 현존하는 고문서 가운데 토지문기(土地文記) 다음으로 많은 양을 차지하고 있다. 소지를 수령이나 관계 관부에 올리면 해당 관원은 소지의 내용을 살펴본 뒤 그 소지에 대한 판결을 내리게 되는데, 이를 데김[제음題音] 또는 제사(題辭)라고 한다.

속량(贖良)·속신문기(贖身文記)

상전(上典)에게 대가(代價 : 노비奴婢·토지土地·전문錢文 등)를 납부하고, 노비의 신역(身役)에서 해방되는 문서이다. 대개 상전이 경제적으로 어려울 때 상당한 대가를 받고 노비로서의 신역을 면제해주게 되며, 장예원 또는 관의 입안(立案)을 받게 되어 있다. 간혹 상전이 충성스런 노비에게 시은(施恩)의 방법으로 신역을 면제해주는 경우도 있다. 속신문서(贖身文書)에는 속신(贖身)을 위하여 대가를 상전택(上典宅)에 납입(納入)하는 문서와 상전이 노비에게 속신(贖身)을 허락하는 문서 그리고 입안 관련 문서 등이 있다.

승정원일기(承政院日記)

조선 시대 왕명(王命) 출납을 담당하던 관서(官署)인 승정원(承政院)에서 담당 업무와 처리한 문서를 정리하여 작성한 일기이다.『승정원일기』를 작성하기 시작한 것은 세조대부터이다. 그 이전에는 사관(史官)이 기록하던 시정기(時政記)만 있었다. 세종 연간에 사관의 기사(記事)가 소략하다 하여 집현전(集賢殿) 학사들에게 사관의 직무를 겸하게 하여 기사의 폭을 넓혔던 것을 세조대에 처음으로 승정원의 주서(注書)가 관련 사실을 기록하게 하고, 승지가 춘추관(春秋館)의 직책을 겸하게 하였다. 이때부터『승정원일기』가 작성되었으나, 임진왜란(壬辰倭亂)으로 그 이전의『승정원일기』는 모두 불타 없어졌다. 1744년(영조 20)에『승정원일기』를 보관하고 있던 창덕궁 승정원 일대에 불이 나 1721년(경종 1) 이전의 『승정원일기』가 모두 불탔다. 1746년(영조 22) 일기청(日記廳)을 설치하여 그 이듬해까지 역대 세자시강원(世子侍講院)의 일기(日記)와 조보(朝報)를 비롯하여 의정부(議政府)·육조(六曹)·사헌부(司憲府)·사간원(司諫院)·홍문관(弘文館) 등 여러 관서의 등록(謄錄), 주서를 지낸 사람들의 당후일기(堂後日記), 경외 각지의 사대부 집에 있는 조보와 기타 기록을 널리 수집하여 1623년(인조 1)부터 1721년(경종 1)까지 99년간의 『승정원일기』 548권을 개수하였다. 1833년(순조 33)에 3권, 1834년(순조 34)에 4권이 분실·도난되었고, 1874년(고종 11) 1월 23일 『일성록』 493권이 소실될 때 『승정원일기』 18권도 함께 소실되는 등 일부가 망실된 적이 있다. 1888년(고종 25) 3월 7일 밤에 창덕궁 승정원에 화재가 나서 우사당(右史堂) 옆방에 보관하였던 철종, 고종 양대의 『승정원일기』 480권 중 361권이 소실되었다. 1889년(고종 26) 8월에 일기청을 설치하여 조보와 『일성록(日省錄)』을 기본 자료로 하고, 각사의 등록과 당후일기를 자료로 하여 개수하기 시작하여 1890년(고종 27) 12월에 완료하였다. 1894년 이후 여러 차례 직제 개편으로 부서의 이름은 달라졌지만 승정원의 직능을 이어받은 관서의 일기는 같은 성격을 갖는 것이다. 현존하는 『승정원일기』의 명칭과 책수를 보면, ① 『승정원일기(承政院日記)』: 인조 1년(1623) 3월부터 고종 31년(1894) 6월까지의 3,047책 ② 『승선원일기(承宣院日記)』: 고종 31년(1894) 7월부터 10월까지의 4책 ③ 『궁내부일기(宮內府日記)』: 고종 31년(1894) 11월부터 1895년 3월까지의 5책 ④ 『비서감일기(秘書監日記)』: 고종 32년(1895) 4월부터 9월까지의 8책 ⑤ 『비서원일기(秘書院日記)』: 고종 32년(1895) 10월부터 광무 9년(1905) 2월까지의 115책 ⑥ 『비서감일기(秘書監日記)』: 광무 9년(1905) 3월부터 융희 1년(1907) 10월까지의 33책 ⑦ 『규장각일기(奎章閣日記)』: 융희 1년(1907) 12월부터 융희 4년(1910) 8월까지의 33책이다. 이 책들을 모두 합하면 3,243책이다. 원본은 규장각에 소장되어 있다. 1961년부터 1977년 사이에 국사 편찬 위원회에서 영인본을 간행하였고, 전체를 전산화하는 작업을 진행 중에 있으며, 일부를 인터넷으로 제공하고 있다.

승지(承旨) · 주서(注書)

주서는 2자리로서 2명의 주서가 서로 돌아가며 매일 근무한다. 주서의 근무처는 승정원(承政院) 내에 있는 우사(右史) 당후(堂後)이다. 주서는 사관(史官)과 함께 국왕이 관료들과 만나는 자리에 참석하여 그 논의 내용을 기록한다. 또한 국왕과 각 관서(官署) 사이에 승정원을 통하여 오고간 문서들을 매일 모아 정리한다. 이렇게 정리된 기록물은 1달 단위로 그 다음 달 20일 이내에 정리하여 책으로 묶어 승지에게 납부하여야 한다. 보통 1달에 1책을 작성하나 분량이 많을 때는 2권을 작성하기도 하였다. 이 기한을 넘기면 승지는 금추(禁推) 전지(傳旨), 곧 해당 주서를 의금부에 넘겨 조사하라는 왕명(王命)을 받아 처리하여야 한다. 승지는 이 책을 검토한 다음 그달 말일 이내에 왕에게 계(啓)를 올려 보고하여야 한다. 국왕이 재가한 책은 다시 승정원으로 내리는데, 이를 승정원에 보관한다. 『승정원일기(承政院日記)』는 주서가 교체될 때는 그 수효를 확인하여 넘겨야 하였으며, 국왕의 허락이 없으면 승정원 문 밖으로 내갈 수 없었다.

시권(試券)

과거 응시자들이 제출한 답안지 혹은 채점지이다. 시지(試紙) 또는 명지(名紙)라고도 한다. 먼저 응시자가 녹명(錄名)하기 전에 시권에 기재하는 사항으로는 ① 시험 답안 ② 응시자 본인의 직역(職役) · 성명 · 나이 · 본관 · 거주지 ③ 부 · 조 · 증조의 직역과 성명, 외조의 직역 · 성명 · 본관(생부가 있으면 외조 옆에 기록)이 있다. 시관이나 사관(四館)에서 기록 · 확인하는 사항은 ④ 자호(字號) ⑤ 과차(科次)와 점수 ⑥ 등수 ⑦ 근봉(謹封) 여부 ⑧ 착인(着印 : 과거지보科擧之寶)이다. 이 가운데 자호는 천자문(千字文)순으로 연번호(連番號)를 매기되, 천자문 위에 일(一)·이(二)·삼(三)·사(四)까지의 숫자를 써넣어 관리하는 데 편하도록 하였다. 자호의 기재 방법은 시대에 따라 약간씩 달랐지만, 대개의 경우 봉미(封彌)한 시권을 뜯기 전에 답안 부분과 봉미 부분의 오른쪽 중간에 큰 글씨로 자호를 매기고 아울러 답안 부분과 봉미 부분의 왼쪽과 오른쪽에 각각 같은 자호를 매겼다. 그런 다음 오른쪽 중간의 자호 부분을 오려내어 합격자가 결정될 때까지 따로 보관했다가 당락이 결정되면 그 합격 시권의 봉미 부분을 붙였다.

시정기(時政記)

시정기는 조선 시대 춘추관(春秋館)에서 관장하여 당대 정무 행정의 실상과 잘잘못을 기록한 1차적 역사 기록물이다. 그러므로 이 시정기는 실록을 편찬할 때 가장 기본적인 자료가 되었다. 시정기는 사관(史官)이 기록하는 사초(史草)와 각 관청의 기록을 정리하여 편철해놓은 것으로 이해하면 된다. 『경국대전(經國大典)』에 시정기를 3년에 1번 편찬한다는 규정이 있어 착각하기 쉽지만, 별도의 편찬 사업이 있었던 것이 아니라, 앞서 말한 대로 사관이 통상 수행하는 사초의 작성과 기록의 정리·편철이었다. 시정기는 정본 외에 초서(草書)로 된 부본(副本)이 있는데, 이를 비초(飛草)라고 부른다. 비초는 춘추관 당상(堂上)이 춘추관원에 대한 근무 평가를 할 때 해당 춘추관원이 부지런했는가 태만했는가를 판단하는 근거 자료로 쓰이기도 하였다. 시정기를 정리하는 찬수 지침은 다음과 같다. 시정기의 첫 행에는 당시 임금의 재위 몇 년과 그해 간지(干支) 그리고 당시 중국 황제(皇帝)의 연호(年號) 몇 년, 몇 월, 몇 일과 그 날짜의 간지와 맑음(晴), 비(雨), 흐림(陰) 등의 날씨를 쓴다. 관상감에서 보고한 재이(災異) 현상을 날씨 아래에 작은 글씨 2줄로 쓴다. 지방의 재이 현상도 모두 갖추어 쓴다. 제2행에는 왕이 어느 궁궐에 계신지와 『승정원일기』와 같이 상참(常參)과 경연(經筵)을 여는지 여부를 쓰고 그 다음에 차례대로 사실을 서술한다. 관원들이 입시(入侍)했을 때 오고간 대화 내용은 그 긴요한 것을 간추려서 기록한다. 사건의 연혁에 대해 시비를 다룬 내용은 그 일을 상주(上奏)한 사람이 언급한 것 이외의 것이라도 그 전말을 상세히 기록한다. 잘했는가, 못했는가 평가를 할 만한 것은 별도로 강목(綱目)을 분류하여 그 아래에 기록한다. 사헌부(司憲府), 사간원(司諫院)에서 계(啓)를 올린 내용은 아주 소소한 것 외에는 모두 기록한다. 한 일을 가지고 연거푸 계를 올리는 경우에는 매일 연이어 계를 올렸다고만 쓰는데, 만약 추가된 내용이 있으면 이를 뽑아서 기록한다. 헌부(憲府), 간원(諫院)이라고만 쓰고 계를 가지고 들어온 사람의 성명을 쓰지 않는다. 하지만 논란하는 내용이 중대한 것이라면 발론한 사람과 다른 주장을 하는 사람들의 이름을 쓴다. 긴밀한 관련이 있는 상소장(上疏章)은 함께 싣는데, 그 가운데 사소하고 지루한 문장은 삭제할 수도 있다. 만약 어떤 사람의 거취에 대한 시비가 시정(時政)에 관련되는 것이라면 쓴다. 길례(吉禮)・흉례(凶禮)를 비롯한 오례(五禮) 가운데 나중에 참고할 만한 것은 비록 번쇄하더라도 갖추어 싣는다. 매년 과거에 급제한 사람들은 아무개 등 몇 명을 뽑았다라고만 쓴다. 관직 임명은 고관이나 현직 및 지방관 가운데 긴요하고 중요한 것만 기록한다. 왕이 직접 선발한 특제(特除)와 논란이 벌어진 경우는 비록 미미한 관직이라도 기록한다. 죽은 인물에 대한 졸기(卒記)를 쓰는 일은 더욱 신중하게 해야 한다. 반드시 공의(公議)를 수렴하여 자기의 견해를 첨입하여 평가를 해야 하는데 한 마디라도 가벼이 해서는 안 된다. 각 관서에서 계를 올려 재가를 받은 문서는 이것들을 월말에 묶어 만든 책을 참고하여 그 가운데 기록할 만한 것을 뽑아서 기록한다.

시책(諡冊)

국왕과 왕비가 죽은 뒤 시호(諡號)를 올릴 때 쓰는 책이다. 시호를 올릴 때는 먼저 옥책(玉冊)과 보인(寶印)이 만들어진다. 시책을 올리기 위해 시호도감(諡號都監)이 설치되고, 도제조(都提調)·제조(提調)·도청(都廳)·낭청(郎廳) 등 유사가 임명되며, 그 밖에 수십 명의 관원·아전·장인들이 일을 맡았다. 시책을 올리는 의식은 대단히 정중하였다. 그리고 일이 끝나면 관계한 사람들에게 상이나 은전이 베풀어지는 것이 통례였다.

사패(賜牌)

조선 시대 국왕이 신하에게 토지와 노비를 내려주거나, 공이 있는 향리에게 향리의 역을 면제해줄 때에 내리는 문서이다. 교지(敎旨)에 속하며 사패교지라고도 한다. 이 문서는 국왕이 신하에게 혹은 종친에게 토지와 노비를 내릴 때도 사패를 준다.

실록(實錄)

실록은 원래 '믿을 만한 기록'이라는 일반 명사로 쓰이다가, 실록 편찬이 관례화되면서 우리가 아닌 특정한 역사 기록을 실록이라는 고유 명사로 부르게 되었다. 실록은 중국 당나라 태종(太宗) 때부터 편찬되기 시작하였다. 실록의 편찬은, 사관(史官) 가문 출신의 세습직 사관이 아닌 관청의 임명직 사관에 의해 역사가 편찬되기 시작한 제도적 배경과 때를 같이 하여 시작되었다. 또한 실록은 군주의 재위 기간 중에 편찬되다가 연호 단위로 편찬되기도 했으며, 당나라 후반에 이르러 군주 재위 단위로 편찬되기 시작하였다. 한국사에서는 통일 신라 말부터 실록이 편찬된 것으로 보이는데, 불교 사회였던 고려 시대보다 신유학, 즉 성리학이 주도 이념이었던 조선 시대에 역사 편찬이 한결 중시되었고, 실록 편찬도 새로운 국왕이 상복을 벗고 집무를 시작하는 졸곡(卒哭)에 맞추어 시작되는 관례가 정착되었다. 실록이 갖는 최고 국가 기록으로서의 위상에 더하여, 이러한 관례화는 상전(賞典), 세초연(洗草宴), 봉안식(奉安式) 등 실록을 둘러싼 의례(儀禮)를 발전시켰다.

현재는 『조선왕조실록(朝鮮王朝實錄)』만 남아 있는데, 태조(太祖)부터 제25대 철종(哲宗)에 이르기까지 모두 1,893권 888책으로서 조선 시대 정치·경제·사회·문화 등 전 분야에 대한 풍부한 내용을 담고 있다. 연산군대와 광해군대의 것은 이름이 각 연산군일기(燕山君日記), 광해군일기(光海君日記)로 되어 있으나, 이는 이 두 임금이 반정(反正)으로 퇴위당했기 때문에 격을 낮춘 것일 뿐 형식이나 내용은 다른 왕대의 실록과 차이가 없다. 대부분 활자로 간행되었으나, 일부는 필사본(筆寫本)으로 되어 있다.

실록은 춘추관(春秋館)에서 작성한 시정기(時政記), 승정원일기(承政院日記), 여러 사관이 작성한 사초(史草)를 기본 자료로 삼고, 그 밖에 비변사(備邊司)에 보고된 지방관의 장계축(狀啓軸), 의금부(義禁府)의 추안(推案), 형조(刑曹)의 주요 문서, 추국일기(推鞫日記) 등을 수집하여 보조 자료로 삼았다. 또 외국과 오고간 외교 문서에서 주요 내용을 발췌하고, 명신(名臣)의 졸기(卒記)는 관련 문집(文集)이나 비문(碑文), 지문(誌文)과 그에 대한 당대의 공의(公議)를 수집하여 보완하였다.

실록은 국가의 주요 기록 중에서 영구 보존이 필요한 기록을 후대에 남기는 것으로, 기록학의 개념으로 보면 'archives'로 볼 수 있다. 즉, 사초나 기타 기록 중에서 평가하여 보존 가치가 있는 기록을 남기는 것이기 때문이다. 이러한 산절(刪節)은 통상 14개 조항의 원칙에 의해 이루어졌고, 정조실록(正祖實錄) 편찬 때부터 『일성록(日省錄)』의 영향으로 찬수 범례에 변동이 생겼다.

실록은 당대에는 공개되지 않는 특수한 성격을 지닌 기록이었다. 오직

후대, 정확히 말하면 해당 왕조가 끝난 뒤에나 공개될 운명을 지닌 기록이었다. 이런 비공개성은 기술 발전이나 기록 활용 계층의 제한 등 여러 역사적 조건에서 발생한 특성이겠지만, 원래의 우수한 역사 기록으로서의 역할에 더하여 관료 사회의 자정성(自淨性)을 높이는 데 기여하였다.

실록은 실록청(實錄廳)에서 편찬하였다. 실록청은 춘추관 소속의 임시 기구이다. 실록청은 인원이나 물자를 국가 차원에서 적극적으로 지원받아 실록을 만들었다. 실록청은 그때그때 편의에 따라 궁궐이나 궁궐 인근의 관서에 설치하였다. 전체 업무를 주관하는 도청(都廳)과 실제 편찬 업무를 담당하는 일방(一房), 이방(二房), 삼방(三房)과 조판(組版)과 간인(刊印), 제책(製冊) 등 기술적인 실무를 담당하는 별공작(別工作) 등으로 구성되었다. 총책임자를 총재관(總裁官)이라 하고, 각 부서의 책임을 맡은 당상관(堂上官)과 실무자인 낭청(郎廳)이 활동하였다. 여기에 서리나 장인(匠人), 다모(茶母) 등도 실록청 운영의 구성원이었다. 당상관과 낭청은 본래 소속된 관서의 직무를 면제받고, 실록청 청사에 매일 출근하여 근무하였고, 모든 공회(公會)에 참석하지 않으며, 다른 직무를 맡지 않았다. 상(喪)을 당했을 때나 휴가를 당하더라도 이를 인정하지 않으며, 비리를 조사받게 되더라도 공죄(公罪)나 사죄(私罪)를 따지지 말고 모두 공무를 계속 담당하도록 하였다. 승지(承旨)나 대간(臺諫)에 임명되었을 때는 구례에 따라서 다른 직책으로 바꾸지 말며, 낭청 중에 만약 파직되는 인원이 있으면 바로 임금께 보고하여 군직(軍職)을 주어 관(冠)을 쓰고 각대(角帶)를 띠고 근무하게 하였다. 월과(月課)·전경(專經)·시사(試射)·삭서(朔書) 등 시험을 보게 된 인원은 전례에 따라서 모두 빠지도록 배려되었다. 한림(翰林) 가운데 한 사람은 실록청에 근무하며 임무를 살피게 하였다. 별공작 감역관(監役官) 1명은 선공감(繕工監)에서 정해 실록청으로 보내게 하였다. 각 방의 서리(書吏) 70명은 여러 관사에서 일한 대가로 요포(料布)를 받는 서리를 뽑아다

일을 시키며, 서사(書寫) 1명과 고지기(庫直) 4명, 사령(使令) 17명은 호조(戶曹)와 병조(兵曹)에서 요포를 나누어주게 하여 실록청에서 일을 하게 하였다. 사초를 베껴낼 때 들어가는 종이[지지紙地]와 붓과 먹 그리고 기타 필요한 물건 및 특정 아문에 소속되어 있지 않은 관원의 깔자리[포진鋪陳] 등은 담당 조에서 마련하도록 하였다. 청사를 지키는 군사 및 시중 드는 다모는 각 담당 관사에서 정해서 보내게 하였다.

한편 실록은 아무나 살펴볼 수 있는 기록은 아니지만, 국가 정책이나 전례에 참고할 수 있었다. 이러한 고출(考出) 또는 상고(相考)에는 반드시 전임 사관인 한림이 있어야 수행할 수 있었다.

실록은 관리도 엄격히 하였다. 실록은 3년에 1번 포쇄(曝曬)하였다. 포쇄는 책을 그늘에서 바람을 쐬어 말리는 것으로서 거풍(擧風)이라고도 한다. 한림 한 사람이 왕명(王命)을 받아 사고에 내려가서 관리 상태를 살핀 후, 포쇄하였다.

오늘날 실록은, 영인본(影印本)뿐만 아니라 번역본이 책과 CD 등으로 제작되었고, 국사 편찬 위원회에서는 원문과 번역본을 웹 사이트에 공개하는 등, 조선 시대를 이해하는 기본 자료로서 널리 이용되고 있다.

압(押, 수결手決)

관직에 있던 신분 계층에서만 쓰던 부호로, 요즘의 사인과 같다. '一心(일심)' 두 글자를 뜻하도록 고안하고 있다. 즉, 수결의 특징은 '一(일)'자를 길게 긋고 그 상하에 점이나 원 등의 기호를 더하여 자신의 수결로 정하는 것으로, '一心' 2자를 내포한다. 따라서 수결은 곧 사안(事案) 결재에 있어서 오직 한마음으로 하늘에 맹세하고 조금의 사심도 갖지 아니하는 공심(公心)에 있을 뿐이라는 표현으로 써왔다. 중국이나 일본에는 일심결(一心決)의 수결 제도는 없고 서압만 있는 것으로 보아 이 수결은 조선 시대에 한하여 사용하였던 것이다. 수결의 형태는 '一心'을 뜻하고, 언뜻 보아도 '一心'으로 보이도록 해야 한다. 수결은 직함 밑에 일심결을 사람마다 다르게 두고 있었으며, 후세에 일견하여 그 수결이 누구의 것인지 쉽게 알 수는 없다. 다만 사서(史書)를 뒤져 그 당시 누가 그 직(職)에 있었는가를 알아보아야만 그 수결의 본인을 알 수 있다.

영서(令書)

조선 시대 왕세자(王世子)가 내리는 훈유(訓諭)·명령서(命令書)이다. 이 문서는 왕세자가 대리청정(代理聽政)할 때에 내리는 문서이며, 왕의 교서(教書)에 해당한다. 그 서식도 교서와 비슷하나 용어가 다르다. 한편, 왕세자가 내리는 고신(告身)을 영지(令旨)라고 한다.

완문(完文)

조선 시대 관부(官府)에서 향교·서원·결사(結社)·촌(村)·개인 등에게 발급하는 문서이다. 어떠한 사실의 확인 또는 권리나 특권의 인정을 위한 확인서, 인정서의 성격을 가진다. 완문은 관부에서 일방적으로 발급하는 경우도 있었으나, 대개는 당사자 또는 관계 단체의 진정 또는 청원에 의하여 발급하게 된다. 완문으로서 현재 남아 있는 것 가운데 상당수를 차지하고 있는 것은 향교의 교생, 서원의 원생, 사대부가의 산지기, 서원의 속촌(屬村) 등에 대하여 신역(身役)·연호잡역(烟戶雜役)·환자(還上) 등의 면제를 인정 또는 확인해주는 것이다.

완의(完議, 입의立議)

종중(宗中)·가문(家門)·동중(洞中)·계(契) 등에서 제사·묘위(墓位)·동중사(洞中事)·계 등에 관하여 의논하고 그 합의된 내용을 적어 서로 지킬 것을 약속하는 문서이다. 우리가 잘 아는 향약(鄕約)도 이에 해당된다. 입의(立議)라고도 한다.

원정(原情)

사인(私人)이 원통한 일, 억울한 일 또는 딱한 사정을 국왕 또는 관부에 호소하는 문서이다. 국왕에게 진소(陳訴)하는 문서는 격쟁원정(擊錚原情)이라고도 하는데, 사인이 원정(冤情)을 국왕에게 진소하기 위하여 출가도상(出駕途上)에 징이나 꽹과리를 쳐 하문(下問)을 기다려 올리는 것이다.

유서(諭書)

조선 시대 국왕이 군사권을 가진 관원에게 내렸던 명령서(命令書)이다. 조선 시대에는 한 지방의 군사권을 위임받은 관찰사 · 절도사 · 방어사 · 유수(留守) 등이 왕명(王命) 없이 자의로 군사를 발동하거나 역모에 의한 동병(動兵)을 미연에 방지하기 위해 밀부(密符) 제도가 있었다. 그 밀부는 제1부(符)부터 제45부까지 있다. 비상 명령이 내려지면 그 관원이 간직하고 있던 부 바쪽과 왕이 보낸 부 반쪽을 맞추어 의심할 바가 없을 때 명령대로 거행하게 된다. 국왕이 밀부를 관원에게 내릴 때 함께 내리는 유서는 그 관원에게는 생명과 같이 귀중한 것으로서 유서통(諭書筒)에 넣어 항상 지니고 다녔다.

의궤(儀軌)

의궤는 국가 왕실에 관련된 의례(儀禮)를 비롯하여 주요 행사를 치른 뒤 그 전말을 상세히 정리한 종합 보고서이다. 실록 편찬 과정도 의궤로 남겼다. 조선 왕조 국가 왕실의 의례는 길례(吉禮) · 가례(嘉禮) · 빈례(賓禮) · 군례(軍禮) · 흉례(凶禮)의 오례(五禮)로 구성되어 있었다. 길례는 종묘와 사직을 비롯하여 산천과 자연, 성균관 향교 및 역대 시조의 신위를 모신 사당, 그리고 별과 명산대천(名山大川) 등 각종 귀신에 대한 제사를 포함하였다. 가례는 왕실의 경사스러운 행사, 곧 중국에 대한 사대(事大) 의식, 신료들이 왕에게 드리는 각종 축하 및 경배 의식, 왕비나 왕세자 또는 세자빈의 책봉이나 혼례, 과거에 관련된 의식, 궁중과 지방의 잔치 등을 포함하였다. 빈례는 중국의 사신이나 일본 및 유구(流球), 여진족(女眞族) 등의 사신을 맞이하는 의식, 군례는 각종 군사 훈련을 규정한 의식, 흉례는 왕실의 상례와 장례에 관련된 의식을 가리킨다. 이러한 오례에 대한 기본적인 규정이 『국조오례의(國朝五禮儀)』로 정리되었다. 그러나 매번 행사 때마다 사정이 달라서 『국조오례의』의 규정만으로는 상세한 행사의 내용을 모두 실행하기 어려웠다. 또한 『국조오례의』 이외의 주요 행사를 수행하는 경우도 있었다. 이에 매번 의식 행사를 치르고 나서 그 전말을 상세히 기록해둠으로써 후일 유사한 일을 치를 때 참조하도록 한 기록이 의궤이다. 주요 의식 행사를 치를 일이 생기면 이를 담당한 임시 기구를 만드는데, 이를 도감(都監)이라고 한다. 도감은 일에 따라 다르기는 하나 대체로 도감을 총괄적으로 지휘하는 도제조(都提調)와 그 아래 도제조를 돕는 제조(提調)들이 있고, 일을 총괄하는 기구로서 도청(都廳)과 실무를 분담하는 일방(一房), 이방(二房), 삼방(三房) 등의 각방(各房)이 있어 각각 당상(堂上)과 당하관(堂下官) 실무 책임자인 낭청(郎廳)이 배치되며, 그 아래 실무를 수행하는 감조관(監造官) 등 여러 하급 행정직, 기술직, 그리고 노비인 도예(徒隷)들이 배치된다. 도감은 맡은 일이 끝나면 해체되는데, 그 무렵에 도감 자체로 하거나 또는 별도의 의궤 작성을 담당하는 기구를 설치하여 도감에서 일을 맡아 수행한 전 과정에 관련된 내용을 종합 정리하여 의궤를 작성한다. 의궤를 작성하는 데는 도감에서 일의 진행 과정에서 작성한 등록(謄錄)을 기본 자료로 하여 기타 관련 자료를 수합하여 체제에 맞추어 정리한다. 일의 출발점을 이루는 왕명(王命)을 정리한 전교(傳敎), 관원들이 왕에게 올린 문서인 계사(啓辭), 상하 동급의 여러 관련 관서와 주고받은 문서를 모은 이문(移文), 내관(來關), 감결(甘結)과 인원 및 물자의 조달 및 배정, 경비의 수입과 지출, 각종 기물 및 시설의 내역과 도면 등의 그림, 관련자들의 명단을 적은 좌목(座目), 그리고 행사에 참여하는 사람들의 배치도인 반차도(班次圖), 행사가 끝난 뒤에 시행한 포상에 이르기까지 제반 내용이 매우 상세하게 기록되어 있다.

　의궤는 『화성성역의궤(華城城役儀軌)』처럼 특별한 경우에는 간행을 하기도 하지만 대개는 필사본으로 작성한다. 왕에게 바치는 어람용(御覽用)을 비롯하여 관련 관서에 배포할 것, 사고(史庫)에 보관할 것을 포함하여 여러 건(件)을 작성하는데, 대개 8~10부 정도를 작성한다. 어람용은 다른 것에 비해서 그 크기를 크게 하고, 종이를 좋은 것으로 쓰며, 표지를 무늬가 있는 비단으로 싸고, 고정용 변철(邊鐵)을 놋쇠로 하여 문양을 넣고, 박을정(朴乙釘)이라는 못을 쓰는 등 장정(裝幀)을 고급스럽게 한다. 의궤는 조선 태조대부터 작성된 것으로 기록에서 확인되지만, 현재 남아 있는 것으로는 선조대에 선조의 첫째 왕비인 의인왕후(懿仁王后) 박씨의 국장(國葬) 과정을 정리한 『빈전혼전도감의궤(殯殿魂殿都監儀軌)』와 『산릉도감의궤(山陵都監儀軌)』가 가장 앞선 것이다. 현재 선조 이후 작성한 의궤는 총 705종이 확인되는데, 규장각(奎章閣)에 553종, 장서각(藏書閣)에 293종, 프랑스 파리 국립 도서관에 191종, 일본 궁내청(宮內廳)에 69종이 있으며, 68종은 분실되었다. 파리 국립 도서관 소장본은 1866년 병인양요(丙寅洋擾) 당시 프랑스군이 약탈해 간 것이며, 일본 궁내청 소장본은 오대산(五臺山) 사고에 소장되어 있던 것인데, 1922년 조선 총독부(朝鮮總督府)가 일본 정부에 기증하는 형식으로 반출해 간 것이다. 의궤는 각 행사의 진행 과정과 절차만이 아니라 관련 관서 사이의 행정 처리, 인원과 물자의 동원, 각종 기물과 시설물의 실상과 그것을 만든 당대의 기술 수준 등에 대해서 그 어느 자료보다도 풍부하고도 상세한 내용을 담고 있다. 그뿐 아니라 의궤를 만드는 과정과 기록으로서 치밀하고 정확함으로 볼 때, 의궤는 조선 왕조 기록 문화의 정수를 보여주는 기록물이다.

의송(議送)

조선 시대 사인(私人)이 관찰사·순찰사 등에게 올리는 민원서(民願書)이다. 소장(訴狀)·청원서·진정서 등이 있다. 소지류(所志類)에 속하며, 서식에 있어서도 등장(等狀)·단자(單子)·상서(上書) 등과는 차이가 있으나 소지와는 가깝다.

입안(立案)

조선 시대 관부(官府)에서 개인의 청원에 따라 발급하는 문서이다. 개인의 청원에 따라 매매·양도·결송(決訟)·입후(立後) 등의 사실을 관(官)에서 확인하고, 이를 인증해주기 위해 발급하는 문서이다. 예를 들면, 토지·가옥·노비나 그 밖의 재산의 매매·양도 등의 사유가 발생했을 때 취득자가 관에 입안을 신청하면 관에서는 재주(財主)와 증인·필집(筆執), 또는 관계인의 진술을 받아 확인한 다음 입안을 만들어주었다. 이러한 입안 제도는 고려 시대에도 있었고, 조선 시대에도 법제적으로는 계속 실시되고 있었다.

입후성문(立後成文)

조선 시대 양자(養子)를 세울 때 작성하는 문서이다. 조상의 제사를 중시하는 유교적 규범 아래에서 종가(宗家)나 가계의 계승은 중요한 일이었다. 고려 시대에는 이성(異姓)으로 양자를 삼거나 외손으로 계후(繼後)하는 것이 일반적으로 행해졌으나, 유교적인 의례·제도의 확립을 위하여 힘쓰던 조선 세종대에 이르러 사대부의 양자입사(養子立嗣)에 관한 대강(大綱)이 제정되었고, 『경국대전(經國大典)』에 이르러 입후에 관한 법제가 확정되었다. 이에 따라 사대부가의 입후는 예조의 입안(立案)을 받았다. 예조에서는 입후에 관한 입안을 일일이 등록하였는데, 현재 『계후등록(繼後謄錄)』이 전해지고 있다. 입후하는 일에 신중하였던 것은 봉사하는 일은 물론이고, 뒤에 재산 상속상의 분쟁이 일어날 수도 있었기 때문이다.

ㅈ

자매문기(自賣文記)

조선 시대 자기 자신 또는 처자를 노비로 팔기 위해서 작성하던 문서이다. 조선 후기의 신분 이동은 대개 천인 신분에서 양인 신분으로, 양인 신분에서 양반 신분으로의 상승 이동으로 인식되어왔다. 속량문기(贖良文記)는 노비 신분에서 양인 신분으로 상승 이동하는 문서이다. 반면, 극심한 빈곤이나 부채를 이기지 못하여 처자를 노비로 팔아넘기거나 자신과 처자를 모두 노비로 파는 경우도 많았고, 어린 딸을 대가도 받지 않고 고공비(雇工婢)로 넘기기도 하였다. 이와 같은 현상은 조선 후기 신분 상승 이동 추세와는 반대되는 것으로서, 자매문기는 바로 신분 하강 이동 문서라 할 수 있다.

장계(狀啓)

조선 시대 관찰사·병사·수사 등 왕명(王命)을 받고 외방에 나가 있는 신하가 자기 관하의 중요한 일을 왕에게 보고하거나 청하는 문서이다. 장계는 그 시대·지방의 중요한 사건을 보고 또는 청원한 것이므로 사료로서 중요한 가치가 있다. 장계는 주첩(周帖 : 두루마리)으로 하고, 합금(合襟)된

오른편에 '承政院開坼(승정원개탁)'이라 쓰고, 합금된 아래쪽에 '신서명근봉(臣署名謹封)'이라 쓴다. 즉, 장계는 승정원에서 뜯어보고 담당 승지가 이를 왕에게 올려서 왕의 재가를 받은 다음, 계하인(啓下印)을 찍고 그 장계의 내용과 관계있는 관청에 하달하게 된다. 『심양장계(瀋陽狀啓)』는 장계를 올릴 때 이를 등서하여 놓은 책이다.

정사(呈辭)

조선 시대 관원이 사정으로 말미암아 국왕에게 사직 · 휴직 · 휴가 등을 청하는 문서이다. 정사의 사유로는 병친(病親) · 신병(身病) · 근친(覲親) · 소분(掃墳) · 가토(加土) · 분황(焚黃 : 관직이 추증될 때 사령장[辭令狀]의 부본[副本]을 추증자의 무덤 앞에서 불태우던 일) · 영분(榮墳) · 귀장(歸葬) · 성혼(成婚) · 침구(鍼灸) · 목욕(沐浴) 등이 있다. 신병의 사유로 정사를 올릴 경우는 대개 사직을 청하는 내용이 되며, 그럴 경우 왕의 허락이 잘 내리지 않으면 2번, 3번 계속하여 정사를 낸다.

제사(題辭)

조선 시대 관부에 올린 민원서의 여백에 쓰는 관부의 판결문 또는 처결문이다. 뎨김[제음題音]은 수령에게 올린 민원서에 쓴 처분(處分)이고, 제사는 관찰사에게 올린 민원서인 의송(議送)의 하단 여백에 쓰는 처분이다. 제사를 쓴 뒤 의송을 제출한 사람에게 돌려주는 것은 뎨김의 경우와 같다. 의송 중에는 수령으로부터 해결을 보지 못한 민원이 상당수 있다. 제사를 받은 의송은 소송 자료로, 또는 권리나 특전의 증거 자료로서 소중히 간직되는 것이다. 의송의 제사가 길어지는 경우에는 의송의 뒷면에 계속하여 쓴다. 현재 전해지고 있는 의송은 거의 모두 제사를 받은 것이며, 제사가 없는 것은 관부에 올리지 않은 불발문서(不發文書)이다.

제음(題音, 뎨김)

백성이 관부(官府)에 제출한 소장(訴狀)·청원서·진정서에 대하여 관부에서 써주는 처분(판결문·처결문)으로, 뎨김이라고도 한다. 뎨김은 독립된 문서는 아니며, 민원서(民願書)의 왼편 아래 여백에 써서 민원서를 제출한 사람에게 돌려주게 된다. 뎨김을 받은 민원서는 소송(승소) 자료 또는 권리·특전의 증거 자료로서 소중히 간직되었다.

조보(朝報)

조선 시대 관보(官報)로, 기별·기별지(奇別紙)·조지(朝紙)·저보(邸報)·저장(邸狀)·저지(邸紙)·난보(爛報)·한경보(漢京報) 등으로도 불렸다. 조보란 조정의 소식 또는 조정에서 내는 신문이라는 뜻이다. 일반 백성들에게는 기별 또는 기별지로 통하였는데, 기별은 곧 소식이라는 뜻으로 조보가 소식을 전해주었기 때문이다. 조보의 기원에 대해서 차상찬(車相瓚)은 『조광(朝光)』(1936. 11.)에 쓴 「조선신문발달사」에서 신라 시대로 추정하였으나 현재까지 알려진 조보에 관한 가장 오래된 기록은 『중종실록』 권38 중종 15년(1520) 3월 26일자에 실려 있는 기록이다. 이 조보는 중종 이후부터 고종에 이르기까지 계속 발행되었으며, 1895년 2월 『관보(官報)』로 바뀌면서 없어졌다. 승정원(承政院)에서 발행하였던 조보는 정부의 공보 매체 내지 관보의 기능을 담당하였으며, 오늘날 관보와 비슷한 성격 및 기능을 가지고 있었다. 조보에는 단순한 보도 사항인 조정의 소식보다 관민의 사상과 여론의 계도(啓導)를 위한 내용들이 더 많았다. 발행 절차는 승정원에서 국가 통치상 필요한 사건들에 대한 소식을 취사선택해 그 자료들을 산하 기관인 조보소에 내려보내면 조보소에서 이들을 발표하였다. 발표된 소식은 각 관청이나 기관으로부터 파견된 서리[기별서리奇別書吏]들이 그곳에 와서 서사(書寫)하여 각자의 기관으로 발송하였는데, 그 서사된 것이 바로 조보였다. 필사된 각각의 조보는 필사자에 따라서 그 내용과 체재가 동일하지 않았으나 처음 필사된 것은 다시 계속 복사되어 여러 산하 기관 또는 독자들에게 배포됨으로써 그 내용과 체재가 다소 변질되는 경우가 많았다. 조보의 크기는 대체로 세로 35㎝이고 길이는 일정하지 않았다. 제호나 기사의 제목도 없었으며, 발행일자[일부日附]만이 매호의 첫머리에 적혀 있다. 편집에서도 각 기사들을 사건 처리 순서에 따라 기록할 뿐이었다. 기사는 붓으로 필사하였으며, 서체는 이른바 '기별글씨'라고 불리는 특수한 초서체를 사용하였다. 사용 문자는 한문이었으나 모든 문장이 한문식 표현은 아니었고, 이두식 표현을 섞어 쓰기도 하였다. 당시의 인쇄 기술 수준으로 볼 때 조보는 충분히 인쇄될 수도 있었으나, 인쇄하자는 신하들의 논의를 왕이 여러 번 묵살한 것으로 보아 그 배포 범위를 제한·통제하기 위해 의도적으로 필사만 하게 했던 것 같다. 또, 왕은 조보의 내용까지 엄격히 통제해 게재할 사항들과 게재해서는 안 될 사항들을 직접 지시하기도 하였다. 1578년(선조 11) 민간인들이 생계를 위한 방편의 하나로 이른바 민간 조보를 인쇄하여 발행한 사건이 발생하자, 선조는 곧 그 발행을 중단시키고 관련자들을 모두 유배시켰다. 조보의 배포 범위는 원칙적으로는 삼공(三公 : 삼정승)·판서·한성부윤 및 기타 중앙관의 서장, 그리고 지방의 절도사·병마절도사 등 현직 및 전직 고급 관리들에게만 배포하도록 하였다. 그러나 실제로는 비공식적으로 일부 사대부들까지도 볼 수 있었던 것 같으며, 조선 말기에는 일반 양반들도 기별서리나 조보를 배포하던 기별군사(奇別軍士)들에게 돈을 주고 이를 입수해 읽기도 하였다고 한다. 그러나 일반 대중과는 거의 관계가 없었기 때문에 그 영향의 범위도 적었다. 한편, 사대부들에게는 조정의 정사에 관한 관심을 어느 정도 만족시켜줌으로써 오늘날의 신문과 같은 기능도 담당하였다.

ㅊ

차자(箚子)

조선 시대 관료가 국왕에게 올리는 간단한 서식의 상소문이다. 언론을 직책으로 하는 사간원(司諫院)과 홍문관(弘文館)에서 많이 사용하였다. 차자도 상소문과 같이 원본은 찾아보기 어려우나, 초본(草本)이 남아 있는 경우를 볼 수 있으며, 실록(實錄) 등 관찬 사료와 문집 등에 전재된 것은 흔히 볼 수 있다.

처녀단자(處女單子)

나라에 간택령이 내렸을 때 그 후보가 될 만한 사족(士族) 처녀의 이름을 써서 올리는 단자이다. 그 서식은 확실하지 않으나, 해당 가문의 내외사조(內外四祖) 또는 그 가문의 현관(顯官) 유무, 가족 상황, 처녀의 나이 등이 기재되었을 것으로 추측된다.

첩정(牒呈)

조선 시대 하급 관아에서 상급 관아에 올리는 문서이다. 관청 문서 가운데 가장 많은 문서로, 첩정은 현재 고문서로서 전해지고 있는 것도 상당히 많이 있다. 또 문서는 없어졌으나 그 내용을 베껴놓은 등록(謄錄)도 많이 남아 있다. 향유사(鄕有司)나 면임(面任)이 수령에게 올리는 문서도 첩정의 서식을 쓴다.

초기(草記)

조선 시대 각 관서(官署)에서 국왕에게 올리는 문서이다. 정무상 중대하지 않은 사항을 그 내용만 간단히 적어 올리는 서식이다. 수령도 국왕에게 초기를 올릴 수 있다. 초기는 담당 승지에 의하여 국왕에게 올려지는데, 국왕은 이를 살펴보고 처분을 내리게 되며, 초기의 내용과 관련있는 관서에 하달하게 된다. 현존하는 고문서 가운데 여러 건이 남아 있는데, 이러한 자료들은 당시 정치 및 행정이 이루어지는 생생한 모습을 보여주는 흥미 있는 문서이다.

초료(草料, 초장草狀)

관원(官員)이 공무로 여행할 때에 경유하는 길의 각 관(官)과 역참(驛站)에 대하여 마필(馬匹)과 숙식 등의 제공을 명령하는 문서이다. 초료를 받을 수 있는 사람은, 군관(軍官)·환관(宦官)·솔가(率家)하지 않은 진장(鎭將)·평안도박천이서(平安道博川以西)와 영안도홍원이북(永安道洪原以北)의 수령(守令)과 그 가속(家屬)·교관(敎官)·귀향자제(歸鄕子弟)·공물압령인(貢物押領人)·각영(各營)에서 출사(出使)하여 경(京)에 이르는 사람 등이다. 여행이 끝난 후 초료장(草料狀)은 병조(兵曹)나 기영(畿營) 등에 반납하였다.

추안(推案)

추국청(推鞫廳)에서 반역 사건 관련자들을 심문한 기록이다. 심문 항목인 문목(問目)과 진술, 신문(訊問) 과정, 최종 판결문의 성격을 띤 결안(結案) 등으로 구성된다. 원래 각각의 문서였으나, 추국청에서 등록(謄錄)처럼 성책(成冊)하여 관리하였다. 국안(鞫案)이라고도 하는데, 추안은 실록 편찬의 자료로 이용되기도 하였다.

춘추관(春秋館)

춘추관은 조선 시대 당대의 정치를 기록하는 일을 관장하던 정3품 아문(衙門)이다. 그 구성 관원은 모두 문관(文官)만을 썼으며, 춘추관의 관직은 모두 다른 관직을 갖고 있는 관원들이 겸대(兼帶), 곧 겸직(兼職)으로 담당하게 하였다. 이는 다른 관서(官署)에서는 볼 수 없는 춘추관만의 특성이었다. 이렇게 된 이유는 정부 주요 기관마다 겸직으로 담당 관원을 두어 국가 기록을 관리하려고 했기 때문이다. 그리고 직접 사초(史草) 작성을 맡았던 전임 사관인 한림(翰林)은 예문관(藝文館) 소속으로 배치하여 춘추관을 겸직하게 했다. 춘추관의 관직은 정1품 영의정이 맡는 영사(領事) 1명, 정1품 좌의정과 우의정이 맡는 감사(監事) 2명, 정2품 관원이 맡는 지사(知事) 2명, 종2품 관원이 맡는 동지사(同知事) 2명과 정3품의 수찬관(修撰官, 정3품), 정3품에서 종4품까지가 임명되는 편수관(編修官), 정5품과 종5품이 임명되는 기주관(記注官), 정6품에서부터 정9품까지 임명되는 기사관(記事官) 등으로 구성된다. 이 가운데 편수관 이하가 실무를 담당하는 관직이다. 의정부(議政府)의 사인(舍人)과 검상(檢詳), 예문관의 봉교(奉敎) 이하 대교(待敎)와 검열(檢閱)과 세자시강원(世子侍講院)의 당하관(堂下官) 2명, 사헌부(司憲府)의 집의(執義) 이하 관원, 사간원(司諫院)·승문원(承文院)·종부시(宗簿寺)·육조(六曹)에서 각각 당하관 1명씩을 뽑아 각각 자기 품계에 맞추어 겸대(兼帶)하게 하였다.

토지문기(土地文記, 전답문권田畓文券)

토지 거래에 대한 매매 계약서이다. 때로 토지를 상환하거나 권매(權賣)하는 경우도 있다. 토지의 매매는 고려 시대 이전에도 때에 따라 또는 경우에 따라 있었으나, 조선 초에는 과전법(科田法) 실시 초기여서 상속을 제외한 일체의 토지 처분 행위가 금지되었다. 토지의 매매가 허용된 것은 1424년(세종 6)부터였다.

포폄단자(褒貶單子)

관원의 근무 성적을 매겨서 보고하는 문서이다. 경관(京官)은 그 관부의 당상관(堂上官)·제조(提調)·속조(屬曹)의 당상관이, 외관(外官)은 관찰사가 매년 6월 15일과 12월 15일에 차례를 매겨서 계문(啓聞)한다.[經國大典 卷1 吏典 褒貶條] 포폄단자도 실제의 문서는 찾아보기 어렵다.

ㅎ

행장(行狀)

조선 시대 통교무역자(通交貿易者)의 입국 증명서이다. 본래 중국의 외이기미책(外夷羈縻策)에서 유래된 것이다. 중국에서는 문인(文引)·노인(路引)이라 하였는데, 행장은 조선에서 만든 것으로 보인다. 처음에는 고려 중기부터 여진인(女眞人)을 회유하기 위하여 사용되었고, 조선 건국 후에는 태조 때부터 동북면과 서북면에서 월경(越境)·밀매하는 자와 승려로서 몰래 월경하는 자를 단속하기 위하여 이를 만들어주었으며, 태종 때에는 제주도에 출입하는 상인에게 거주지의 관청에서 이를 만들어주었다.

허여문기(許與文記, 허급문기許給文記)

전통 시대의 재산 상속 문서이다. 허여(許與)는 허급(許給)이라고도 한다. 재주(財主)가 직계 존속인 경우도 있으나, 방계(傍系) 및 인척인 경우도 있었다. 즉, 부조(父祖)뿐 아니라 삼촌·외삼촌·장인 등으로부터 토지·노비 등 재산을 받는 경우가 있었다. 허여문기는 분급문기(分給文記)·화회문기(和會文記)와 같이 정식의 재산 상속 문서는 아니며, 별급문기(別給文記)와 같이 특별한 사유로 허여하는 것도 아니므로, 허여한 뒤 그 재산을 둘

러싸고 분쟁이 일어날 가능성이 많았다. 부조에 의한 허여라도 뒤에 자손 간에 분쟁의 가능성이 있는 것이며, 특히 방계 및 인척에 의한 허여의 경우 분쟁의 가능성이 더욱 많았다. 따라서 고려 말~조선 전기에 있어서 허여문기는 관부의 입안(立案, 공증公證)을 받았다.

호구단자

장적(帳籍 : 호적대장)을 개수하기 위해 각 호(戶)에서 호구 상황을 적어 관부에 제출하는, 호구 신고서의 성격을 띠는 문서이다. 장적은 우리나라와 중국에서 일찍부터 작성되었고, 대개 3년에 1번 개수하였다. 호주가 호구단자 2부를 작성해 올리면 이임(里任)·면임(面任)의 검사를 거쳐 주(州)·군(郡)에 보낸다. 주·군에서는 구장적(舊帳籍) 또는 관계 서류와 대조해 사실 여부를 확인한 다음, 1부는 단자를 올린 호주에게 다시 주어 보관하게 하고, 1부는 장적을 개수하는 데 자료로 이용하였다.

홍패(紅牌)

국가에서 과거에 급제한 자에게 발급한 급제 증서이다. 고려 시대의 홍패에는 급제자의 이름과 급제의 구분(을과乙科·병과丙科·동진사同進士·은사恩賜·명경업明經業 등)·연대·시관 등이 기록되어 있는데, 기록에 의하면 1102년(숙종 7) 을과 급제자에게 홍패와 안마(鞍馬)를 주었다고 하는 것이 고려 시대 최초의 예이고, 1205년(희종 1)에 급제한 장양수(張良守)의 홍패가 있으며, 1305년(충렬왕 31)에 급제한 장계(張桂)의 홍패가 보물 제501호로 지정되어 있다. 14세기의 것으로는 1355년(공민왕 4) 동진사에 급제한 양이명(楊以明)의 홍패와 1376년(우왕 2) 을과 제2인으로 급제한 양수생(楊首生)의 홍패가 있으며, 1330년(충숙왕 17)에 급제한 이자수(李自脩)의 잡과 홍패가 있다. 이러한 것들은 고려 시대 홍패 수여의 범위가 매우 넓었던 것을 알려주는 좋은 예이다. 이에 비하여 조선 시대는 홍패의 수여 범위가 극히 제한되어 문과·무과의 전시(殿試) 급제자에게만 주었다.

화회문기(和會文記)

재산 상속에 관한 문서이다. 노비·토지 등의 재산은 재주(財主, 부父)가 살아 있을 때 자녀들에게 분급하는 경우도 있으나, 재주가 재산을 분급해 주지 못하고 죽는 경우가 많았다. 이러한 경우 재주 사후에 그 자녀들이 모여 합의[화회和會]하여 재산을 분배하게 된다. 이와 같이, 재주 사후에 부인과 자녀에 의하여, 또는 부모가 모두 죽은 뒤에 그 자녀들의 합의에 의하여 재산을 분배할 때 작성하는 문서가 화회문기이다. 자녀들이 재산을 나눌 때 재주의 유서나 유언이 남아 있으면 이에 근거하여 분재가 되었으나, 그렇지 못한 경우에는 형제자매들이 모여서 합의하여 분깃[분급 分衿, 재산 몫을 나눔]하였다.

화회문기는 대개 재주 사후 3년상을 마친 뒤에 형제자매들이 모여 작성하였다. 부모 생시에 분깃하고 남은 재산과 화회분깃한 후에 나타난 재산도 다시 합의하여 분깃하면서 작성할 경우에도 화회문기라고 한다.

부록

분류 색인 | 영어 색인 | 참고 문헌

기록학 용어 사전

분.류.색.인

1 기본 용어

한국어	영어	쪽
개인 기록	personal papers	17
고립 기록건	discrete items	23
공공 기록	public records	24
공공 보존 기록관	public archives	25
공식 기록	official records	29
관리 연속성	chain of custody	31
구술 기록	oral history	32
국립 보존 기록관	national archives	34
기간 기록(基幹記錄) → 필수 기록		40
기관 부설 보존 기록관	in-house archives; institutional archives	40
기능 승계	functional sovereignty	45
기능 요건	functional requirements	46
기능적 권한 승계 → 기능 승계		46
기능 출처 주의	functional provenance	47
기록	records	48
기록건	records item	49
기록 관리	records management; records keeping	50
기록 관리 연락관	records liaison officer	53
기록 관리자	records manager	53
기록 관리 체제	recordkeeping regime	54
기록군	records group	55
기록권	part; volume	55
기록 매니저 → 기록 관리자		56
기록 생애 주기	records lifecycle	57
기록 센터	records center	57
기록 시리즈	series	57
기록철	file; records file	62
기록학	archival science; archival studies; archivistics; archivology	63
기업 보존 기록관	business archives; company archives	66
다큐멘테이션 → 도큐멘테이션		71
단명 자료	ephemera	72
단체 보존 기록관	corporate archives	73
도면	map	83
도상 기록	iconographic records	84
도큐멘테이션	documentation	85
레코드 매니저 → 기록 관리자		92
레코드 센터 → 기록 센터		93
레코드키핑(recordkeeping) → 기록 관리		93

매뉴스크립트	manuscripts	95
매뉴스크립트 그룹(manuscript group) → 매뉴스크립트 컬렉션		95
매뉴스크립트 보존소	manuscript repository; collecting archives	96
매뉴스크립트 컬렉션	manuscript collection	96
매뉴스크립트 큐레이터	manuscript curator	96
매체	medium	97
모범 실무	best practice	98
문건 → 기록건		99
문서	document	99
문서학	diplomatics	102
문자 기록	textual records	102
문화 기관	cultural organizations	103
민간 기록	private records	111
민간 보존 기록관	private archives	111
보유 기록 조사	inventory; inventorying	118
보유 기록 조사 목록	inventory	118
보존 기록	archives	118
보존 기록관	archives	120
보존 기록 관리	archival management	121
보존 기록관 후원회	Friends of the Archives	121
보존 기록 속성	archival nature	122
불편 부당성	impartiality	133
비공개 기록	closed records; restricted records	134
비공개 기록철	closed files	134
비기록	non-records materials	135
비기록 폐기	culling	135
비문자 기록	nontextual records	135
비밀 기록	secret records; confidential records; classified records	136
비밀 재지정	re-classification	136
비밀 해제	declassification	137
비상 계획	emergency plan	137
비현용 기록	non-current records; non-active records	138
비현용 기록 관리	non-current records management	139
사안 철	case file; subject file; transaction file; project file; dossier	143
사안 파일 → 사안 철		143
상호 연관성 → 보존 기록 속성		145
서무 기록(housekeeping records) → 일반 행정 기록		148

설명 책임	accountability	148
수집형 보존 기록관	collecting archives	152
시리즈 → 기록 시리즈		153
시청각 기록	audiovisual records	153
아이템 → 기록건		156
아키비스트	archivist	156
업무용 사본	office file; office copy	160
영구 기록	permanent records	163
원본 대조필 사본 → 진본 확인 사본		169
원본 사본 → 중복 원본		169
원질서	original order	169
원질서 존중 원칙	respect for original order; registry principle	170
원천 문서	source document	170
유기적 컬렉션	organic collection	172
유일성 → 보존 기록 속성		173
이탈 기록	estray	176
이탈 보존 기록	fugitive archives	176
인사 기록	personnel records	178
인수	accession	178
인수 목록	inventory	179
인위적 컬렉션	artificial collection	179
일반 행정 기록	administrative records; operational records	181
자연성 → 보존 기록 속성		188
작업 문서	working document	188
장수 매기기	foliation	189
재고 목록 → 보유 기록 조사 목록		189
재고 목록 작성 → 인벤토리		189
재난 대비 계획	disaster plan	189
정보 관리	information management	216
정보 관리 시스템	information management system; information system	216
정보 자원 관리	information resources management	217
종결 → 기록철 종결		224
종결 기록군	closed records group	224
종결 기록철	closed file; closed folder	224
준현용 기록	semi-current records; semi-active records	226
중복 원본	duplicate original	231
중앙 관리 기록	central files; central records	231
지역 출처	territorial provenance	236

진본 확인 사본	authentic copy	241
진행 기록철	open file	241
집합적 기록군	collective records group	242
처리 미정 기록 → 가변 시점 처분 기록		244
총무 기록군	general records group	248
최선의 실무 → 모범 실무		248
추가 이관 → 추가 인수 기록		249
추가 인수 기록	accretion; accrual	249
출처	provenance	250
출처 주의	principle of provenance	250
컬렉션	collection	256
토탈 보존 기록관	total archives	260
파기 → 폐기		262
파일	file	262
폐기	destruction, disposal	267
폴더	folder	268
퐁	fonds	268
필수 기록	essential records; vital records	271
필수 기록 관리	essential records program; vital records management	272
필수 기록 사본	security copy	273
하드 카피	hard copy	274
하위 기록군	subgroup	274
하위 기록 시리즈	sub-series	274
하위 퐁 → 하위 기록군		275
학교 기록관	educational institution archives	275
한시 기록	temporary records; disposable records	275
현용 기록	current records; active records; records	278
현용 기록 관리 → 기록 관리		279
ISO 15489(국제 기록 관리 표준)		292

2 평가

가변 시점 처분 기록	contingent records	15
거시 평가	macro appraisal	18
계속 위탁	open-ended deposit	22
계속적 가치 → 지속적 가치		23
공통 기록 보존 기간표 → 공통 기록 처분 지침		30

한국어	영어	쪽
공통 기록 처리 일정표 → 공통 기록 처분 지침		30
공통 기록 처분 지침	common records schedule; general records schedule; general disposal schedule; general disposal authority	30
규칙적 표본 추출	systematic sampling	39
금전적 가치	monetary value	40
기능 분석 → 평가		45
기능 적절성	functional pertinence	46
기능 평가	functional appraisal	47
기록 가치 → 1차 가치, 2차 가치		49
기록 생산 현황 조사 → 기록 조사		57
기록 시장 가치론	market value theory	58
기록 조사	records survey	61
기록화 계획	documentation planning	63
기증	donation	67
기증서	deed of gift	67
도큐멘테이션 계획 → 기록화 계획		85
도큐멘테이션 전략	documentation strategy	85
리드	lead	93
물리적 보관권	physical custody	103
미네소타 평가 방법	Minnesota method	109
미시 평가	micro appraisal	110
방임 선별 주의	archival darwinism	113
법무 가치	legal value	115
법적 가치 → 법무 가치		115
법적 보관권	legal custody	115
보관권	custody	116
보유 기간	retention period	117
보유 일정표 → 처분 지침, 보유 기간		118
보존 기록 가치	archival value; permanent value; enduring value	119
비용 타당성 분석	cost-benefit analysis	138
소유권 양도 불가성	inalienability	150
소장 기록 분석	collection analysis	150
수집	acquisition	151
수집 정책	acquisition policy	152
실물 가치	intrinsic value	155
약정 위탁	timed deposit	159
업무 가치	administrative value; operational value	159

한글	영문	쪽
예시 표본 추출 → 평가 표본 추출		168
예외 표본 추출 → 평가 표본 추출		168
위탁	deposit	171
위탁 계약서	deposit agreement	172
이관	transfer	173
이관 보류		174
2차 가치	secondary value	176
일반 기록 처리 일정표 → 공통 기록 처분 지침		180
1차 가치	primary value	183
장서 개발 → 컬렉션 개발		188
재무 가치	fiscal value	190
재정 가치 → 재무 가치		190
재평가	reappraisal	190
전형 표본 추출 → 평가 표본 추출		205
정보 가치	informational value	210
정보 가치 모듈 → 미시 평가		210
제적	deaccessioning	222
준영구 위탁	semi-permanent deposit	225
증거 가치	evidential value	235
지속적 가치	continuing value; enduring value	235
처분	disposition; disposal	244
처분 동결 기록	frozen records	245
처분 동결 명령	hold order	246
처분 명령	disposition instruction	246
처분 목록	disposal list	246
처분 일자	disposal date; disposition date	246
처분 지침	disposal authority; disposal schedule; disposition authority; records schedule; retention schedule	246
처분 판정	sentencing	247
컬렉션 개발	collection development	257
평가	appraisal	264
평가 표본 추출	appraisal sampling	266
하향식 평가	top-down appraisal	275
환수	replevin	283

3 분류·기술

한글	영문	쪽
개념 색인 작업	concept indexing	17
개인 이력	biographical history; biographical note	17
검색 도구	finding aid	19
국제 기록 관리 메타데이터 표준 → ISO 23081		35
국제 기록 전거 레코드 규칙	ISAAR(CPF)(International Standard Archival Authority Record for Corporate Bodies, Persons and Families)	36
국제 보존 기록 기술 규칙	ISAD(G)(General International Standard Archival Description)	37
권말 색인 → 색인		38
규모 → 기록 규모		39
기계 가독형 목록 → MARC		40
기능	function	41
기능 분류	functional classification	44
기능 시소러스	function thesaurus	45
기록 관리 메타데이터 표준 → ISO 23081		52
기록 관리 이력	archival history	53
기록 규모	extent	56
기록 분류 체계 → 파일 플랜		57
기록의 결합 관계	archival bond	60
기록 제공처	immediate source of acquisition or transfer	61
기록철 종결	closing records folder; closing records part	62
기술	description	63
기술 계층	level of description	64
기술 규칙	descriptive standard	64
기술 수준	level of description	65
기술 요소	descriptive element	65
기술의 깊이	depth of description	66
기술 일자	date(s) of descriptions	66
기술 표준 → 기술 규칙		66
다계층 기술 규칙	multi-level description rule	71
대등 제목	alternative title	78
디스크립터	descriptor	87
물리적 통제	physical control	104
물리적 특성과 기술적 요구 사항	physical characteristics and technical	104

	requirements	
(미국) 보존 기록 기술 규칙	DACS(Describing Archives: A Component Standard)	107
범위와 내용 주기	scope and content note	114
범위 주기	scope note	114
별서명 → 대등 제목		116
복합 색인어	complex entry	129
부울 논리 → 불 연산		130
분류	classification	130
분류 색인	classified index	131
분류 체계	classification plan; classification scheme	131
분류표 → 분류 체계		131
분철	cutoff; file break	132
불 연산	Boolean logic	133
상세 자료 유형	SMD(specific material designation)	145
색인	index	145
색인 목록	records item list in file cover	146
색인 작성	indexing	146
생산 시기	inclusive dates; span dates; date range	147
생산자	creator	147
시소러스	thesaurus	153
아키비스트 주기	archivist's note	157
(영국) 보존 기록 기술 규칙	MAD(Manual of Archival Description)	167
영미 목록 규칙	AACR(Anglo-American Cataloguing Rules); AACR2; AACR2R	168
인벤토리	inventory	178
일반 자료 유형	GMD(general material designation)	180
일지형 목록	calendar	183
재생산 조건	conditions governing reproduction	190
전거 레코드	authority record	193
전거 제어	authority control	194
전거 파일	authority file	194
전조합 색인 → 색인 작성		203
정리	arrangement	208
정리 계층	level of arrangement	209
정리 체계	system of arrangement	210
제목	title	221
주기	note	224
주요 생산 시기	bulk dates	224

주제명 표목	subject heading	225
지적 통제	intellectual control	236
집중 생산 시기 → 주요 생산 시기		242
참조 기호	reference code	243
출판 주기	publication note	251
(캐나다) 보존 기록 기술 규칙	RAD(Rules for Archival Description)	256
캘린더 → 일지형 목록		256
컷오프 → 분철		258
키워드	keyword	258
키워드 AAA → Keyword AAA		258
통제 어휘집	controlled vocabulary	260
파일 플랜	file plan; filing system	262
편철	filing	264
표목	heading	269
표제 → 제목		269
한국 목록 규칙	KCR(Korean Cataloging Rules)	275
행정 연혁	administrative history	277
행정적 통제	administrative control	277
후조합 색인 → 색인 작성		284
A2A 데이터베이스	A2A Database(Access to Archives Database)	285
AACR(Anglo-American Cataloguing Rules) → 영미 목록 규칙		285
APPM(Archives, Personal Papers, and Manuscripts)		286
ARCHON Directory		286
CUSTARD → 보존 기록 기술에 관한 북미 프로젝트		288
DACS → (미국) 보존 기록 기술 규칙		288
GMD(General Material Designation) → 일반 자료 유형		290
ISAAR(CPF)(International Standard Archival Authority Record for Corporate Bodies, Persons and Families) → 국제 기록 전거 레코드 규칙		292
ISAD(G)(General International Standard Archival Description) → 국제 보존 기록 기술 규칙		292
ISO 23081(국제 기록 관리 메타데이터 표준)		294
MAD(Manual of Archival Description) → (영국) 보존 기록 기술 규칙		295
MARC(Machine Readable Cataloging)		295
MARC AMC(MARC Format for Archival and Manuscripts Control)		296
RAD(Rules for Archival Description) → (캐나다) 보존 기록 기술 규칙		299
SMD(specific material designation) → 상세 자료 유형		299

4 서비스

한국어	영어	쪽
가이드	guide	16
검색	retrieval	19
검색 효율	retrieval effectiveness	20
공정 사용	fair use	29
대출	loan	80
대출 처리	chargeout	80
보안	security	116
보안 분류	security classification	117
사본	copy	143
열람실	research room; reading room; reference room; search room	162
열람용 기록 사본철 → 열람용 사본		162
열람용 사본	convenience copies; convenience file; crutch file	162
온라인 기록 서비스	online records service	168
이용자 서비스	public services	175
이용자 연구	user study	175
이용 허가	clearance	175
재현율 → 검색 효율		191
저작권	copyright	191
전시	exhibit	195
전자 정보 공개법	EFOIA(Electronic Freedom of Information Act)	202
접근	access	206
접근성	accessibility	206
접근점	access point	207
접근 제한	access restriction; access control	207
접근 통제	access control	207
접근 허가	access	208
정보 공개법	FOIA(Freedom of Information Act)	210
정보 자유법 → 정보 공개법		217
정보 제공 면담	reference interview	217
정보 제공 서비스	reference service	218
정보 제공 아키비스트	reference archivist	218
정확률 → 검색 효율		221
제한 공개	confidential	222

363

한국어	영어	쪽
참고 사본	reference copy	243
출처 접근	provenance access	250
출판	publishing; compilation	251
편찬	publishing; compilation	263
확장 서비스	outreach program	282

5 경영

한국어	영어	쪽
경영	management of archival institution	21
경영자	manager	21
경영 환경	organizational environment	21
기술 서비스	technical services	65
마케팅	marketing	95
사명	mission	141
사명문	archival mission statement	142
인적 자원 관리	human resources management	179
자문 위원회	archives advisory committee	187
전략적 경영	strategic management	195
전문 직원	professionals	195
조직 구조	organizational structure	223
조직 도표	organizational chart	223
준전문 직원	paraprofessionals	225
직무 기술	job description	237
CIO(Chief Information Officer)		287

6 전자 기록

한국어	영어	쪽
가용성	usability	16
감사 증적	audit trail	16
기능 모형	functional model	42
기록 관리 시스템	records management system	52
기록 연속성	records continuum	58
기록 정보 관리	RIM(records and information management)	60
데이터세트	dataset	82
데이터세트 아카이빙	dataset archiving	83
디지털	digital	88
디지털 보존 → 디지털 아카이빙		88

디지털 시간 인증	digital time-stamping	88
디지털 아카이빙	digital archiving	88
디지털 워터마크	digital watermark	90
디지털 유산	digital heritage	90
디지털 자원	digital resources	91
레코드 레이아웃	record layout	92
레코드키핑 시스템(recordkeeping system) → 기록 관리 시스템		93
마이그레이션	migration	94
매체 전환	reformatting	97
메타데이터	metadata	97
무결성	integrity	98
(미국) 국방부 전자 기록 관리 시스템 설계 표준	Design Criteria Standard for Electronic Records Management Software Applications	106
보존 메타데이터	preservation metadata	123
보존 전략	preservation strategies	127
복합 문서	compound document	129
빅토리아 주 전자 기록 관리 전략	VERS(Victorian Electronic Records Strategy)	139
사용자 인증	user authentication; user authorization	144
암호화	encryption	159
업무 분석	business process analysis	159
에뮬레이션	emulation	161
(영국) 국가 디지털 데이터세트 아카이브	NDAD(National Digital Archive Datasets)	165
(영국) 전자 기록 관리 시스템 표준	PRO Functional Requirements for Electronic Records Management Systems	167
완전성	completeness	169
웹 아카이빙	web archiving	170
(유럽연합) 전자 기록 관리 기능 요건 모형	Moreq(Model Requirements for the Management of Electronic Records)	172
이메일 아카이빙	email archiving	174
이용 가능성 → 가용성		175
인캡슐레이션	encapsulation	180
입력용 기록	input records	185
입수	ingest	185
장기적 보존	long-term preservation	188
저장	store	192
전자	electronic	196
전자 기록	electronic records; digital records	196
전자 기록 관리 시스템	electronic records management system	197

전자 기록 관리 시스템 설계 표준		198
전자 기록 아카이빙	electronic records archiving	198
전자 문서	electronic documents	198
전자 문서 관리 시스템	electronic document management system	199
전자 서명	digital signatures	199
전자 저널 아카이빙	electronic journal archiving	201
전자 정부	electronic government; e-government; digital government	203
정보 모형	information model	216
정보 시스템 → 정보 관리 시스템		217
정보 통신망	computer network	218
정보 패키지 모형	information package model	219
진본성	authenticity	237
진본 인증	certification	239
진본 확인	authentication	239
추적	tracking	249
컴퓨터 출력 레이저 디스크 → COLD		257
컴퓨터 출력 마이크로 자료 → COM		258
파트 → 기록권		263
해싱	hashing	276
획득	capture	283
COLD(Computer Output Laser Disc)		287
COM(Computer Output Microfilm)		288
DIRKS 매뉴얼	Designing and Implementing Recordkeeping Systems: A Manual for Commonwealth Agencies	289
DoD 5015.2-STD → (미국) 국방부 전자 기록 관리 시스템 설계 표준		289
EAD(Encoded Archival Description)		289
InterPARES 프로젝트	International Research on Permanent Authentic Records in Electronic Systems	291
ISO 14721 → OAIS 참조 모형		292
Keyword AAA: 공통 기능어 시소러스	Keyword AAA: Thesaurus of General Terms	295
Moreq(Model Requirements for the Management of Electronic Records) → (유럽연합) 전자 기록 관리 기능 요건 모형		297
NDAD(National Digital Archive Datasets) → (영국) 국가 디지털 데이터세트 아카이브		298
OAIS 참조 모형	Reference Model for an Open Archival Information System	298
PRO(Public Records Office)		299

PRO 전자 기록 관리 시스템 표준(PRO Functional Requirements for Electronic Records Management System) → (영국) 전자 기록 관리 시스템 표준		299
RIM(Records and Information Management) → 기록 정보 관리		299
VERS(Victorian Electronic Records Strategy) → 빅토리아 주 전자 기록 관리 전략		300
XML(eXtensible Markup Language)		300

가습	humidification	15
공조 설비	HVAC(Heating, Ventilation, Air Conditioning)	30
권한 이전 금지 → 소유권 양도 불가성		38
기대 수명	life expectancy	47
내구성	durability	68
내수성	water-proofing qualities; water-resisting qualities	69
내열성	heat-resisting property; thermal resistance	69
내절 강도		69
내화성 필름	safety film	69
냉동 건조	freeze drying	69
누수 감지기	hydrostat	70
단기 노화 시험	accelerated aging test	71
대체 보존	alternative storage	79
라미네이팅 법	lamination	92
래그 페이퍼	rag paper	92
리그닌	lignin	93
리프캐스팅	leaf-casting	93
미생물	microorganism	109
미세 환경	micro environment; micro climate	109
바스러짐	brittleness	113
보수	conservation	116
보수실	conservation laboratory	116
보존	preservation	118
보존 봉투		125
보존 상자	archives box	125
보존 용기	container	125
보존 용기 목록	container list	126
보존용 마이크로필름화	preservation microfilming	126
보존용 복사	preservation photocopying	126

7 보존

367

보존용 사본	preservation transfer copy	126
보존 용지	permanent paper	126
보존 처리	conservation	127
보존 처리 전문가	conservator	128
보존 환경 모니터	PEM(preservation environment monitor)	128
복원	restoration	128
봉입 용기	enclosures	129
분산 보존	dispersal	131
분진(粉塵)	dust	132
빛	light	140
산	acid	144
산성 전이	acid migration	144
상대 습도	relative humidity	144
상자 목록 → 보존 용기 목록		145
서가	shelves	147
서고	repository; stacks	148
세척용 패드	cleaning pad	149
세초	maceration	149
셀룰로오스	cellulose	149
소독	disinfection; fumigation	149
수복 → 복원		150
수선	repair	150
습도	humidity	153
알칼리	alkali	158
알칼리성 보존 종이	alkaline-reserve paper	158
알파 셀룰로오스	alpha cellulose	158
열화(劣化)	deterioration	162
이동식 서가	mobile racks; compact shelving; mobile shelving; mobile aisle shelving	174
인열 강도		179
임시 보관 구역	holding area; staging area	184
자외선 차단 필터	ultraviolet light filter	188
저온 보존		191
절대 습도	absolute humidity	206
제본	binding	221
제습	dehumidification	222
조습 처리(調習處理)	humidification	222
중성지	acid-free paper	231
질산 섬유소 필름	cellulose nitrate film	241

컨저베이터 → 보존 처리 전문가		256
컨테이너 리스트 → 보존 용기 목록		256
탄화 칼슘 성분	calcium carbonate reserve	259
탈산제	buffering agent	259
탈산 처리	deacidification	259
텅스텐-할로겐 등		259
통기성(通氣性)	porousness; poromeric	260
항구성 종이 → 보존 용지		276
항균성	antibiosis	276
헥토그래프	hectograph	278
황변	yellowing	283
훈증 소독	fumigation	284
흡습제		284

8 국내 법률 및 제도

개인 정보 보호법	Privacy Act	18
공개 재분류	access re-review	23
공고 문서 → 공문서		24
공문서	official document	25
공문서 규정(1950)		26
공문서 보관·보존 규정(1963)		27
공문서 보존 기간 종별 책정 기준 등에 관한 규칙(1979)		27
공문서 보존 기간 종별 책정 기준에 관한 건(1964)		27
공문서 분류 및 보존에 관한 규칙(1992)		28
관리 내역 문서 → 관리 통제 기록		31
관리 통제 기록	control records; control documentation	31
관인	official seal	31
국가 기록 관리 위원회		32
국가 기록물 관리 위원회 → 국가 기록 관리 위원회		33
국가 기록원	National Archives & Records Service	33
기록관	records center	50
기록 관리 기준표		52
기록물 등록 대장 → 등록부		56
기록물 분류 기준표		56
기록물철 등록부 → 등록부		56
단위 과제		72
단위 업무		72

369

대통령 기록	presidential records	80
대통령 기록 관리 위원회		81
대통령 기록물 관리에 관한 법률		81
대통령 지정 기록물		82
등록	declaration; registration	86
등록부	register	87
문서과		101
문서 관리 카드		101
민원 문서 → 공문서		112
법규	mandate	114
법규 문서 → 공문서		115
보존 기간 → 보유 기간		118
보존 문서 정리 사업		124
비치 기록		138
비치 문서 → 공문서		138
사무 관리 규정		142
상태 평가	physical examination	145
시행문	action copy	154
영구 기록물 관리 기관		163
일반 문서 → 공문서		180
자료관 → 기록관		187
자료관 시스템 → 기록 관리 시스템		187
전자 공문서 → 공문서		196
정부 공문서 규정(1961)		219
정부 기록 보존소		220
정부 처무 규정(1949)		220
정수 점검	inventory	221
중앙 기록물 관리 기관		232
지방 보존 기록관	local archives	235
지시 문서 → 공문서		236
진행 문서 파일		241
처리과		244
특수 기록관		261
특수 자료관 → 특수 기록관		261
헌법 기관 기록물 관리 기관		277

겸백 당안		20
공문서관법		26
국가 당안 전종		33
국가 디지털 데이터세트 아카이브 → (영국) 국가 디지털 데이터세트 아카이브		34
국가 문헌국 → (북한) 국가 문헌국		34
국립 공문서관 → (일본) 국립 공문서관		34
국립 사료관 → (일본) 국립 사료관		35
국제 기록 관리 표준 → ISO 15489		35
국제 기록 기구 회의	ICA(International Council on Archives)	35
국제 기록 원탁 회의	CITRA(International Conference of the Roundtable on Archives)	35
국제 표준화 기구	ISO(International Organization for Standardization)	37
귀당	classifying; transfer; accession	38
금문 당안		39
기관 (조직) 전종		40
기록 관리 국제 표준 → ISO 15489		51
기록 관리 역량 평가 시스템	RMCAS(Records Management Capacity Assessment System)	53
내각 문고		68
당안	archives	73
당안관		74
당안국		75
당안 보관 기한		76
당안 보관 기한표		76
당안실		77
당안 회집		78
대일본 고문서		78
대일본 사료		79
도쿄 대학 사료 편찬소		84
문서 당안		101
문헌법		103
(미국) 국립 기록 관리처	NARA(National Archives & Records Administration)	104
미국 아키비스트 협회	SAA(Society of American Archivists)	108

9 외국 법률 및 제도

371

민국 당안 분류표		112
보존 기록 기술에 관한 북미 프로젝트	CUSTARD(Canadian-United States Task Force on Archival Description)	122
(북한) 국가 문헌국		130
분특		133
사베인즈 옥슬리 법	Sarbanes-Oxley Act	143
신민주주의 당안 분류표		154
안권	file	158
연합 전종		161
(영국) 공공 기록법	Pubic Records Act	164
(영국) 국립 보존 기록관	TNA(The National Archives)	165
인물 전종		177
(일본) 국립 공문서관	National Archives of Japan	181
(일본) 국립 사료관		182
일본 전국 역사 자료 보존 이용 기관 연락 협의회		182
입권	filing	184
입당 단위		185
전종		203
전종군		204
전종 회집		205
중국 당안 분류법		226
중국 제2 역사 당안관		229
중국 제1 역사 당안관		229
(중국) 중앙 당안관		230
중화 인민 공화국 당안법		232
중화 인민 공화국 당안 분류표		234
청대 당안 분류표		248
캐나다 도서관 기록관	Library and Archives Canada	252
(프랑스) 중앙 정부 기록 관리 기관	La Direction des Archives	269
호주 국립 보존 기록관	NAA(National Archives of Australia)	279
호주 아키비스트 협회	ASA(Australian Society of Archivists)	282
ACA(Academy of Certified Archivists)		285
ARMA 인터내셔널	Association of Records Managers and Administrators International)	286
ASA(Society of Australian Archivists) → 호주 아키비스트 협회		287
CITRA(International Conference of the Roundtable on Archives) → 국제 기록 원탁 회의		287
EASTICA(East Asian Regional Branch of the International Council on Archives)		290

ICA(International Council on Archives) → 국제 기록 기구 회의	290
ICRM(Institute of Certified Records Manager)	291
IRMT(International Records Management Trust)	292
ISO(International Organization for Standardization) → 국제 표준화 기구	292
NAA(National Archives of Australia) → 호주 국립 보존 기록관	297
NARA(National Archives & Records Administration) → (미국) 국립 기록 관리처	297
RMAA(Records Manager Association of Australia)	299
SAA(Society of American Archivists) → 미국 아키비스트 협회	299
TNA(The National Archives) → (영국) 국립 보존 기록관	299

10 전근대 용어

각사수교(各司受敎)	305
감결(甘結)	306
경주인문기(京主人文記)	306
계목(啓目)	307
계본(啓本)	307
고목(告目)	308
고신(告身)	308
고음(侤音, 다짐)	308
공명첩(空名帖)	308
공신회맹문(功臣會盟文)	309
공인문기(貢人文記)	309
공초(供草)	310
교명(敎命)	310
교서(敎書)	311
교지(敎旨)	311
교첩(敎牒)	312
가옥문기(家屋文記, 가사문권家舍文券)	312
내지(內旨)	313
노문(路文)	313
노비문기(奴婢文記, 노비문권奴婢文券)	314
노인(路引)	314
녹권(錄券)	314
녹패(祿牌)	315
등록(謄錄)	316
등장(等狀)	316
물금첩(勿禁帖)	317

밀교(密敎)	317
백패(白牌)	318
별급문기(別給文記)	318
부거장(赴擧狀)	318
분급문기(分給文記, 분금문기分衿文記)	319
비답(批答)	319
비변사등록(備邊司謄錄)	319
사고(史庫)	322
사관(史官)	323
사초(史草)	324
사화(史禍)	325
상소(上疏)	325
서계(書啓)	326
서장(書狀)	326
선패(宣牌)	326
소지(所志, 발괄白活)	326
속량(贖良)·속신문기(贖身文記)	327
승정원일기(承政院日記)	327
승지(承旨)·주서(注書)	329
시권(試券)	329
시정기(時政記)	330
시책(諡冊)	332
사패(賜牌)	332
실록(實錄)	332
압(押, 수결手決)	336
영서(令書)	336
완문(完文)	337
완의(完議, 입의立議)	337
원정(原情)	337
유서(諭書)	338
의궤(儀軌)	338
의송(議送)	340
입안(立案)	341
입후성문(立後成文)	341
자매문기(自賣文記)	342
장계(狀啓)	342
정사(呈辭)	343
제사(題辭)	343
제음(題音, 뎨김)	344

조보(朝報)	344
차자(箚子)	346
처녀단자(處女單子)	346
첩정(牒呈)	346
초기(草記)	347
초료(草料, 초장草狀)	347
추안(推案)	347
춘추관(春秋館)	348
토지문기(土地文記, 전답문권田畓文券)	349
포폄단자(褒貶單子)	349
행장(行狀)	350
허여문기(許與文記, 허급문기許給文記)	350
호구단자	351
홍패(紅牌)	351
화회문기(和會文記)	352

영.어.색.인

A

English	Korean	Page
A2A Database(Access to Archives Database)	A2A 데이터베이스	285
AACR(Anglo-American Cataloguing Rules)	영미 목록 규칙	168
absolute humidity	절대 습도	206
ACA(Academy of Certified Archivists)	ACA	285
accelerated aging test	단기 노화 시험	71
access	접근	206
access	접근 허가	208
access control	접근 통제	207
access control	접근 제한	207
accessibility	접근성	206
accession	인수	178
accession	귀당	38
access point	접근점	207
access re-review	공개 재분류	23
access restriction	접근 제한	207
accountability	설명 책임	148
accretion	추가 인수 기록	249
accrual	추가 인수 기록	249
acid	산	144
acid-free paper	중성지	231
acid migration	산성 전이	144
acquisition	수집	151
acquisition policy	수집 정책	152
action copy	시행문	154
active records	현용 기록	278
administrative control	행정적 통제	277
administrative history	행정 연혁	277
administrative records	일반 행정 기록	181
administrative value	업무 가치	159
alkali	알칼리	158
alkaline-reserve paper	알칼리성 보존 종이	158
alpha cellulose	알파 셀룰로오스	158
alternative storage	대체 보존	79
alternative title	대등 제목	78
antibiosis	항균성	276
APPM(Archives, Personal Papers, and Manuscripts)	APPM	286
appraisal	평가	264
appraisal sampling	평가 표본 추출	266
archival bond	기록의 결합 관계	60

archival darwinism	방임 선별 주의	113
archival history	기록 관리 이력	53
archival management	보존 기록 관리	121
archival mission statement	사명문	142
archival nature	보존 기록 속성	122
archival science	기록학	63
archival studies	기록학	63
archival value	보존 기록 가치	119
archives	당안	73
archives	보존 기록	118
archives	보존 기록관	120
archives advisory committee	자문 위원회	187
archives box	보존 상자	125
archivist	아키비스트	156
archivistics	기록학	63
archivist's note	아키비스트 주기	157
archivology	기록학	63
ARCHON Directory	ARCHON Directory	286
arrangement	정리	208
artificial collection	인위적 컬렉션	179
ASA(Australian Society of Archivists)	호주 아키비스트 협회	282
Association of Records Managers and Administrators International	ARMA 인터내셔널	286
audiovisual records	시청각 기록	153
audit trail	감사 증적	16
authentication	진본 확인	239
authentic copy	진본 확인 사본	241
authenticity	진본성	237
authority control	전거 제어	194
authority file	전거 파일	194
authority record	전거 레코드	193

B

best practice	모범 실무	98
binding	제본	221
biographical history	개인 이력	17
biographical note	개인 이력	17
Boolean logic	불 연산	133

영문	한글	페이지
brittleness	바스러짐	113
buffering agent	탈산제	259
bulk dates	주요 생산 시기	224
business archives	기업 보존 기록관	66
business process analysis	업무 분석	159

C

영문	한글	페이지
calcium carbonate reserve	탄화 칼슘 성분	259
calendar	일지형 목록	183
capture	획득	283
case file	사안 철	143
cellulose	셀룰로오스	149
cellulose nitrate film	질산 섬유소 필름	241
central files	중앙 관리 기록	231
central records	중앙 관리 기록	231
certification	진본 인증	239
chain of custody	관리 연속성	31
chargeout	대출 처리	80
CIO(Chief Information Officer)	CIO	287
CITRA(International Conference of the Roundtable on Archives)	국제 기록 원탁 회의	35
classification	분류	130
classification plan	분류 체계	131
classification scheme	분류 체계	131
classified index	분류 색인	131
classified records	비밀 기록	136
classifying	귀당	38
cleaning pad	세척용 패드	149
clearance	이용 허가	175
closed file	종결 기록철	224
closed files	비공개 기록철	134
closed folder	종결 기록철	224
closed records	비공개 기록	134
closed records group	종결 기록군	224
closing records folder	기록철 종결	62
closing records part	기록철 종결	62
COLD(Computer Output Laser Disc)	COLD	287
collecting archives	수집형 보존 기록관	152

collecting archives		매뉴스크립트 보존소	96	
collection		컬렉션	256	
collection analysis		소장 기록 분석	150	
collection development		컬렉션 개발	257	
collective records group		집합적 기록군	242	
COM(Computer Output Microfilm)		COM	288	
common records schedule		공통 기록 처분 지침	30	
compact shelving		이동식 서가	174	
company archives		기업 보존 기록관	66	
compilation		출판	251	
compilation		편찬	263	
completeness		완전성	169	
complex entry		복합 색인어	129	
compound document		복합 문서	129	
computer network		정보 통신망	218	
concept indexing		개념 색인 작업	17	
conditions governing reproduction		재생산 조건	190	
confidential		제한 공개	222	
confidential records		비밀 기록	136	
conservation		보수	116	
conservation		보존 처리	127	
conservation laboratory		보수실	116	
conservator		보존 처리 전문가	128	
container		보존 용기	125	
container list		보존 용기 목록	126	
contingent records		가변 시점 처분 기록	15	
continuing value		지속적 가치	235	
control documentation		관리 통제 기록	31	
controlled vocabulary		통제 어휘집	260	
control records		관리 통제 기록	31	
convenience copies		열람용 사본	162	
convenience file		열람용 사본	162	
copy		사본	143	
copyright		저작권	191	
corporate archives		단체 보존 기록관	73	
cost-benefit analysis		비용 타당성 분석	138	
creator		생산자	147	
crutch file		열람용 사본	162	
culling		비기록 폐기	135	

cultural organizations	문화 기관	103
current records	현용 기록	278
CUSTARD(Canadian-United States Task Force on Archival Description)	보존 기록 기술에 관한 북미 프로젝트	122
custody	보관권	116
cutoff	분철	132

D

DACS(Describing Archives: A Component Standard)	(미국) 보존 기록 기술 규칙	107
dataset	데이터세트	82
dataset archiving	데이터세트 아카이빙	83
date(s) of descriptions	기술 일자	66
date range	생산 시기	147
deaccessioning	제적	222
deacidification	탈산 처리	259
declaration	등록	86
declassification	비밀 해제	137
deed of gift	기증서	67
dehumidification	제습	222
deposit	위탁	171
deposit agreement	위탁 계약서	172
depth of description	기술의 깊이	66
description	기술	63
descriptive element	기술 요소	65
descriptive standard	기술 규칙	64
descriptor	디스크립터	87
Design Criteria Standard for Electronic Records Management Software Applications	(미국) 국방부 전자 기록 관리 시스템 설계 표준	106
destruction	폐기	267
deterioration	열화(劣化)	162
digital	디지털	88
digital archiving	디지털 아카이빙	88
digital government	전자 정부	203
digital heritage	디지털 유산	90
digital records	전자 기록	196
digital resources	디지털 자원	91
digital signatures	전자 서명	199
digital time-stamping	디지털 시간 인증	88

digital watermark	디지털 워터마크	90
diplomatics	문서학	102
DIRKS Manual(Designing and Implementing Recordkeeping Systems: A Manual for Commonwealth Agencies)	DIRKS 메뉴얼	289
disaster plan	재난 대비 계획	189
discrete items	고립 기록건	23
disinfection	소독	149
dispersal	분산 보존	131
disposable records	한시 기록	275
disposal	폐기	267
disposal	처분	244
disposal authority	처분 지침	246
disposal date	처분 일자	246
disposal list	처분 목록	246
disposal schedule	처분 지침	246
disposition	처분	244
disposition authority	처분 지침	246
disposition date	처분 일자	246
disposition instruction	처분 명령	246
document	문서	99
documentation	도큐멘테이션	85
documentation planning	기록화 계획	63
documentation strategy	도큐멘테이션 전략	85
DoD 5015.2-STD	(미국) 국방부 전자 기록 관리 시스템 설계 표준	106
donation	기증	67
dossier	사안 철	143
duplicate original	중복 원본	231
durability	내구성	68
dust	분진(粉塵)	132
EAD(Encoded Archival Description)	EAD	289
EASTICA(East Asian Regional Branch of the International Council on Archives)	EASTICA	290
educational institution archives	학교 기록관	275
EFOIA(Electronic Freedom of Information Act)	전자 정보 공개법	202

e-government	전자 정부	203
electronic	전자	196
electronic document management system	전자 문서 관리 시스템	199
electronic documents	전자 문서	198
electronic government	전자 정부	203
electronic journal archiving	전자 저널 아카이빙	201
electronic records	전자 기록	196
electronic records archiving	전자 기록 아카이빙	198
electronic records management system	전자 기록 관리 시스템	197
email archiving	이메일 아카이빙	174
emergency plan	비상 계획	137
emulation	에뮬레이션	161
encapsulation	인캡슐레이션	180
enclosures	봉입 용기	129
encryption	암호화	159
enduring value	지속적 가치	235
enduring value	보존 기록 가치	119
ephemera	단명 자료	72
essential records	필수 기록	271
essential records program	필수 기록 관리	272
estray	이탈 기록	176
evidential value	증거 가치	235
exhibit	전시	195
extent	기록 규모	56

F

fair use	공정 사용	29
file	기록철	61
file	안권	158
file	파일	262
file break	분철	132
file plan	파일 플랜	262
filing	입권	184
filing	편철	264
filing system	파일 플랜	262
finding aid	검색 도구	19
fiscal value	재무 가치	190
folder	폴더	268

foliation	장수 매기기	189
fonds	퐁	268
FOIA(Freedom of Information Act)	정보 공개법	210
freeze drying	냉동 건조	69
Friends of the Archives	보존 기록관 후원회	121
frozen records	처분 동결 기록	245
fugitive archives	이탈 보존 기록	176
fumigation	훈증 소독	284
fumigation	소독	149
function	기능	41
functional appraisal	기능 평가	47
functional classification	기능 분류	44
functional model	기능 모형	42
functional pertinence	기능 적절성	46
functional provenance	기능 출처 주의	47
functional requirements	기능 요건	46
functional sovereignt	기능 승계	45
function thesaurus	기능 시소러스	45
general disposal authority	공통 기록 처분 지침	30
general disposal schedule	공통 기록 처분 지침	30
general records group	총무 기록군	248
general records schedule	공통 기록 처분 지침	30
GMD(general material designation)	일반 자료 유형	180
guide	가이드	16
hard copy	하드 카피	274
hashing	해싱	276
heading	표목	269
heat-resisting property	내열성	69
hectograph.	헥토그래프	278
holding area	임시 보관 구역	184
hold order	처분 동결 명령	246
housekeeping records	서무 기록 → 일반 행정 기록	148
human resources management	인적 자원 관리	179
humidification	가습	15
humidification	조습 처리(調濕處理)	222
humidity	습도	153

HVAC(Heating, Ventilation, Air Conditioning)	공조 설비	30
hydrostat	누수 감지기	70

ICA(International Council on Archives)	국제 기록 기구 회의	35
iconographic records	도상 기록	84
ICRM(Institute of Certified Records Manager)	ICRM	291
immediate source of acquisition or transfer	기록 제공처	61
impartiality	불편 부당성	133
inalienability	소유권 양도 불가성	150
inclusive dates	생산 시기	147
index	색인	145
indexing	색인 작성	146
informational value	정보 가치	210
information management	정보 관리	216
information management system	정보 관리 시스템	216
information model	정보 모형	216
information package model	정보 패키지 모형	219
information resources management	정보 자원 관리	217
information system	정보 관리 시스템	216
ingest	입수	185
in-house archives	기관 부설 보존 기록관	40
input records	입력용 기록	185
institutional archives	기관 부설 보존 기록관	40
integrity	무결성	98
intellectual control	지적 통제	236
International Research on Permanent Authentic Records in Electronic Systems	InterPARES 프로젝트	291
intrinsic value	실물 가치	155
inventory	보유 기록 조사	118
inventory	보유 기록 조사 목록	118
inventory	인벤토리	178
inventory	인수 목록	179
inventory	정수 점검	221
inventorying	보유 기록 조사	118
IRMT(International Records Management Trust)	IRMT	292
ISAAR(CPF)(International Standard Archival Authority Record for Corporate Bodies, Persons and Families)	국제 기록 전거 레코드 규칙	36

ISAD(G)(General International Standard Archival Description)	국제 보존 기록 기술 규칙	37
ISO(International Organization for Standardization)	국제 표준화 기구	37
ISO 15489	국제 기록 관리 표준 → ISO 15489	292
ISO 23081	국제 기록 관리 메타데이터 표준 → ISO 23081	294

job description	직무 기술	237
KCR(Korean Cataloging Rules)	한국 목록 규칙	275
keyword	키워드	258
Keyword AAA: Thesaurus of General Terms	Keyword AAA: 공통 기능어 시소러스	295
La Direction des Archives	(프랑스) 중앙 정부 기록 관리 기관	269
lamination	라미네이팅 법	92
lead	리드	93
leaf-casting	리프캐스팅	93
legal custody	법적 보관권	115
legal value	법무 가치	115
level of arrangement	정리 계층	209
level of description	기술 계층	64
level of description	기술 수준	65
Library and Archives Canada	캐나다 도서관 기록관	252
life expectancy	기대 수명	47
light	빛	140
lignin	리그닌	93
loan	대출	80
local archives	지방 보존 기록관	235
long-term preservation	장기적 보존	188

maceration	세초	149
macro appraisal	거시 평가	18
MAD(Manual of Archival Description)	(영국) 보존 기록 기술 규칙	167
management of archival institution	경영	21

영문	한글	페이지
manager	경영자	114
mandate	법규	114
manuscript collection	매뉴스크립트 컬렉션	96
manuscript curator	매뉴스크립트 큐레이터	96
manuscript group	매뉴스크립트 그룹 → 매뉴스크립트 컬렉션	95
manuscript repository	매뉴스크립트 보존소	96
manuscripts	매뉴스크립트	95
map	도면	83
MARC(Machine Readable Cataloging)	MARC	295
MARC AMC(MARC Format for Archival and Manuscripts Control)	MARC AMC	296
marketing	마케팅	95
market value theory	기록 시장 가치론	58
medium	매체	97
metadata	메타데이터	97
micro appraisal	미시 평가	110
micro climate	미세 환경	109
micro environment	미세 환경	109
microorganism	미생물	109
migration	마이그레이션	94
Minnesota method	미네소타 평가 방법	109
mission	사명	141
mobile aisle shelving	이동식 서가	174
mobile racks	이동식 서가	174
mobile shelving	이동식 서가	174
monetary value	금전적 가치	40
Moreq(Model Requirements for the Management of Electronic Records)	(유럽연합) 전자 기록 관리 기능 요건 모형	172
multi-level description rule	다계층 기술 규칙	71
NAA(National Archives of Australia)	호주 국립 보존 기록관	279
NARA(National Archives & Records Administration)	(미국) 국립 기록 관리처	104
national archives	국립 보존 기록관	34
National Archives & Records Service	국가 기록원	33
National Archives of Japan	(일본) 국립 공문서관	181
NDAD(National Digital Archive Datasets)	(영국) 국가 디지털 데이터세트 아카이브	165
non-active records	비현용 기록	138
non-current records	비현용 기록	138

non-current records management	비현용 기록 관리	139
non-records materials	비기록	135
nontextual records	비문자 기록	135
note	주기	224

office copy	업무용 사본	160
office file	업무용 사본	160
official document	공문서	25
official records	공식 기록	29
official seal	관인	31
online records service	온라인 기록 서비스	168
open-ended deposit	계속 위탁	22
open file	진행 기록철	241
operational records	일반 행정 기록	181
operational value	업무 가치	159
oral history	구술 기록	32
organic collection	유기적 컬렉션	172
organizational chart	조직 도표	223
organizational environment	경영 환경	21
organizational structure	조직 구조	223
original order	원질서	169
outreach program	확장 서비스	282
paraprofessionals	준전문 직원	225
part	기록권	55
PEM(preservation environment monitor)	보존 환경 모니터	128
permanent paper	보존 용지	126
permanent records	영구 기록	163
permanent value	보존 기록 가치	119
personal papers	개인 기록	17
personnel records	인사 기록	178
physical characteristics and technical requirements	물리적 특성과 기술적 요구 사항	104
physical control	물리적 통제	104
physical custody	물리적 보관권	103
physical examination	상태 평가	145
porousness	통기성(通氣性)	260
poromeric	통기성(通氣性)	260
preservation	보존	118

영문	한글	쪽
preservation metadata	보존 메타데이터	123
preservation microfilming	보존용 마이크로필름화	126
preservation photocopying	보존용 복사	126
preservation strategies	보존 전략	127
preservation transfer copy	보존용 사본	126
presidential records	대통령 기록	80
primary value	1차 가치	183
principle of provenance	출처 주의	250
Privacy Act	개인 정보 보호법	18
private archives	민간 보존 기록관	111
private records	민간 기록	111
PRO(Public Records Office)	PRO	299
professionals	전문 직원	195
PRO Functional Requirements for Electronic Records Management Systems	(영국) 전자 기록 관리 시스템 표준	167
project file	사안 철	143
provenance	출처	250
provenance access	출처 접근	250
Pubic Records Act	(영국) 공공 기록법	164
public archives	공공 보존 기록관	25
publication note	출판 주기	251
public records	공공 기록	24
public services	이용자 서비스	175
publishing	출판	251
publishing	편찬	263

R

영문	한글	쪽
RAD(Rules for Archival Description)	(캐나다) 보존 기록 기술 규칙	256
rag paper	래그 페이퍼	92
reading room	열람실	162
reappraisal	재평가	190
re-classification	비밀 재지정	136
recordkeeping	레코드키핑 → 기록 관리	93
recordkeeping regime	기록 관리 체제	54
recordkeeping system	레코드키핑 시스템 → 기록 관리 시스템	93
record layout	레코드 레이아웃	92
records	기록	48

records	현용 기록	278
records center	기록관	50
records center	기록 센터	57
records continuum	기록 연속성	58
records file	기록철	62
records group	기록군	55
records item	기록건	49
records item list in file cover	색인 목록	146
records keeping	기록 관리	50
records liaison officer	기록 관리 연락관	53
records lifecycle	기록 생애 주기	57
records management; records keeping	기록 관리	50
records management system	기록 관리 시스템	52
records manager	기록 관리자	53
records schedule	처분 지침	246
records survey	기록 조사	61
reference archivist	정보 제공 아키비스트	218
reference code	참조 기호	243
reference copy	참고 사본	243
reference interview	정보 제공 면담	217
Reference Model for an Open Archival Information System	OAIS 참조 모형	298
reference room	열람실	162
reference service	정보 제공 서비스	218
reformatting	매체 전환	97
register	등록부	87
registration	등록	86
registry principle	원질서 존중 원칙	170
relative humidity	상대 습도	144
repair	수선	150
replevin	환수	283
repository	서고	148
research room	열람실	162
respect for original order	원질서 존중 원칙	170
restoration	복원	128
restricted records	비공개 기록	134
retention period	보유 기간	117
retention schedule	처분 지침	246
retrieval	검색	19

retrieval effectiveness	검색 효율	20
RIM(records and information management)	기록 정보 관리	60
RMAA(Records Manager Association of Australia)	RMAA	299
RMCAS(Records Management Capacity Assessment System)	기록 관리 역량 평가 시스템	53

S~Y

SAA(Society of American Archivists)	미국 아키비스트 협회	108
safety film	내화성 필름	69
Sarbanes-Oxley Act	사베인즈 옥슬리 법	143
scope and content note	범위와 내용 주기	114
scope note	범위 주기	114
search room	열람실	162
secondary value	2차 가치	176
secret records	비밀 기록	136
security	보안	116
security classification	보안 분류	117
security copy	필수 기록 사본	273
semi-active records	준현용 기록	226
semi-current records	준현용 기록	226
semi-permanent deposit	준영구 위탁	225
sentencing	처분 판정	247
series	기록 시리즈	57
shelves	서가	147
SMD(specific material designation)	상세 자료 유형	145
source document	원천 문서	170
span dates	생산 시기	147
stacks	서고	148
staging area	임시 보관 구역	184
store	저장	192
strategic management	전략적 경영	195
subgroup	하위 기록군	274
subject file	사안 철	143
subject heading	주제명 표목	225
sub-series	하위 기록 시리즈	274
systematic sampling	규칙적 표본 추출	39
system of arrangement	정리 체계	210
technical services	기술 서비스	65

temporary records	한시 기록	275
territorial provenance	지역 출처	236
textual records	문자 기록	102
thermal resistance	내열성	69
thesaurus	시소러스	153
timed deposit	약정 위탁	159
title	제목	221
TNA(The National Archives)	(영국) 국립 보존 기록관	165
top-down appraisal	하향식 평가	275
total archives	토탈 보존 기록관	260
tracking	추적	249
transaction file	사안 철	143
transfer	귀당	38
transfer	이관	173
ultraviolet light filter	자외선 차단 필터	188
usability	가용성	16
user authentication	사용자 인증	144
user authorization	사용자 인증	144
user study	이용자 연구	175
VERS(Victorian Electronic Records Strategy)	빅토리아 주 전자 기록 관리 전략	139
vital records	필수 기록	271
vital records management	필수 기록 관리	272
volume	기록권	55
water-proofing qualities	내수성	69
water-resisting qualities	내수성	69
web archiving	웹 아카이빙	170
working document	작업 문서	188
XML(eXtensible Markup Language)	XML	300
yellowing	황변	283

참.고.문.헌

국내 문헌

경 건(2002), 「정보 공개의 새로운 지향-전자 정보 공개 제도」, 『기록학 연구』 제5호, pp. 111~148.

김유리(2003a), 「중국의 기록물 정리 분류의 원칙과 사례 분석」, 『한국 도서관·정보 학회지』 제34권 제3호, pp. 297~316.

김유리(2003b), 「중국의 기록물 검색 분류-『中國檔案分類法』(1997)을 중심으로」, 『한국 문헌 정보학회지』 제37권 제3호, pp. 121~137.

김태수(1999), 『목록의 이해』, 현대 정보 관리학 총서 31, 한국 도서관 협회.

사공철 등 편(2001), 『정보학 사전』, 문헌 정보 처리 연구회.

서혜란·서은경·이소연(2003), 「전자 기록의 진본성 유지를 위한 전략」, 『정보 관리 학회지』 제20권 제2호, pp. 241~262.

이상민(2002), 「북한의 공공 기록 관리 제도」, 『기록 보존』 제15호, pp. 49~61.

이소연(2002), 「디지털 아카이빙의 표준화와 OAIS 참조 모형」, 『정보 관리 연구』 제33권 제3호, pp. 45~68.

이소연(2004), 「디지털 유산의 장기적 보존 : 국가 정책 수립을 위한 제안」, 『기록학 연구』 제10호, pp. 27~64.

이승휘(2001), 「중국의 혁명 역사 기록물의 목록 기술과 검색 분류 (1)」, 『기록학 연구』 제4호, pp. 131~144.

이승휘(2002), 「중국의 혁명 역사 기록물의 목록 기술과 검색 분류 (2)」, 『기록학 연구』 제5호, pp. 209~229.

임춘수 편역(2002), 『중국의 기록 관리』, 외국의 기록물 관리 제도 2, 정부 기록 보존소.

KS X ISO 15489-1: 2007 문헌 정보-기록 관리-제1부: 일반 사항, 산업 자원부 기술 표준원, 2007. 3. 22.

KS X ISO TR 15489-2: 2007 문헌 정보-기록 관리-제2부: 지침, 산업 자원부 기술 표준원, 2007. 3. 22.

외국 문헌

Bellardo, Lewis J. and Lynn Lady Bellardo(1992), *A Glossary for Archivists, Manuscript Curators and Records Managers*, Archival Fundamentals Series, The Society of American Archivists.

Boles, Frank(1991), *Archival Appraisal*, Neal-Schuman Publishers, Inc.

Boles, Frank and Mark A. Greene(1996), "Et Tu Schellenberg? Thoughts on the Dagger of American Appraisal Theory," *American Archivist* 59, Summer 1996, pp. 298~310. 오항녕 편역, 「쉘렌버그, 너마저도?」, 『기록학의 평가론』, 진리탐구, 2005, pp. 305~328.

Boles, Frank and Julia Marks Young(1985), "Exploring the Black Box: The

Appraisal of University Administrative Records," *American Archivist* 48, Spring 1985, pp. 121~140.

Cain, Piers(2003). "Moreq: The Standard of the Future?" *Information Management Journal*, Mar/Apr 2003, pp. 54~99.

Cook, Terry(1991). ""Many Are Called, but Few Are Chosen": Appraisal Guidelines for Sampling and Selecting Case Files," *Archivaria* 32, Summer 1991, pp. 25~50.

Cook, Terry(1992). "Documentation Strategy," *Archivaria* 34, Summer 1992, pp. 181~191.

Designing and Implementing Recordkeeping Systems (DIRKS) Manual, National Archives of Australia, 2001. http://www.naa.gov.au/records-management/publications/DIRKS-manual.aspx

Dollar, Charles M.(2000). *Authentic Electronic Records: Strategies for Long-Term Access*, Cohasset Associates.

Duranti, Luciana(1994). "The Concept of Appraisal in Archival Science", *The American Archivist* 57, Spring 1994, pp. 328~344.

Duranti, Luciana and Heather MacNeil(1996), "The Protection of the Integrity of Electronic Records: An Overview of the UBC-MAS Research Project", *Archivaria* 42, Fall 1996, pp. 46~67.

Duranti, Luciana(1998). *Diplomatics: New Uses for an Old Science*, Scarecrow Press.

Duranti, Luciana(2002). "The Concept of Electronic Record," Luciana Duranti, Terry Eastwood and Heather MacNeil, *Preservation of the Integrity of Electronic Records*, Kluwer Academic Publishers, pp. 9~22.

Electronic Records Management Handbook, California Records & Information Management(CalRIM), 2002. Appendix 1. Glossary of Records Management Terms. http://www.osp.dgs.ca.gov/recs/erm.htm

FHWA Files Management and Records Disposition Manual, United States Department of Transportation, Federal Highway Administration (FHWA). Appendix A: Glossary Of Records Management Terms. http://www.fhwa.dot.gov/legsregs/directives/orders/m13241/m13241a.htm

Ham, F. Gerald(1993). *Selecting and Appraising Archives and Manuscripts*, Archival Fundamentals Series, The Society of American Archivists. 강경무 · 김상민 역, 『아카이브와 매뉴스크립트의 선별과 평가』, SAA 기록학 기초 시리즈 1, 진리 탐구, 2002.

Hirtle, Peter B.(2000). "Archival Authenticity in a Digital Age," *Authenticity in a*

Digital Environment, Council on Library and Information Resources, pp. 8~23. http://www.clir.org/pubs/reports/pub92/ pub92.pdf

Holms, Oliver W.(1984). "Archival Arrangement: Five Different Operations at Five Different Levels", Modern Archives Reader: Basic Readings on Archival Theory and Practice, National Archives and Records Service, pp. 162~180.

InterPARES Project: The Long-term Preservation of Authentic Electronic Records, Appendix 2, Requirements for Assessing and Maintaining the Authenticity of Electronic Records, 2002. http://www.interpares.org/book/index.htm

International Records Management Trust(IRMT)(1999a). Building Records Appraisal Systems, Managing Public Records Study Programme, International Records Management Trust, 남희숙 역, 「기록물 평가 시스템」, 공공 부문 기록 관리 교육 프로그램, 진리 탐구, 2002.

International Records Management Trust(IRMT)(1999b). Preserving Records, Managing Public Records Study Programme, International Records Management Trust. 조호연 역, 「기록물 보존」, 공공 부문 기록 관리 교육 프로그램, 진리 탐구, 2002.

ISAD(G): General International Standard Archival Description, 2nd ed., International Council on Archives, 2000. http://www.ica.org/sites/default/files/isad_g_2e.pdf

ISO 15489-1:2001 Information and Documentation-Records Management-Part 1: General, ISO, 2001. 9. 15.

ISO/TR 15489-2:2001 Information and Documentation-Records Management-Part 2: Guidelines, ISO, 2001. 9. 15.

Lazinger, Susan S.(2001). Digital Preservation and Metadata: History, Theory, Practice, Libraries Unlimited.

Managing Your Government Records: Guidelines for Archives and Agencies, State Archives Department, Minnesota Historical Society, 2001. Glossary. http://www.mnhs.org/preserve/records/recordsguidelines/guidelinesglossary.html

Miller, Frederic M.(1990). Arranging and Describing Archives and Manuscripts, Archival Fundamentals Series, The Society of American Archivists. 조경구 역, 「아카이브와 매뉴스크립트의 정리와 기술」, SAA 기록학 기초 시리즈 2, 진리 탐구, 2002.

Pearce-Moses, Richard(2004). A Glossary of Archival and Records

Terminology, Exposure Draft, The Society of American Archivists.
Pearce-Moses, Richard(2005). *A Glossary of Archival and Records Terminology*, Archival Fundamentals Series II, The Society of American Archivists.
Pugh, Mary Jo(1992). *Providing Reference Services for Archives and Manuscripts*, Archival Fundamentals Series, The Society of American Archivists. 설문원 역, 「기록 정보 서비스」, SAA 기록학 기초 시리즈 4, 진리탐구, 2004.
Stephens, David O. and Roderick Wallace(2003). *Electronic Records Retention: New Strategies for Data Life Cycle Management*, ARMA International.
Thibodeau, Kenneth(2002). "Overview of Technological Approaches to Digital Preservation and Challenges in Coming Years," *The State of Digital Preservation: An International Perspective*. Conference Proceedings. Washington, D.C. April 24-25, 2002. Council on Library and Information Resources. http://www.clir.org/pubs/ reports/pub107/pub107.pdf
Upward, Frank(1996). "Structuring the Records Continuum – Part One: Postcustodial Principles and Properties," *Archives and Manuscripts* 24(2). http://www.sims.monash.edu.au/research/rcrg/publications/recordscontinuum/fupp1.html

安小米 主編,「漢英英漢檔案學詞典」, 中國人民大學出版社, 1996.
鄧紹興 主編, 「檔案分類」, 首都師範大學出版社, 1998.
鄧紹興·陳智爲 主編, 「檔案管理學」 修訂本, 中國人民大學出版社, 1989.
何嘉蓀·傅榮校 「文件運動規律研究」, 中國檔案出版社, 1999.
吳寶康·馮子直 主編, 「檔案學詞典」, 上海辭書出版社, 1997.
中國檔案分類法編委會 編, 「中國檔案分類法」第二版, 中國檔案出版社, 1997.
鄒步英 外, 「中國檔案分類法使用手冊」, 中國檔案出版社, 1999.
安藤正人·小川千代子 外 編, 全國歷史資料保存利用機關連絡協議會 監修, 「文書館用語集」, 大阪大學出版會 1997.

공공 기록물 관리에 관한 법률(일부 개정 2007. 4. 27. 법률 제8395호)
공공 기록물 관리에 관한 법률 시행령(일부 개정 2007. 7. 26. 대통령령 제20191호)
공공 기록물 관리에 관한 법률 시행 규칙(전부 개정 2007. 4. 5. 행정 자치부령 제380호)

공공 기관의 기록물 관리에 관한 법률(제정 1999. 1. 29. 법률 제5709호)
공공 기관의 기록물 관리에 관한 법률 시행령(일부 개정 2007. 3. 27. 대통령령 제19963호)
공공 기관의 기록물 관리에 관한 법률 시행 규칙(일부 개정 2003. 3. 17. 행정 자치부령 제197호)

대통령 기록물 관리에 관한 법률(제정 2007. 4. 27. 법률 제8395호)
대통령 기록물 관리에 관한 법률 시행령 (제정 2007. 7. 26. 대통령령 제20191호)

사무 관리 규정 (일부 개정 2007. 10. 23. 대통령령 제20331호)
사무 관리 규정 시행 규칙 (일부 개정 2007. 4. 5. 부령 제380호)

공공 기관의 정보 공개에 관한 법률 (일부 개정 2007. 1. 3. 법률 제8171호)
공공 기관의 정보 공개에 관한 법률 시행령 (일부 개정 2007. 4. 4. 대통령령 제19985호)
공공 기관의 정보 공개에 관한 법률 시행 규칙 (전부 개정 2004. 7. 29. 행정 자치부령 제245호)

텀즈 컴퓨터 용어 사전